高等院校物流专业"互联网+"创新规划教材

供应链库存管理与控制
(第 2 版)

王道平　李小燕　主　编

内 容 简 介

本书系统地介绍了供应链库存管理与控制的基本理论和方法。本书共分 8 章，分别对供应链库存管理基础理论、供应链库存管理方法、供应链库存需求预测、供应链安全库存管理、库存控制的基本模型、基于供应链提前期的库存管理、供应链多级库存管理以及供应链库存管理中的控制技术等知识进行了深入浅出的讲解和分析，尽量做到内容全面、适度，重点、难点突出。

本书可作为普通高等院校物流管理、物流工程等专业的教材，也可作为从事物流领域工作人员的参考用书。

图书在版编目(CIP)数据

供应链库存管理与控制/王道平，李小燕主编. —2 版. —北京：北京大学出版社，2023.1
高等院校物流专业"互联网+"创新规划教材
ISBN 978-7-301-29023-1

Ⅰ. ①供… Ⅱ. ①王…②李… Ⅲ. ①供应链管理—库存—高等学校—教材 Ⅳ. ①F253

中国版本图书馆 CIP 数据核字（2017）第 303503 号

书　　　名	供应链库存管理与控制（第 2 版）
	GONGYINGLIAN KUCUN GUANLI YU KONGZHI（DI-ER BAN）
著作责任者	王道平　李小燕　主编
策划编辑	王显超
责任编辑	郑　双
数字编辑	金常伟
标准书号	ISBN 978-7-301-29023-1
出版发行	北京大学出版社
地　　　址	北京市海淀区成府路 205 号　100871
网　　　址	http://www.pup.cn　新浪微博:@北京大学出版社
电子邮箱	编辑部 pup6@pup.cn　总编室 zpup@pup.cn
电　　　话	邮购部 010-62752015　发行部 010-62750672　编辑部 010-62750667
印 刷 者	河北文福旺印刷有限公司
经 销 者	新华书店
	787 毫米×1092 毫米　16 开本　14.75 印张　340 千字
	2011 年 1 月第 1 版
	2023 年 1 月第 2 版　2024 年 5 月第 2 次印刷
定　　　价	49.00 元

未经许可，不得以任何方式复制或抄袭本书之部分或全部内容。
版权所有，侵权必究
举报电话: 010-62752024　电子邮箱: fd@pup.cn
图书如有印装质量问题，请与出版部联系，电话: 010-62756370

第 2 版前言

供应链是在全球经济一体化和社会信息化的潮流下，为克服传统企业管理模式的弊端而发展起来的经营理念，包含从原材料初始供应商到最终用户的所有环节。供应链管理也被提到企业管理的战略高度。在供应链背景下，企业是否能取得竞争优势，不仅取决于其本身是否拔尖、是否有谋胜的方略，而且取决于其所在的供应链的管理是否科学、搭建是否合理、整体力量是否强劲。企业应该在世界范围内考虑建立从供应商、分销商、零售商到最终用户的完整供应链，并且以外包等方式建立战略伙伴关系，加强所有加盟企业的长期合作，不断引进新技术，实现供应链的信息集成，与供应链成员共享信息，从而增强整个供应链的竞争优势。

库存管理是供应链管理的重要内容之一。由于企业组织与管理模式的变化，因此供应链库存管理与传统的库存管理相比有许多新的特点和要求，其旨在优化供应链成本，并使合作伙伴的库存成本得以降低。库存具有保持生产过程的连续性、分摊订货费用、快速满足客户需求、降低生产准备费用等特点。库存管理在供应链管理中的重要性日益得到理论界和企业界的重视。学习和掌握供应链库存管理的理论和方法，对于组织高效率及低成本的供应链物流活动具有十分重要的意义。

本书是编者多年教学实践的总结，旨在让读者全面了解和掌握供应链库存管理的概念、原理、方法及相关技术。通过对本书的学习，读者不但能够了解供应链库存管理的基本理论，而且能够掌握供应链库存的具体管理方法和技能，并将其应用于供应链库存管理的实践中。

本书在第 1 版的基础上对各章节内容进行了修改和补充，对知识点进行了更为详细的讲解，同时更新了书中案例，使读者能够了解供应链库存管理方面更多的前沿知识。

本书共分 8 章。第 1 章介绍了供应链的概念及类型，供应链管理的基本内容、涉及领域和研究现状，以及供应链库存管理的基础理论和存在的局限性。第 2 章介绍了零库存管理、供应商管理库存、联合管理库存，以及合作计划、预测与补给共 4 种供应链库存管理方法。第 3 章介绍了库存需求预测的基本概念和供应链库存需求预测常用的方法，分别从定性和定量两个方面进行了介绍。定性预测方法介绍了德尔菲法、销售人员意见汇集法，定量预测方法介绍了时间序列预测法和回归预测法。第 4 章介绍了供应链安全库存管理，包括安全库存和服务水平的基本概念及两者之间的关系，供应链安全库存水平的确定和供应链安全库存的聚集效应等，同时介绍了需求不确定及提前期不确定下的安全库存。第 5 章介绍了单周期库存的基本模型、确定性均匀需求库存的基本模型及确定性非均匀需求库存的基本模型。第 6 章介绍了基于供应链提前期的库存模型，包括提前期的构成、提前期的压缩问题，在此基础上介绍了基于可控提前期及基于随机提前期的 (Q, r) 库存模型。第 7 章介绍了多级库存控制的产生、发展和存在的问题，以及基于成本优化和基于时间优化的多级库存控制等。第 8 章介绍了供应链库存管理中的控制技术，重点讲述了 MRP 与供应链库存管理、ERP 与供应链库存管理、JIT 与供应链库存控制等。

各章建议授课学时如下：第1章，4学时；第2章，4学时；第3章，4学时；第4章，6学时；第5章，6学时；第6章，6学时；第7章，6学时；第8章，4学时。

书中提供了与供应链库存管理有关的大量案例(包括导入案例、阅读链接、案例分析)供读者分析研读，用于开拓读者的视野。同时，每章章末给出了形式多样的习题，供读者练习，便于读者对所学知识进行巩固和灵活应用。

本书由北京科技大学王道平和北京物资学院李小燕担任主编，主要负责写作提纲的编写、编写工作的组织和最后的统稿工作。参与编写、资料收集和校对的人员还有李明芳、张博卿、王路、谷春晓、李锋、李昕怡、艾春丽、丁琨、张敏、林宇欣、邓皓明等。在本书的编写过程中，编者广泛参阅并引用了一些国内外优秀研究文献，由于时间关系对这些文献并未在书中一一标出，特向这些文献的原创者表示衷心的感谢！同时感谢北京大学出版社对本书的出版发行所做的大量工作！

由于编者水平所限，加之供应链库存管理理论和实践发展迅速，书中难免存在不足之处，恳请专家和学者给予批评指正。

编　者

2022年3月

【资源索引】

目 录

第1章 供应链库存管理基础理论 ⋯⋯ 1
1.1 供应链概述 ⋯⋯⋯⋯⋯⋯⋯⋯ 4
- 1.1.1 供应链的概念与特征 ⋯⋯⋯ 4
- 1.1.2 供应链的类型 ⋯⋯⋯⋯⋯ 5
- 1.1.3 供应链的结构模型 ⋯⋯⋯ 8

1.2 供应链管理基础理论 ⋯⋯⋯⋯ 8
- 1.2.1 供应链管理概述 ⋯⋯⋯⋯ 8
- 1.2.2 供应链管理的基本内容、涉及领域及目标 ⋯⋯⋯⋯ 11
- 1.2.3 供应链管理的研究现状 ⋯⋯ 15

1.3 供应链库存管理 ⋯⋯⋯⋯⋯ 16
- 1.3.1 库存理论基础 ⋯⋯⋯⋯⋯ 16
- 1.3.2 供应链中不确定性对库存的影响 ⋯⋯⋯⋯⋯⋯⋯⋯ 21
- 1.3.3 供应链库存管理存在的局限性 ⋯⋯⋯⋯⋯⋯⋯⋯ 22

本章小结 ⋯⋯⋯⋯⋯⋯⋯⋯⋯⋯⋯ 24
习题 ⋯⋯⋯⋯⋯⋯⋯⋯⋯⋯⋯⋯⋯ 25

第2章 供应链库存管理方法 ⋯⋯⋯ 30
2.1 零库存管理 ⋯⋯⋯⋯⋯⋯⋯ 32
- 2.1.1 零库存的产生背景和含义 ⋯ 32
- 2.1.2 零库存的形式 ⋯⋯⋯⋯⋯ 34
- 2.1.3 零库存的实施原则和途径 ⋯ 35
- 2.1.4 零库存管理的优缺点 ⋯⋯ 36

2.2 供应商管理库存 ⋯⋯⋯⋯⋯ 37
- 2.2.1 供应商管理库存概述 ⋯⋯ 37
- 2.2.2 供应商管理库存的实施 ⋯⋯ 38
- 2.2.3 供应商管理库存的支持技术 ⋯ 41
- 2.2.4 供应商管理库存的模型 ⋯⋯ 42
- 2.2.5 供应商管理库存的优点与局限性 ⋯⋯⋯⋯⋯⋯⋯⋯ 44

2.3 联合管理库存 ⋯⋯⋯⋯⋯⋯ 45
- 2.3.1 联合管理库存的概念及基本思想 ⋯⋯⋯⋯⋯⋯⋯⋯ 45
- 2.3.2 联合管理库存的管理优势 ⋯⋯ 46
- 2.3.3 联合管理库存的实施 ⋯⋯⋯ 47
- 2.3.4 联合管理库存的运作模式 ⋯⋯ 50

2.4 合作计划、预测与补给 ⋯⋯⋯ 51
- 2.4.1 合作计划、预测与补给的产生和发展 ⋯⋯⋯⋯⋯⋯ 51
- 2.4.2 合作计划、预测与补给的基本内容 ⋯⋯⋯⋯⋯⋯ 52
- 2.4.3 合作计划、预测与补给的模型 ⋯⋯⋯⋯⋯⋯⋯⋯ 55
- 2.4.4 合作计划、预测与补给的实施方法 ⋯⋯⋯⋯⋯⋯ 56
- 2.4.5 合作计划、预测与补给的局限性 ⋯⋯⋯⋯⋯⋯⋯ 58

本章小结 ⋯⋯⋯⋯⋯⋯⋯⋯⋯⋯⋯ 58
习题 ⋯⋯⋯⋯⋯⋯⋯⋯⋯⋯⋯⋯⋯ 59

第3章 供应链库存需求预测 ⋯⋯⋯ 63
3.1 库存需求预测概述 ⋯⋯⋯⋯⋯ 65
- 3.1.1 需求预测的基本概念 ⋯⋯⋯ 65
- 3.1.2 库存需求预测的流程 ⋯⋯⋯ 67

3.2 定性预测方法 ⋯⋯⋯⋯⋯⋯⋯ 68
- 3.2.1 德尔菲法 ⋯⋯⋯⋯⋯⋯⋯ 68
- 3.2.2 销售人员意见汇集法 ⋯⋯⋯ 71

3.3 定量预测方法 ⋯⋯⋯⋯⋯⋯⋯ 72
- 3.3.1 时间序列预测法 ⋯⋯⋯⋯ 72
- 3.3.2 回归预测法 ⋯⋯⋯⋯⋯⋯ 80

本章小结 ⋯⋯⋯⋯⋯⋯⋯⋯⋯⋯⋯ 82
习题 ⋯⋯⋯⋯⋯⋯⋯⋯⋯⋯⋯⋯⋯ 82

第4章 供应链安全库存管理 ⋯⋯⋯ 87
4.1 供应链安全库存与服务水平 ⋯⋯ 89
- 4.1.1 供应链安全库存 ⋯⋯⋯⋯⋯ 89
- 4.1.2 服务水平 ⋯⋯⋯⋯⋯⋯⋯ 91
- 4.1.3 供应链安全库存与服务水平的关系 ⋯⋯⋯⋯⋯⋯⋯ 92

4.2 供应链安全库存水平的确定 ………… 93
    4.2.1 供应链库存订货点的确定 …… 93
    4.2.2 需求确定提前期随机的
        安全库存水平 ………………… 95
    4.2.3 提前期确定需求随机的
        安全库存水平 ………………… 96
    4.2.4 需求和提前期均随机的
        安全库存水平 ………………… 96
4.3 需求不确定下的安全库存 …………… 97
    4.3.1 季节性需求显著的产品的
        安全库存 ……………………… 97
    4.3.2 基于时间的 MAD 安全
        库存计算方法 ……………… 100
4.4 提前期不确定下的安全库存 ……… 103
    4.4.1 提前期对安全库存的影响 … 103
    4.4.2 提前期均值和方差同时
        变化下的安全库存 ………… 105
4.5 供应链安全库存与聚集效应 ……… 107
    4.5.1 聚集效应对供应链安全
        库存的影响 ………………… 107
    4.5.2 供应链安全库存与信息
        集中化 ……………………… 110
本章小结 ……………………………… 112
习题 …………………………………… 113

第 5 章 库存控制的基本模型 ………… 117

5.1 单周期库存的基本模型 …………… 119
    5.1.1 单周期库存问题的描述 …… 119
    5.1.2 单周期库存基本模型的
        计算方法 …………………… 119
5.2 确定性均匀需求库存问题的
    基本模型 ……………………………… 123
    5.2.1 与库存有关的费用 ………… 123
    5.2.2 基本经济订货批量模型 …… 124
    5.2.3 经济生产批量模型 ………… 126
    5.2.4 有数量折扣的经济订货
        批量模型 …………………… 129
    5.2.5 允许缺货的经济订货
        批量模型 …………………… 132

5.3 确定性非均匀需求库存问题的
    基本模型 ……………………………… 136
本章小结 ……………………………… 138
习题 …………………………………… 138

第 6 章 基于供应链提前期的
库存管理 ………………………… 143

6.1 供应链提前期管理 ………………… 144
    6.1.1 供应链提前期的构成 ……… 144
    6.1.2 供应链运作中提前期的
        压缩 ………………………… 146
    6.1.3 提前期的不确定性管理 …… 150
6.2 延迟制造 …………………………… 151
    6.2.1 延迟制造的概念 …………… 151
    6.2.2 延迟分界点 ………………… 151
    6.2.3 延迟制造实施的前提 ……… 152
    6.2.4 延迟制造的优势 …………… 153
6.3 基于可控提前期的基本库存模型 … 153
    6.3.1 提前期是唯一决策变量的
        库存模型 …………………… 154
    6.3.2 提前期和订货量同时为决策
        变量的库存模型 …………… 156
6.4 基于随机提前期的(Q,r)库存模型 … 158
本章小结 ……………………………… 160
习题 …………………………………… 161

第 7 章 供应链多级库存管理 ………… 167

7.1 供应链多级库存控制概述 ………… 169
    7.1.1 供应链多级库存控制的
        产生与发展 ………………… 169
    7.1.2 供应链多级库存系统的
        基本思想 …………………… 170
    7.1.3 供应链多级库存问题 ……… 172
    7.1.4 供应链多级库存系统的需求
        信息放大效应 ……………… 173
    7.1.5 供应链多级库存系统的
        控制方法 …………………… 176
7.2 基于成本优化的多级库存控制 …… 179
    7.2.1 供应链库存成本结构 ……… 180

7.2.2 需求确定的多级库存系统的库存策略 ……………………… 181
7.2.3 需求随机的多级库存系统的库存策略 ……………………… 186
7.3 基于时间优化的多级库存控制 …… 190
7.3.1 时间优化的多级库存控制模型 ……………………… 191
7.3.2 多级库存时间优化实施要点 ……………………… 192
本章小结 ……………………………… 193
习题 …………………………………… 194

第 8 章 供应链库存管理中的控制技术 ……………………… 198

8.1 供应链库存管理中的控制技术概述 ……………………… 200
8.1.1 传统的供应链库存控制技术中存在的问题 ………… 200
8.1.2 供应链库存管理中常用的控制技术 ……………………… 201
8.2 MRP 与供应链库存管理 ………… 203
8.2.1 MRP 的演进与发展 ………… 203
8.2.2 MRP 的基本原理 …………… 206
8.2.3 MRP Ⅱ 中的库存管理技术 … 208
8.3 ERP 与供应链库存管理 ………… 211
8.3.1 ERP 概述 …………………… 211
8.3.2 ERP 系统的特征和组成 …… 213
8.3.3 ERP 系统中的库存控制技术 … 215
8.4 JIT 与供应链库存管理 …………… 216
8.4.1 JIT 的概念与特点 ………… 216
8.4.2 JIT 中的准时化采购 ……… 217
8.4.3 JIT 生产方式在供应链库存控制中的应用 …………… 219
本章小结 ……………………………… 222
习题 …………………………………… 222

参考文献 ……………………………… 225

第1章 供应链库存管理基础理论

【本章教学要点】

知识要点	掌握程度	相关知识	应用方向
供应链的概念与特征	掌握	供应链的不同定义、特征	掌握供应链的基本概念和特征，在理解的基础上能够在实际中正确辨析供应链的类型和结构模式
供应链的类型	了解	供应链的不同类型	
供应链的结构模型	熟悉	供应链网链结构模型	
供应链管理的内容和目标	了解	供应链管理涉及的领域、主要问题、目标	掌握供应链管理的概念及相关内容，正确理解企业管理模式的发展；在掌握的基础上熟悉企业供应链管理的内容和目标
供应链管理模式的产生和发展	熟悉	基于单个企业与扩展企业的管理模式	
库存理论	掌握	库存的定义、分类和作用	掌握需求变异放大原理和不确定性对供应链库存的影响并运用到实际供应链管理中，解决供应链库存问题
供应链中不确定性对库存的影响	了解	衔接不确定性和运作不确定性对库存的影响	
供应链库存管理存在的局限性	了解	供应链库存存在的信息类问题、运作问题、战略与规划问题	

上海泛太物流有限公司的供应链管理

上海泛太物流有限公司(简称泛太)成立于1998年,主营业务是货运代理、仓储配送、外贸代理,以及根据客户的需求为其量身定制物流供应链方案。泛太在供应链服务、资源整合、信息化支持和网络覆盖、供应链与物流专业人才及战略联盟等方面都有着较强的管理能力。

1. 供应链服务管理

首先,泛太派遣专业的报关员,帮助客户进行威兰西斯卡娜啤酒的海关报关、商检。接着,泛太调遣运输队伍和专业的运输车辆,根据威兰西斯卡娜啤酒的营销点分布,进行运输仓储。啤酒这种快速消费品,在运输过程中要注意本身温度的控制和商品的损耗。泛太定制了特有的运输卡车和恒温的车厢,使威兰西斯卡娜啤酒在运输过程中,不会因外界温度的影响而变质。其次,泛太还使用了适用于瓶装类商品的集装箱对啤酒进行封箱保护,降低威兰西斯卡娜啤酒在运输过程中的损坏率。运输到达目的地后,泛太还为客户解决仓储问题,在当地提供仓储管理,派遣仓储管理人员,根据货物的清单,进行货物信息核对。仓储过程由计算机进行信息控制,对货物的损坏、丢失等信息都会如实做出反应,保证客户的利益得到最大的保护。最后,泛太根据客户给予的分配信息,为客户进行威兰西斯卡娜啤酒的分配管理,根据威兰西斯卡娜啤酒的种类和每个分销店的需求,对其进行分配运输,并进行计算机系统管理,确保客户的货物信息去向清晰。

通过泛太为客户所设计的物流供应链方案,不难看出泛太向客户提供物流运输优化的能力。泛太经过不断发展,已经具备了信息系统设计、人力资源管理的能力,但公司物流供应链方案设计的能力还不够完善,缺乏对客户的采购流程、生产流程等内部业务流程设计的经验和能力。

2. 资源整合管理

泛太现阶段把除保税区外的仓储及非公司主营的内陆运输线路这两部分外包给业内其他同行,即除了公司在上海外高桥保税区的仓储业务和在上海、北京、浙江、江苏、天津一带的内陆运输,其余地方的仓储和运输外包给其他第三方物流公司。例如,泛太与长运集团签订了长期的合作协议,把公司大部分西南方向的内陆运输外包给长运集团,而长运集团则给予泛太相比其他公司更优惠的价格及更优质的服务,并保证在同等条件下,泛太的业务优于其他公司执行。泛太在成立3年后就与长荣海运公司建立合作关系,把60%以上的集装箱航运业务交给长荣海运公司运输。而长荣海运公司则给予泛太最优惠的价格和高效的服务。此外,泛太还与北京鑫港仓储公司、北京华通仓储公司、杭州开发区豪运仓储公司、北方货运有限公司等诸多基础物流供应商签订了合作协议。

泛太在经营传统物流业务的同时,着重发展供应链物流方案及开发信息系统,不断完善现有的信息系统和提升物流供应链方案服务能力。

3. 信息支持和网络覆盖管理

泛太在成立之初就建立了信息化系统,是比较早接触信息化管理的物流企业之一。2006年,泛太因扩大规模的需要,在企业内部自行设计了贴合企业自身特点的物流信息系统,该系统包含物流作业管理系统、物流企业管理系统、电子商务系统及客户服务系统等子系统。

(1) 物流作业管理系统主要用于管理仓储配送中心的射频数据采集和条码采集、货运代理及作业,并通过GPS和GSM来监管装运现场和货物运输的作业情况。

(2) 物流企业管理系统主要用于控制公司管理决策机构,包括财务、认识、办公、统计决策等。

(3) 电子商务系统通过 Internet 实现企业联盟、供应链管理、数据交换和在线交易功能。

(4) 客户服务系统支持客户呼叫中心和客户查询功能。

此信息系统是针对泛太内部各业务流程的需求及今后的发展需要而为设计的。泛太自主设计开发信息系统，不仅使泛太的信息化程度得到更进一步的提升，同时还使泛太拥有了为客户设计信息系统的实力和人才。

4. 供应链与物流专业人才管理

1998 年泛太创立时只有 15 名员工，到 2009 年，泛太已拥有 500 多名员工，包括销售员、仓管员、操作员、IT 人员、管理人员等。其中上海总公司有 300 多名员工，其余员工分别在各地的分公司，配合总公司开展各项业务。

拥有自行开发信息系统和提供供应链物流方案经验的泛太，非常注重培养和引进供应链与物流专业方面的人才。泛太在 2007 年成立了 IT 和咨询服务部门，现阶段该部门有 1 位拥有国际权威认证机构颁发的物流专业管理资格证书的职业经理人，以及 9 位有着多年物流领域从业经验的人才来共同管理和开发信息系统和设计供应链方案。泛太今后将着重建设 IT 和咨询服务部门，加大这一部门的人才培养和引进力度。

5. 战略联盟管理

泛太作为一家以货运代理起家的公司，历经风雨，逐步发展成为一家行业内知名的专业物流服务公司。泛太的总部设在上海，其在上海外高桥保税区拥有自己的保税仓库，并在北京、天津、宁波、苏州、深圳成立分公司。泛太没有自己的车队，而是通过控股运输车队、签订租赁合同等方式与一些第三方物流公司合作，以满足不同的货运要求。这一做法不仅省去了车辆维修保养的烦恼，而且提升了公司在各区域的竞争力。

泛太在不断扩大自身规模的同时，还聚拢了一大批在各物流领域的优秀供应商，如仓储物流公司、船运公司、配送中心、铁路运输公司、公路运输公司等。多年来，泛太一直够很好地处理与经营同类业务的供应商之间的关系，如泛太把上海保税区外的仓储业务外包给上海龙华仓储公司（简称龙华公司），并与之建立战略联盟的关系；把仓储业务交由龙华公司，并参与龙华公司对仓库的监管，期间对龙华公司提出许多具有建设性的建议，而龙华公司则把库位优先提供给泛太，并在考虑泛太所提建议的同时，对公司自身的仓储设备、仓储技术、信息系统进行更新，以保持整体仓储水平的先进性。

讨论题

(1) 泛太的供应链管理主要涉及哪些方面？

(2) 泛太进行供应链管理主要考虑了哪些因素？

(3) 泛太的经验中有哪些可以借鉴？

资料来源：王凤山，李肖钢，潘栋辉，等，2012. 供应链理论与应用[M]. 杭州：浙江大学出版社.

随着经济全球化、市场国际化和电子商务的发展，企业所处的竞争环境发生了根本性的改变。市场竞争由原来的产品、服务的竞争转向文化、技术和品牌的竞争，由单个企业之间的竞争转向企业集团之间形成的供应链之间的竞争。面对用户的需求及经济不确定性的日益增加，企业只有建立有效的供应链系统才能取得市场竞争的主动权。著名的供应链专家 Martin Christopher 说过，"市场上只有供应链，没有企业""真正的竞争不是企业与企业之间的竞争，而是供应链与供应链之间的竞争"。

1.1 供应链概述

1.1.1 供应链的概念与特征

1. 供应链的概念

从 20 世纪 80 年代至今,供应链(Supply Chain)尚未形成统一的定义。许多学者对供应链从不同的角度给出了定义。

早期的观点认为,供应链是生产企业的一个内部过程,是指把企业外部采购的原材料和零部件,通过生产转换和销售等活动,再传递给零售商和用户的一个过程。这种供应链的概念局限于企业内部操作层面上,注重企业自身资源的利用,并没有关注与之相关的企业。

随着供应链理念的发展,有些学者把供应链的概念与采购和供应管理相关联,用来表示供应商之间的关系,这种观点得到了研究合作关系、准时采购关系、精细供应、供应商行为评估和用户满意度等问题的学者们的重视。但这样一种关系也仅仅局限在企业与供应商之间,而且供应链中各企业独立运作,忽略了与外部供应链其他成员和企业的联系,往往造成企业之间的目标冲突。

后来,学者们注意到供应链的概念与其他企业的联系和供应链的外部环境,认为供应链是一个"通过链中不同企业的制造、组装、分销、零售等过程将原材料转换成产成品,再到最终用户的转换过程",这是更大范围、更为系统的概念。例如,美国学者 Stevens 认为,"通过增值过程和分销渠道控制从供应商的供应商到用户的用户的流就是供应链,它开始于供应的源点,结束于消费的终点。"这种定义注意了供应链的完整性,考虑了供应链中所有成员操作的一致性。

美国供应链管理专业协会认为,供应链涉及生产与支付最终产品和服务的一切环节。供应链通过前馈的信息流与反馈的物流和信息流,将供应商、制造商、分销商、零售商及网络用户连成一个整体。各个企业的供应链可能各不相同。有的企业的供应链可能非常简单,而有的企业的供应链可能非常复杂,包含多层结构,由物流、信息流等构成非常复杂的网络流。供应链是社会化大生产的产物,是重要的流通组织形式和市场营销方式。它以市场组织化程度高和规模化经营的优势,有机地连接生产和消费,对生产和流通有着直接的导向作用。供应链是由所有加盟的节点企业所组成的网链结构,每个企业就是一个节点,节点企业与节点企业之间是一种供需关系,其总目的是满足最终用户的需求。GB/T 18354—2021《物流术语》对供应链的定义是:"生产及流通过程中,围绕核心企业的核心产品或服务,由所涉及的原材料供应商、制造商、分销商、零售商直到最终用户等形成的网链结构。"

供应链的范围比物流要宽,不仅包含物流系统,还涵盖了生产、流通和消费。从广义上讲,供应链涉及企业的生产、流通,再进入下一个企业的生产和流通,并连接批发、零售和最终用户,既是一个社会再生产的过程,又是一个社会再流通的过程。从狭义上讲,供应链是企业从原材料采购开始,经过生产、制造、销售到终端用户的全过程。这些过程的设计、管理、协调、调整、组合、优化是供应链的主体;通过信息和网络手段使其整体化、协调

【拓展案例】

化和最优化是供应链的内涵;运用供应链管理实现生产、流通、消费的最低成本、最高效率和最大效益是供应链的目标。

2. 供应链的特征

供应链是从上下游的角度来理解从供应商的供应商到用户的用户的关系。供应链不是一个单一链状结构,而是一个网链结构,由围绕核心企业的供应商、供应商的供应商、用户、用户的用户组成。一个企业是一个节点,节点企业和节点企业之间是一种需求与供应关系。一般来说,供应链具有以下特征。

(1) 复杂性。因为供应链节点企业组成的跨度和层次不同,供应链往往由多个、多类型甚至多国企业构成,它们之间的关系错综复杂,关税往来和交易频繁,所以供应链结构模式比一般单个企业的结构模式更为复杂。

(2) 增值性。供应链的特征还表现在其是增值的。企业的生产运营系统将一些资源进行转换和组合,增加适当的价值,然后把产品分送到顾客手中。

(3) 需求性。供应链的形成、存在、重构都是基于一定的市场需求而发生的。在供应链的运作过程中,用户的需求拉动是供应链中信息流、产品/服务流、资金流运作的驱动源。

(4) 交叉性。在供应链的网链结构中,节点企业可以是这个供应链的成员,同时又是另一个供应链的成员,众多的供应链形成交叉结构,增加了协调管理的难度。

(5) 动态性。供应链管理因企业战略的调整和市场需求的变化而变化,其中节点企业需要动态地更新和调整,这就使得供应链具有明显的动态性。

(6) 风险性。供应链上的消费需求和生产供应始终存在时间差和空间的分割。通常,在实现产品的数周和数月之前,制造商必须先确定生产的款式和数量,这一决策直接影响到供应链系统的生产、仓储、配送等功能的容量设定,以及相关成本的构成。因此,供应链上的供需匹配隐含着巨大的财务风险和供应风险。

(7) 集成性。供应链的节点企业之间应建立合作伙伴关系,而且伙伴之间的能力不是简单相加,而是集成。集成不是简单地把两个或多个单元连在一起,而是将原来没有联系或联系不紧密的单元组成有一定功能的、紧密联系的新系统,企业在集成的基础上达到相互充分信任。

1.1.2 供应链的类型

由于供应链是一个复杂系统,存在产品、功能、导向、结构形态、涉及范围等方面的差异,因此从不同角度考察,供应链呈现出不同的类型。

1. 推动式供应链和拉动式供应链

按照供应链驱动力的来源,供应链分为推动式供应链和拉动式供应链。

推动式供应链的运作以产品为中心,以制造商为驱动原点。这种传统的推动式供应链管理是以生产为中心,力图通过提高生产率、降低单件产品成本来获得利润。通常,生产企业根据自己的制造资源计划(Manufacturing Resource Planning,MRPⅡ)或企业资源计划(Enterprise Resource Planning,ERP)系统来安排从供应商处购买原材料,生产出产品,并将产品经过各种渠道,如分销商、批发商、零售商一直推至用户端。在这种供应链上,制造商对整个供应链起主导作用,是供应链上的核心或关键成员,而其他环节如流通领域的企业则处于被动的地位。然而，由于制造商在供应链上远离用户，对用户的需求远不如流通领域的零售商和分销商了解得清楚。这种供应链上企业之间的集成度较低，反应速度慢，在缺乏对用户需求了解的情况下生产出的产品和驱动供应链运作的方向往往是无法匹配和满足用户需求的。同时，由于无法掌握供应链下游，因此一旦供应链下游有微小的需求变化，反映到供应链上游时这种变化将被逐级放大。这种效应被称为"牛鞭效应"。为了应对"牛鞭效应"，响应供应链下游特别是最终端用户的变化，在供应链的每个节点上都必须采取提高安全库存量的办法，需要储备较多的库存来应付需求变动。因此，整个供应链上的库存较高，响应用户需求变化较慢。传统的供应链管理几乎都属于推动式供应链管理。推动式供应链的结构原理如图 1.1 所示。

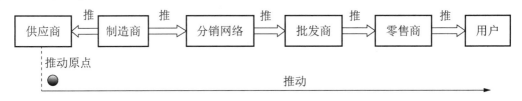

图 1.1 推动式供应链的结构原理

拉动式供应链管理的理念是以顾客为中心，通过对市场和用户的实际需求及对其需求的预测来拉动产品的生产和服务。这种运作和管理需要整个供应链能够更快地跟踪，甚至超前于用户和市场的需求，以此来提高整个供应链上的产品和资金流通的效率，减少流通过程中不必要的浪费，降低成本，提高市场的适应力。特别是对下游的流通和零售行业，更是要求供应链上的成员间有更强的信息共享、协同、响应和适应能力。例如，发达国家采用协同计划、预测和补货策略系统来实现对供应链下游成员需求拉动的快速响应，使信息获取更及时，信息集成和共享度更高、数据交换更迅速，缓冲库存量及整个供应链上的库存总量更低，获利能力更强等。拉动式供应链虽然整体绩效表现出色，但对供应链上企业的管理和信息化程度要求较高，对整个供应链的集成和协同运作的技术和基础设施要求也较高。拉动式供应链的结构原理如图 1.2 所示。

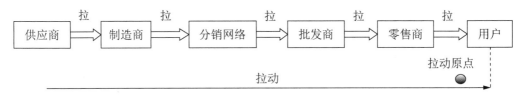

图 1.2 拉动式供应链的结构原理

但在一个企业内部，对于有些业务流程来说，有时推动式和拉动式两种方式共存。例如，戴尔计算机公司的个人计算机生产线，既有推动式运作又有拉动式运作，其个人计算机装配的起点就是推和拉的分界线，在装配之前的所有流程都是推动式流程，而装配和其后的所有流程都是拉动式流程，完全取决于用户订单。

2. 平衡的供应链和倾斜的供应链

根据供应链容量与用户需求的关系，供应链分为平衡的供应链和倾斜的供应链，如图 1.3 所示。一个供应链具有一定的、相对稳定的设备容量和生产能力(所有节点企业能力的综合，包括供应商、制造商、运输商、分销商、零售商等)。用户需求处于不断变化的过程中,当供应链的容量能满足用户需求时,供应链处于平衡状态;而当市场变化加剧,造成供应链成本增加、库存增加、浪费增加等现象时,企业不是在最优状态下运作,供应链处于倾斜状态。平衡的供应链可以实现各主要职能(采购/低采购成本、生产/规模效益、分销/低运输成本、市场/产品多样化和财务/资金运转快)之间的均衡。

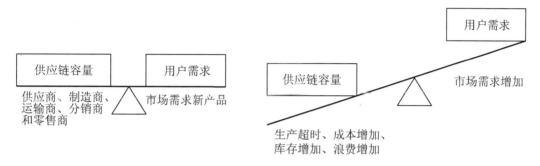

图 1.3 平衡的供应链和倾斜的供应链

3. 有效性供应链和反应性供应链

根据供应链的功能模式(物理功能、市场中介功能和用户需求功能),供应链分为有效性供应链和反应性供应链。

有效性供应链以实现供应链的物理性能为主要目标,即以最低的成本将原材料转化为零部件、在制品和产品,并最终运送到消费者手中。有效性供应链面对稳定的市场需求,提供的产品和相关技术具有相对稳定性。

反应性供应链以实现供应链的市场功能为主要目标,即对市场需求变化做出快速反应。反应性供应链所提供的产品具有以下特点:市场需求有很多不确定性,产品本身发展很快,产品生命周期较短,产品价格随着季节的不同有很大的变化。因此,反应性供应链需要保持较高的市场应变能力并实现柔性化生产,从而降低产品过时或失效的风险。

有效性供应链与反应性供应链的比较如表 1-1 所示。

表 1-1 有效性供应链与反应性供应链的比较

项 目	有效性供应链	反应性供应链
产品特性	产品技术和市场需求相对稳定	产品技术和市场需求变化大
基本目标	以最低的成本供应可预测的需求,提高服务水准及减少缺货等	对不可预测的需求变化做出快速反应,使缺货和库存最小化
制造的核心	保持高的平均利用率	配置多余的缓冲库存
库存策略	产生高收入而使整个供应链的库存最小化	部署零部件和成品的缓冲库存
提前期	在不增加成本的前提下,尽可能缩短提前期	大量投资以缩短提前期
供应商的标准	以成本和质量为核心	以速度、柔性、质量为核心
产品设计策略	绩效最大化而成本最小化	用模块化设计以尽可能延迟产品差别

1.1.3 供应链的结构模型

按照供应链的定义，产品从生产到消费的全过程是一个非常复杂的网链模式，覆盖了从原材料供应商、零部件供应商、产品制造商、分销商、零售商直至最终用户的整个过程。

根据供应链的实际运行情况，在一个供应链中，有一个企业处于核心地位。该企业起着对供应链上的信息流、资金流和物流进行调度和协调的作用。从这个角度出发，供应链的结构可以具体地表示为图 1.4 所示的形状。

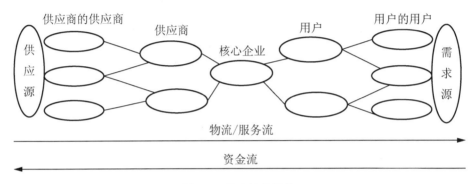

图 1.4 供应链的结构

1.2 供应链管理基础理论

1.2.1 供应链管理概述

对供应链这一复杂系统，要想取得良好的绩效，必须找到有效的协调管理方法，供应链管理的思想就是在这种背景下提出的。对于供应链管理，有许多不同的定义，如有效客户反应(Efficient Consumer Response，ECR)、快速响应(Quick Response，QR)、虚拟物流(Virtual Logistics，VL)或连续补充(Continuous Replenishment，CR)等。这些定义是从不同层次和角度来考虑的，它们都是通过计划和控制来实现企业内部和外部之间的合作，在一定程度上都集成了供应链和增值链两个方面的内容。

阅读链接 1-1

企业生产的价值链

现代企业的生产经营已经不再是由企业独立完成其全部业务流程的纵向一体化模式，而是把上游供应环节和下游销售环节紧密结合在一起，来实现企业的经营目标，创造价值和实现价值增值。任何一个社会组织都不可能出色地单独完成其全部业务流程。促进上下游协同工作，产生远大于单个组织独立完成所有工作流程的乘数效应，已成为现代组织生存和发展的重要基础。把企业内部生产与外部上下游的供应和销售环节看作一个不可分割的整体价值链，从整体价值链共赢的视角来安排和实施企业的经营与管理，是现代企业的经营哲学，是供应链管理的理念。因此，价值链有以下 3 层含义。

(1) 企业的每项价值活动能给企业创造价值。从理论上讲，企业每项的价值活动都应该对最终的产品有所贡献，都能成为企业的利润源泉。当然，企业因资金、技术等原因，会使得相同的价值活动创造的价值不同。

(2) 企业各项价值活动之间是密切联系的。企业的价值活动不是相互独立的，而是相互依存的，任何一项价值活动的发生都会对价值链中的其他价值活动产生影响。

(3) 价值链不仅包括企业内部的价值活动，而且还包括企业与供应商、制造商、零售商和用户之间的价值联系。

1. 供应链管理的概念

1982 年，Keith Oliver 和 Michael Webber 在《观察》杂志上发表了《供应链管理：物流的更新战略》，首次提出了供应链管理的概念。

20 世纪 90 年代，学术界开始探讨供应链管理与传统物流管理的区别。由于供应链管理理论源于物流管理研究，因此其产生背景不可分割地与物流管理联系在一起。供应链管理思想的提出经历了一个由传统物流管理到供应链管理的演化过程。至今，学术界和企业对于供应链管理的含义仍有不同的理解，有的认为供应链管理是物流管理的延伸，有的认为供应链管理是一种企业业务的综合等。事实上，供应链管理的概念与物流管理的概念密切相关，在现代物流管理的理解上，有广义(即跨越组织间的界限、寻求综合的物流控制和管理)和狭义(即企业内部的库存、运输管理)的区分，显然广义的物流管理与供应链管理是一致的。

通行的看法是供应链管理并不仅仅是物流管理的扩展。它除了包括与物品实体运动相关的活动外，还包括组织间的协调活动和业务流程的整合过程。例如，在新产品开发过程中，营销、研发、生产、物流和财务等不同的供应流程都需要统一起来。此外，为了提高市场的应对能力，还需要寻求与外部企业的合作，由供应链构成的多数企业间业务流程的整合被看作是供应链管理。与以上观点相类似，Handfield 和 Nichools 将供应链定义为确保原材料到最终消费者的整个过程中所发生的与物流和信息流相关的所有活动，而供应链管理则是为获得持续的竞争优势，在供应链关系基础上种种活动的整合。显然，从这一定义可以看出，供应链的构成是以生产者为中心，由位于上游的供给阶段和下游的流通渠道中所有企业所组成的。Evens 认为："供应链管理是通过前馈的信息流和反馈的物料流及信息流，将供应商、制造商、分销商、零售商，直到最终用户连成一个整体的模式。"这些定义都体现了供应链的完整性，考虑了供应链中所有成员操作的一致性(链中成员的关系)。供应链的活动包括信息系统的管理、采购管理、生产管理、订货管理、在库管理、客户服务及废弃物处理等。

国外学者对供应链管理的理解，大体可以分为物流型、信息型和整合型这 3 种类型。表 1-2 中列举了供应链管理的若干定义。

综合以上定义，对于供应链管理的概念，可以从以下几个方面来把握。

(1) 供应链管理把对成本有影响和在产品满足顾客需求的过程中起作用的每一方都考虑在内：从供应商和制造工厂，经过仓库和配送中心，到批发商和零售商。

表1-2 供应链管理的若干定义

类型	学者	具体定义
物流型	Houlihan(1988)	供应链管理是对从供应商开始，经生产者或流通业者到最终消费者所有物质流动进行管理的活动
	Stevens(1990)	供应链管理是对从供应商开始，经附加价值(生产)过程或流通渠道，到最终消费者的整个过程中物质流动的管理
	Langley 和 Houlcomb(1991)	供应链管理是为提供能给最终消费者带来最高价值的产品或服务，而开展的渠道成员间的相互作用
	Cavinato(1991)	供应链管理是对从企业到最终消费者整个过程中所发生的购买活动、附加值活动和营销活动的管理
	Navack(1991)	通过增值过程和分销渠道控制从供应商到用户的流就是供应链，它开始于供应的源点，结束于消费的终点
	Tumer(1993)	供应链管理是对从原材料供应商开始，经过生产、保管、流通等各种手段，到最终消费者等整个过程的连接
信息型	John Mon(1994)	供应链管理是为实际商品采购而使用的手段，这种手段追求的是供应商参与者之间的信息的恰当提供；供应链管理中各个成员之间所产生的信息流，对供应链全体的绩效而言是极其重要的
整合型	Cooper(1990)	供应链管理是对从供应商开始到最终消费者的流通渠道的全面管理
	Ellram(1993)	供应链管理就是为取得系统全体最高的绩效，面对从供应商开始到最终消费者的整个网络的分析、管理
	Farmer(1995)	供应链管理这个概念更应该用无缝隙性需求整合(Seamless Demand Pipeline)来取代

(2) 供应链管理的目的在于追求效率和整个系统的费用有效性，使系统总成本最低，这个总成本包括运输和配送成本及库存成本。因此，供应链管理的重点不在于简单地使运输成本达到最低或减少库存，而在于用系统方法来进行供应管理。

(3) 供应链管理是围绕"把供应商、制造商、分销商(包括批发商和零售商)有效率地结合成一体"这一问题来展开的，它包括公司许多层次上的活动，从战略层次到战术层次，一直到作业层次。

2. 供应链管理的特点

(1) 管理目标呈现多元化。

在传统的管理活动中，管理目标一般是针对现有问题来制定的，因此管理的目标比较单一，以最终能解决问题为目的。供应链管理的目标则较复杂，它不仅追求问题的最终解决，而且关注解决问题的方式，要求以最快的速度、最优的方式、最佳的途径解决问题。这就使得管理的目标既有时间方面的要求，也有成本方面的要求，同时还有效果方面的要求。例如，"在合适的时间，将合适的产品，以合适的价格送到合适的消费者手中"，这就说明了供应链管理目标的多元化。

在供应链管理的各项目标中，有些目标以常规眼光来看是相互矛盾和冲突的。传统管理目标的定位主要是建立在企业自身可以利用的资源基础之上，即企业在确定管理目标时，是以现有的资源条件作为决策依据的，强调目标的现实可行性。在供应链管理中，企业的管理目标却往往较少受到自身资源实力的限制。这是因为通过对内外资源的集成使用，企业可以超越自身实力来进行管理目标定位，从而延伸企业的目标，显示出超常的性质。

(2) 管理视域极大拓宽。

管理视域代表着管理主体行为的活动范围。管理视域越窄，管理行为就越受限制，管理的影响力度必然也就越小。在集成思想的指导下，供应链管理的视野得到极大的拓宽，过去那种围绕企业内某具体部门，或某个企业，或某个行业的点、线或面式的管理疆域，现在已被一种更加开放的全方位、立体式的管理空间所取代。管理的触角从一个部门延伸到另外一个部门，从企业内延伸到企业外，从本行业延伸到其他相关的诸多行业，从而为供应链管理提供了充分自由的运作空间。

(3) 管理要素更加多样。

在过去的管理活动中，人、财、物是基本的管理要素。随着社会科技的进步，一方面，上述管理要素的内容不断演化更新；另一方面，各种新的管理要素也大量涌现，各种管理要素的重要性也相继发生转换。由于科技已上升为经济增长的主要推动力量，所以它在管理中的地位也变得至关重要。在供应链管理中，管理要素的种类和范围都比以往有更大的拓展。从人、财、物到信息、知识、策略等，管理对象无所不包，几乎涵盖了所有的软、硬件资源要素，因而使得管理者的选择余地大大增加，同时管理难度也进一步加大，尤其应引起管理人员注意的是，软性要素在供应链管理中的作用日渐重要。由于供应链管理中知识、智力的含量大大增加，在许多情况下，信息、策略和科技等软性要素常常是决定供应链管理成败的关键。

(4) 管理系统更加复杂。

从本质上看，企业供应链管理行为既是由企业内在本质所决定的并受企业支配的各项活动的总和，又是随着外界环境的变化而变化并受外在环境刺激所做出的各种决策和对策的反应。供应链管理行为所涵盖的不只是企业内部的技术行为，而且是涉及一系列广泛而复杂的社会经济行为。它融合了宏观与微观、纵向与横向、外部环境与内部要素的交互作用，并且彼此之间形成一个密切相关的、动态的、开放的有机整体，而且，其中的各项要素又交织成相互依赖、相互制约、相互促进的关系链，从而使得供应链管理行为极其复杂，难以把握。此外，由于供应链管理打破了传统管理系统的边界限制，追求企业内外资源要素的优化整合，即企业的内部资源、功能及优势与外界的资源可以相互转化、相互协调、相互利用，形成一种"内部优势外在化、外部资源内在化"的态势，从而使管理的系统边界越来越难以确定。因此，在供应链管理中，必须运用非常规的分析方法，才有可能较好地把握管理系统的内在本质。

1.2.2 供应链管理的基本内容、涉及领域及目标

1. 供应链管理的基本内容

作为流通中各种组织协调活动的平台，将产品或服务以最低的价格迅速向顾客传递

为特征的供应链管理,已经成为竞争战略的中心概念。供应链管理的重点应放在以下几个方面。

(1) 战略管理。供应链管理本身属于企业战略层面的问题。因此,在选择和参与供应链时,必须从企业发展战略的高度考虑问题。它涉及企业经营思想,在企业经营思想指导下的企业文化发展战略、组织战略、技术开发与应用战略、绩效管理战略等,以及这些战略的具体实施。供应链运作方式、参与供应链联盟而必需的信息支持系统、技术开发与应用以及绩效管理等都必须符合企业经营管理战略。

(2) 信息管理。知识经济时代的到来使信息取代劳动和资本,成为影响劳动生产率的主要因素。在供应链中,信息是供应链各方沟通的载体,供应链中各个阶段的企业就是通过信息这条纽带集成起来的。可靠、准确的信息是企业决策的有力支持和依据,能有效降低企业运作中的不确定性,提高供应链的反应速度。因此,供应链管理的主线是信息管理,信息管理的基础是构建信息平台,实现信息共享,如企业资源计划、Windows 管理规范(Windows Management Instrumentation,WMI)等系统的应用等,将供求信息及时、准确地传达到供应链上的各个企业,在此基础上进一步实现供应链管理。当今世界,通过电子信息技术,供应链已结成一张覆盖全区域乃至全球的网络,使部分企业摆脱"信息孤岛"的处境,从技术上实现了与供应链其他成员的集成化和一体化。

(3) 客户管理。在传统的卖方市场中,企业的生产和经营活动是以产品为中心的,企业生产和销售什么产品,客户就只能接受什么商品,没有多少挑选余地。而在经济全球化的背景下,买方市场占据主导地位。客户主导了企业的生产和经营活动,因此客户是核心,也是市场的主要驱动力。客户需求、消费偏好、购买习惯及意见等是企业谋求竞争优势所必须争取的重要资源。

在供应链管理中,客户管理是供应链管理的起点,供应链源于客户需求,同时也终于客户需求,因此供应链管理是以满足客户需求为核心运作的。然而,客户需求千变万化,而且存在个性差异,企业对客户需求的预测往往不准确。一旦预测需求与实际需求差别较大,就会造成企业库存积压,引起经营成本大幅增加,甚至造成巨大的经济损失,因此,真实、准确的客户管理是企业供应链管理的重中之重。

(4) 库存管理。库存管理是企业管理中一件令人头疼的事情,因为库存量过多或过少都会造成损失。一方面,为了避免缺货给销售带来的损失,企业不得不持有一定量的库存,以备不时之需;另一方面,库存占用了大量资金,既影响了企业的扩大再生产,又增加了成本,在库存出现积压时还会造成巨大的浪费。一直以来,企业都在为确定适当的库存量而苦恼。传统的方法是通过需求预测解决这个问题,然而需求预测与实际情况往往并不一致,直接影响了库存决策的制定。如果能够实时掌握客户需求的变化信息,在客户需要时再组织生产,就不需要持有库存。即以信息代替库存,实现库存"虚拟化"。因此,供应链管理的一个重要使命就是利用先进的信息技术,收集供应链各方以及市场需求方面的信息,用实时、准确的信息取代实物库存,减小需求预测的误差,从而降低库存的持有风险。

(5) 关系管理。传统的供应链成员之间的关系是纯粹的交易关系,各方遵循的都是"单向有利"的原则,所考虑的主要是眼前的既得利益,并不考虑其他成员的利益。这是因为每个企业都有自己相对独立的目标,这些目标与其上下游企业往往存在一些冲突。例如,制造商要求供应商能够根据自己的生产计划,灵活且充分地保证它的物料需求;供应商则希望制造商能够以相对固定的周期大批订购,即有稳定的大量需求,两者之间就产生了目标的冲突。这种目标的冲突无疑会大大增加交易成本。同时,社会分工的日益深化使得企业之间的相互依赖关系不断加深,交易也日益频繁。因此,降低交易成本对于企业来说就成为一项具有决定意义的工作。而现代供应链管理恰恰为企业提供了提高竞争优势、降低交易成本的有效途径,这种途径就是通过协调供应链各成员之间的关系,加强与合作伙伴的联系,在协调的合作关系的基础上进行交易,为供应链的全局优化而努力,从而有效地降低供应链整体的交易成本,使供应链各方的利益获得同步的增加。

(6) 风险管理。国内外供应链管理的实践证明,能否加强对供应链运行中风险的认识和防范,关系到能否最终取得预期效果。如果认为只要实施了供应链管理模式就能取得预期效果,就把供应链管理看得太简单了。供应链上企业之间的合作,会因为信息不对称、信息扭曲、市场不确定性以及政治、经济、法律等因素的变化而存在各种风险。为了使供应链上的企业都能从合作中获得满意的结果,就必须采取一定的措施规避供应链运行中的风险,如提高信息透明度和共享性、优化合同模式、建立监督控制机制等,尤其是必须在企业合作的各个阶段通过激励机制的运行,采用各种手段实施激励,使供应链上的各企业之间的合作更加有效。

【拓展视频】

2. 供应链管理涉及的主要领域

供应链管理覆盖了从供应商的供应商到用户的用户的全过程。从供应链管理的运作角度来看,供应链管理涉及 5 个主要领域:供应(supply)、生产计划(schedule plan)、物流(logistics)、需求(demand)、回流(return),如图 1.5 所示。

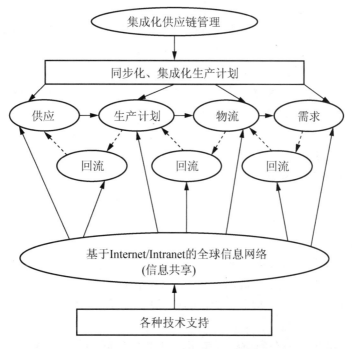

图 1.5 供应链管理涉及的主要领域

供应链管理是以同步化、集成化生产计划为指导，以各种技术手段为支持，尤其以Internet/Intranet为依托，围绕供应、生产作业、物流、满足顾客需求来实施的。供应链管理主要包括计划、合作、控制、从供应商到用户的物料(零部件和成品等)和信息。供应链管理的目标在于提高用户服务水平和降低总的交易成本，并且寻求两个目标之间的平衡。

在以上5个领域的基础上，可以将供应链管理细分为职能领域和辅助领域。职能领域主要包括产品工程、产品技术保证、采购、生产控制、库存控制、仓储管理、分销管理等；辅助领域主要包括客户服务、制造、设计工程、会计核算、人力资源、市场营销等。

供应链管理涉及的不仅仅是物料实体在供应链中的流动，还应注意以下几个问题。

(1) 随机性问题，包括供应商可靠性、运输渠道可靠性、需求不确定性、价格不确定性、汇率变动影响、随机固定成本、提起期的确定、顾客满意度的确定等研究。

(2) 供应链结构性问题，包括规模经济性、选址决策、生产技术选择、产品决策、联盟网络等研究。

(3) 供应链全球化问题，包括贸易壁垒、税收、政治环境、产品各国差异性等研究。

(4) 协调机制问题，如供应—生产协调、生产—销售协调、库存—销售协调等。

3. 供应链管理的目标

供应链管理使成员企业在分工基础上密切合作，通过外包非核心业务、资源共享和协调整个供应链，不仅可以降低成本、减少社会库存、增强企业竞争力，而且通过信息网络、组织网络，可以实现生产与销售的有效连接和物流、信息流、资金流的合理流动，使社会资源得到优化配置。因此，供应链管理的目标就是要在总成本最小化、用户服务最优化、总库存最小化、总周期最短化以及物流质量最优化等目标之间寻找最佳平衡点，以实现供应链绩效的最大化。

(1) 总成本最小化。供应链管理的目标在于提高用户服务水平和降低总的交易成本，并且寻求两个目标之间的平衡。采购成本、运输成本、库存成本、制造成本以及供应链的其他成本费用都是相互联系的。因此，实现有效的供应链管理必须将供应链各成员企业作为一个有机整体来考虑，并使整个供应链的供应物流、制造装配物流与实体分销物流之间达到高度平衡。从这一意义出发，总成本最小化的目标是使整个供应链运作与管理的所有成本的总和最小化。

(2) 客户服务最优化。供应链管理的本质在于为整个供应链的最终客户提供高水平的服务。由于服务水平与成本费用之间的背反关系，要建立一个效率高、效果好的供应链网络结构系统，就必须考虑总成本费用与客户服务水平的均衡。供应链管理以最终客户为中心。因此，供应链管理的主要目标就是要以最小化的总成本费用实现整个供应链客户服务的最优化。

(3) 总库存最小化。在实现供应链管理目标的同时，要使整个供应链的库存控制在最低的程度，零库存反映的是这一目标的理想状态。因此，总库存最小化目标的达成有赖于实现对整个供应链的库存水平与库存变化的最优控制，而不只是单个成员企业库存水平的最低。

(4) 总周期最短化。当今的市场竞争不再是单个企业之间的竞争，而是供应链之间的竞争。从某种意义上说，供应链之间的竞争实质上是基于时间的竞争。能否实现快速有效的客户反应，最大限度地缩短从客户发出订单到获取满意交货的整个供应链的总周期时间，已成为决定企业能否成功的关键因素之一。

(5) 物流质量最优化。在生产经济条件下，企业产品或服务质量的好坏直接关系到企业的成败。同样，供应链管理下的物流服务质量的好坏直接关系到供应链的存亡。如果在所有业务过程完成以后发现提供给最终客户的产品或服务存在质量缺陷，就意味着所有成本的付出将不会得到任何价值补偿，供应链的所有业务活动就会变为非增值活动，从而导致无法实现整个供应链的价值。因此，达到与保持物流服务质量的高水平是供应链物流管理的重要目标。而这一目标的实现，必须从原材料、零部件供应的零缺陷开始，直至供应链管理全过程、全人员、全方位质量的最优化。

从传统的管理思想来看，上述目标相互之间呈现出互斥性：客户服务水平的提高、总周期时间的缩短、交货品质的改善，必然以库存、成本的增加为前提，否则无法达到最优。然而，通过运用供应链一体化的管理思想，从系统的观点出发，改进服务、缩短时间、提高产品质量与减少库存、降低成本是可以兼得的。

【拓展视频】

1.2.3 供应链管理的研究现状

近年来，供应链管理问题引起了国内外学者的广泛关注，并取得了一定的研究成果。其中具有代表性的有以下几个方面。

(1) 集成化供应链。为了成功地实施供应链管理，使供应链管理真正成为有竞争力的武器，就要将企业内部以及供应链各节点企业之间的各种业务看作一个整体功能过程，形成集成化供应链管理体系。通过网络化的企业结构，实现对企业内外的动态控制和各种资源的集成与优化，力求达到整个供应链全局的动态最优目标。

(2) 敏捷供应链。20世纪80年代后期，美国提出了敏捷制造的概念，强调基于互联网的信息开放、共享和集成。敏捷制造和供应链管理的概念都是把企业资源的范畴从单个企业扩大到整个社会，使企业之间为了共同的市场利益而结成战略联盟，借助敏捷制造战略的实施，供应链管理也得到越来越多人的重视，成为当代国际上最有影响力的一种企业运作模式。

(3) 绿色供应链。新的环境时代对全球范围内的制造和生产型企业提出了新的挑战，即如何使工业生产和环境保护协调发展。由于公众、法规及环境标准的压力，企业必须重新调整供应链流程，把环境问题融于整个供应链过程，实现可持续发展。

(4) 供应链的设计。设计和运行一个有效的供应链对于每一个企业来说都是至关重要的。有效性供应链流程设计适于边际利润低、需求稳定的功能型产品(Functional Products，FP)，反应性供应链流程设计适于边际利润高、需求不稳定的创新型产品(Innovative Products，IP)。

(5) 供应链伙伴选择。供应链管理是通过供应链上成员之间的合作和能力的协同，来有效地实现各种资源的集成与优化利用，合作伙伴关系是供应链管理研究中的一个重要部分。

(6) 供应链库存管理技术。供应链库存管理技术主要包括供应商管理库存(Vendor Managed Inventory，VMI)、联合库存管理(Joint Inventory Management，JIM)，以及联合计划、预测和补给(Collaborative Planning, Forecasting and Replenishment, CPFR)。供应链库存管理技术是以供应链上的合作伙伴获得最低成本为目的，在一个共同的协议下，由供应商设立库存、确定库存水平和补给策略、拥有库存控制权的管理技术。该方法体现了供应链的集成化管理思想。

(7) 供应链信息技术。信息共享是实现供应链管理的基础，有效的供应链管理离不开信息技术系统提供可靠的支持。信息技术的应用有效地推动了供应链管理的发展，它可以节省时间，提高企业信息交换的准确性，减少工作中的人为错误，从而提高供应链管理的运行效率。

(8) 供应链建模技术。研究供应链建模技术，建立相应的供应链模型对于供应链管理中的各项分析和决策活动是十分必要的。目前供应链建模技术主要包括网络设计法、近似方法、基于仿真的方法等。

1.3 供应链库存管理

库存管理始终是企业管理面临的一个问题。传统的库存管理主要是从单个企业的角度来考虑，如经济订货批量模型等。随着企业外部环境对企业影响的日益扩大，库存问题的解决必须从一个更为广义的角度来考虑。国外学者从 20 世纪 60 年代就开始了对多阶段库存控制的探索，20 世纪 90 年代至今，从供应链的角度来研究库存管理成为供应链研究中的一个热点。研究供应链库存管理，就是要研究如何按照需求合理地降低整个供应链上的库存量，获得最优的订货策略，合理配置企业资源，达到最低占用资金和取得最大收益的目的。

1.3.1 库存理论基础

物料的储存现象由来已久，但是把储存问题作为一门学科来研究，还是进入 20 世纪以后的事情。早在 1915 年哈里斯就提出"经济批量"问题，它研究如何从经济的角度确定最佳的库存数量。"经济批量"的提出，从根本上改变了人们对库存问题的传统认识，是对库存理论研究的一个重大突破，可以说，是现代库存理论的奠基石。

第二次世界大战之后，由于运筹学、数理统计等理论与方法的广泛应用，特别是 20 世纪 50 年代以来，人们开始应用系统工程理论来研究和解决库存问题，从而逐步形成了系统的库存理论，亦称"存储论"。电子计算机的问世，又进一步提高了库存控制的工作效率，促使库存理论成为一门比较成熟的学科。

1. 库存的概念

库存是为了满足未来需求而暂时闲置的有价值的资源。关于库存的定义有很多说法，概括起来主要有以下两种。

(1) 库存是指企业在生产经营过程中为现在和将来的耗用或销售而储备的资源，包括原材料、材料、燃料、低值易耗品、在制品、半成品、产成品等。

(2) 库存是指企业用于今后生产、销售或使用的任何需要而持有的所有的物品的材料。

企业接到顾客订单后，当顾客要求的交货时间比企业从采购材料、生产加工，到运输货物到顾客手中的时间(供应链周期)要短时，就必须预先储存一定数量的产成品来弥补这个时间差。

一般来说，企业在销售阶段，为了能及时满足顾客的要求，避免发生缺货或延迟交货的现象，需要有一定的成品库存；在生产阶段，为了保证生产过程的均衡性和连续性，需要有一定的在制品、零部件；在采购阶段，为了防止供应市场的不确定性给生产环节造成的影响，保证生产过程中原材料、材料及外购件的供应，需要有一定的原材料、外购件库存。

由于诸多方面的原因，企业库存物料的库存数量是经常变动的，为了使库存量保持在合理的水平上，就要进行合理的、科学的库存控制。当库存物料的储备数量过少时，则不能满足企业生产或经营的需要；而当库存物料的储备数量过多时，不仅要占用大量资金，影响流动资金的周转，而且要占用大量的生产面积和仓库面积，还可能由于长期积压而使存货损坏变质。企业为了生产或经营活动能够持续进行，需要库存量维持在合理的水平上，从而降低库存成本，提高企业的经济效益。

阅读链接 1-2

关于库存的不同理解

1. 蓄水池与流动的河流

对于库存的理解，习惯上认为它是资源的储备或暂时性的闲置，因此，长期以来对库存作用的理解就针对库存是因"储备"而存在。库存就像"蓄水池"一样发挥它的作用。持有库存是储备的观点，认为库存是维持正常生产、保持连续、应付不测需求所必需的。

"流动的河流"这种观点类似于"蓄水池"的观点，但"蓄水池"观点是静态的，而"流动的河流"观点是动态的。在这种观点中将产品的流动比成水流，在流动的过程中，水并不是匀速流动的。水有时在深水池中停留，有时被隐藏在水面下的岩石或被其他障碍物阻塞。在物流中，水的流动变成了物品的流动，深水池变成了库存，而岩石和障碍物则是运作中的各种缺陷。如果要使物流迅速流动就必须移走岩石和障碍物，而要移走岩石和障碍物就要降低水面(库存)，使岩石能够显露出来。

2. 闲置

另一种观点认为库存是"闲置"，是一种浪费，它掩盖管理中的问题，因此主张消除库存。通过无库存生产方式不断地降低库存水平，暴露管理问题，然后解决问题，使管理工作得到改进，达到一个新的水平。这是一个循环往复、不断改进的过程，准时制思想集中体现了这种理念。

3. 无缝连接

库存处于供需之间，这一观点表示了库存是"持续流动"或是"批量或排队"。库存一般应该按其使用的概率来确定，如一个时期的需求时常会超过可用的生产能力，这时就有必要持有库存。日益发展的供应链正在通过基于根据客户实际销售数据进行生产和销售的方式寻求"拉式"库存，即用客户的需求来拉动库存。

深层次的研究发现，库存并不是简单的资源储备或闲置的问题，而是一种组织行为问题。这是关于库存管理新的理解："库存是企业之间或部门之间没有实现无缝连接的结果，因此，库存管理的真正本质不是针对物料的物流管理，而是针对企业业务过程的工作流管理。"通过整合工作流程来实现"拉式"库存，可以最大限度地降低库存。

2. 库存的分类

在企业物流活动中，企业持有的库存有不同的形式，从不同的角度可以对库存进行多种分类。

(1) 按库存在生产和配送中所处的状态分类。

按库存在生产和配送中所处的状态进行分类，可分为原材料库存、在制品库存、维修库存和产成品库存等，如图1.6所示。

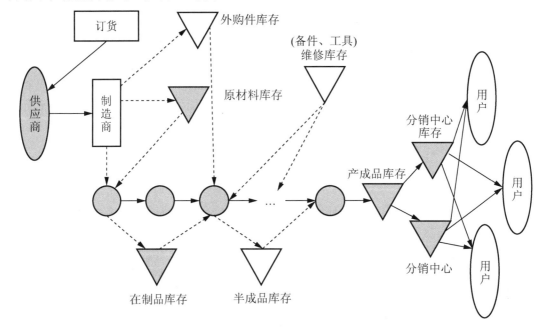

图 1.6　库存的分类

① 原材料库存(production inventory)。它是指企业通过采购和其他方式取得的用于制造产品并构成产品实体的物品，以及供生产耗用但不构成产品实体的辅助材料、修理用备件、燃料及外购半成品等，用于支持企业内制造或装配过程的库存。它存在于企业的供应物流阶段中。

② 在制品库存(in-process inventory)。它是指已经过一定生产过程，但尚未全部完工，在销售以后还要进一步加工的中间产品和正在加工中的产品，包括产品生产的不同阶段的半成品。它存在于企业的生产物流阶段中。

③ 维修库存(maintenance/repair/operating inventory)。它是指用于维修与养护的、经常消耗的物品或部件，如石油润滑脂和机器零件，不包括产成品的维护活动所用的物品或部件。它存在于企业的生产物流阶段中。

④ 产成品库存(finished goods inventory)。它是指准备运送给消费者的完整的或最终的产品。这种库存通常由不同于原材料库存的职能部门来控制，如市场或物流部门。它存在于企业的销售物流阶段中。

生产企业有原材料库存、在制品库存、维修库存和产成品库存。商业企业如储运商、配送商、批发商与零售商，通常只有产成品库存。公用事业单位一般是提供服务的，因此比较常见的是维修库存(如用于地铁列车的车辆零配件)。这几种库存可以存放在一条供应链上的不同位置。原材料库存可以放在两个位置：供应商或生产商处。原材料进入生产企业后，依次通过不同的工序，每经过一道工序，附加价值都有所增加，从而成为不同水准的在制品库存。当在制品库存在最后一道工序被加工完后，变成产成品。产成品也可以放在不同的储存点，如生产企业内、配送中心、零售点等，直至转移到最终消费者手中。

(2) 按库存的职能分类。

库存按照职能可分为生产型库存和销售型库存。

① 生产型库存是为了满足供应链生产环节的需要而设立的原材料、零部件等物料库存。

② 销售型库存是为了满足供应链销售环节的需要或根据客户需求预测而设立的产品、物料库存。销售型库存管理的难度更大，原因是市场营销不可避免地会受到需求变异放大"牛鞭效应"和市场不稳定性因素的影响。供应链一体化库存管理的目的就是减轻或消除这些因素影响，使库存管理与客户需求真实地一致起来，从而降低库存成本，提高服务质量，创造客户价值。

(3) 按库存的作用分类。

库存按照作用可分为周转库存、安全库存、加工库存、在途库存、季节性库存、投机性库存、促销性库存和沉淀库存。

① 周转库存的产生是基于采购批量或生产批量的。采购批量或生产批量越大，单位采购成本或生产成本就越低(节省订货费用或作业交换费用得到数量折扣)，因而采用批量购入或批量生产。这种由批量周期性地形成的库存就称为周转库存。这里有两个概念：一个是订货周期，即两次订货之间的间隔时间；另一个是订货批量，即每次订货的数量。这两者之间的关系是显而易见的，每次订货批量越大，两次订货之间的间隔也越长，周转库存量也越大。由于周转库存的大小与订货的频率成反比，因此，如何在订货成本和库存成本之间进行权衡选择是决策时主要考虑的因素。

② 安全库存是为了应付需求、生产周期或供应周期等可能发生的不测变化而设置的一定数量的库存。例如，供货商没能按预订的时间供货，生产过程中发生意外的设备故障导致停工等。

③ 加工库存是指处于或等待流通加工或生产加工的暂时储存状态的库存。

④ 在途库存是指正处于运输以及停放在相邻两个工作地之间或相邻两个组织之间的库存。这种库存是一种客观存在，而不是有意设置的。在途库存的大小取决于运输时间以及该期间内的平均需求。

⑤ 季节性库存也称调节库存。某些物资的生产或产品的销售受到季节性因素的影响，为了保证生产和销售的正常进行，需要一定数量的季节性库存。

⑥ 投机性库存又称屏障库存，是指为了避免因物价上涨造成的损失或者为了从商品价格上涨中获利而建立的库存，具有投机性质。

⑦ 促销性库存是指为了配合企业的各种促销行为而建立的库存。其目的是满足促销所需要的库存。

⑧ 沉淀库存又称积压库存，是指由于商品损坏或变质，没有销售出去以及过量存储而产生的库存。

(4) 按资源需求的重复程度分类。

按资源需求的重复程度，可将库存分为单周期需求和多周期需求。

① 单周期需求也称一次性订货，这种需求的特征是偶发性和相对生命周期短，因而很少有人重复订货。例如，没有人会订过期的报纸，也没有人会在农历八月十六预订中秋月饼，这些都是单周期需求。

② 多周期需求是在长时间内需求反复发生，库存需求不断发生。在实际生活中，这种需求现象较为多见。多周期需求库存又分为独立需求库存与相关需求库存两种属性。所谓独立需求，是指需求变化独立于人们的主观愿望，因而其数量与出现的概率是随机的、不确定的、模糊的。相关需求的需求数量和需求时间与其他变量存在一定的相互关系，可以通过一定的数学关系推算出来。对于一个相对独立的企业而言，其产品是独立的需求变量，因为其需求的数量与需求时间对于作为系统控制主体型企业管理者而言，一般是无法预先精确确定的，只能通过一定的预测方法得出。而生产过程中的在制品及需要的原材料，则可以通过产品的结果关系和一定的生产比例关系准确确定。

(5) 按库存物品所处的状态分类。

按库存物品所处的状态，库存可分为静态库存和动态库存。

① 静态库存是指长期或暂时处于储存状态的库存，这是一般意义上的库存概念。

② 动态库存是指处于制造加工状态或运输状态的库存。

(6) 按库存物品的来源分类。

按库存物品的来源，库存可分为外购库存和自制库存。

① 外购库存是指企业从外部购入的库存，如外购材料等。

② 自制库存是指由企业内部制造的库存，如自制材料、在制品和制成品等。

3. 库存的作用

由于库存是将有价值的资源暂时闲置起来，直观地看，如果没有库存，产品可以立即实现其应有的价值，而且可以减少一些库存管理成本。其实不然，库存存在的理由具体可以从以下几个方面来分析。

(1) 平衡供求关系。由于物资数量、价格和市场政策的变化等原因，供求在时间和空间上出现不平衡，企业为了稳定生产和销售，必须准备一定数量的库存以避免市场震荡。客户订货后要求收到物资的时间比企业从采购物资、生产加工、运送产品至客户的时间要短，为了弥补时间差也必须预先库存一定数量的物资。

(2) 减少运输的复杂性。由于企业供应商的所在地不同，企业拥有的生产厂或车间也可能在不同的地点，企业的客户更是遍布各地。所以，企业如果不设立中转仓库，就会出现非常复杂的运输系统，而通过中转仓库，再加上配送这一物流功能，企业可以大大简化运输的复杂性。

(3) 降低运输成本。企业有时会面临原材料和产成品的零担运输问题，长距离零担运输的费用比整车运输要高得多。通过将零担物资运到附近的仓库后再从仓库运出，这样仓储活动就能够使企业将少量运输结合成大量运输，有效降低运输费用。

(4) 提高服务水平。企业工厂(车间)发出的用料需求和客户发出订单需求通常都是各种物资的组合。如果这些原料或产品被存放在不同的地点，企业就必须从各个地点分别运货来履行供应和服务的功能，可能会出现运达时间不同、物资弄混等问题。因此，企业可以建立混合仓库,用小型交通工具进行集货和交付,并在最佳时间安排这些活动以避免交通阻塞,从而提高服务水平。

(5) 应对不确定性因素。一个企业在经营过程中,往往要面对许多不确定性因素,如需求不确定、供应商交货不确定、产品质量不确定,现实中,这些不确定性因素是不可避免的。当市场产生了需求而企业无法及时满足时,可能会导致需求的损失。因此,企业为了不失去更多的客户,一个可行的办法是预备一定量的库存来应对这些不确定性因素。

【拓展视频】

1.3.2 供应链中不确定性对库存的影响

美国著名的供应链管理专家 Hua L. Lee 教授在对需求量放大现象进行深入研究的基础上,提出了需求变异加速放大原理。该原理是对需求信息扭曲在供应链中传递的一种形象描述。其基本思想是:当供应链的各节点企业只根据来自其相邻的下级企业的需求信息进行生产或供应决策时,需求信息的不真实性会沿着供应链逆流而上,产生逐级放大的现象,达到最上游的供应商时,其获得的需求信息和实际消费市场中的顾客需求信息已发生了很大的偏差,需求变异系数比分销商和零售商的需求变异系数大得多。由于这种需求放大效应的影响,上游供应商往往维持比下游供应商更高的库存水平。在供应链中,如果每一个节点企业的信息都发生了扭曲,这样逐级向上,即产生信息扭曲的放大。

从需求放大效应中可以看出,供应链的库存与供应链的不确定性有着很密切的关系,通常,供应链上主要有两种基本的不确定性表现形式,即衔接的不确定性和运作的不确定性。不确定性的来源主要有 3 个方面:供应商的不确定性、制造商的不确定性和顾客需求的不确定性。供应商的不确定性主要表现为提前期和订货量的不确定性,其原因是多方面的,如供应商的生产系统故障而延迟生产、供应商的供应商的延迟、运输意外等。制造商的不确定性主要表现在自身生产系统的可靠性上,如机械故障、计划执行偏差等。顾客的不确定性原因主要在于需求预测的偏差、购买力的波动、从众心理和个人性格特征等。这些不确定性会对库存带来较大的影响。

1. 衔接的不确定性对库存的影响

在目前的供应链运作中,衔接的不确定性集中表现为企业之间存在的独立信息体系的现象。很多时候供应链合作者从各自的利益出发进行资源的自我封闭(包括物质资源和信息资源),企业之间的合作难以摆脱短期利益的束缚,从而增加了企业之间的信息壁垒和沟通障碍,企业不得不为应付不测而建立库存,库存的存在实际上就是信息的堵塞和封闭的结果。

企业各个部门和企业之间都有信息的交流与沟通,一些对于双方流程衔接必要的重要信息,在很多企业之间并没有实现真正的共享。信息共享程度差是供应链不确定性存在的一个主要原因。目前在供应链上的信息传递有两种形式:一是传统的逐级传递,即上游供应链企业依据下游供应链企业的需求信息做生产或供应决策;二是在集成的供应链系统中,每个供应链企业都能够共享顾客的需求信息,信息不再是线性的传递过程而是网络的传递过程和多信息源的反馈过程。尽管非线性的网络信息传递必将替代线性的逐级信息传递,但在目前情况下,对支持合作的重要共享信息仍然存在人为的限制因素,这势必通过连锁反应对库存造成影响。

随着基于信任的合作伙伴关系和跨组织的信息平台的建立，信息障碍将逐渐消除。信息平台为供应链的各个合作企业提供共同的需求信息，有利于企业之间的信息交流与沟通。企业有了确定的需求信息，在制订生产计划时，就可以减少为吸收需求波动而设立的库存，使生产计划更加精确、可行。对于下游企业而言，合作性伙伴关系的供应链或供应链联盟可为企业提供综合的、稳定的供应信息，无论上游企业能否按期交货，下游企业都能预先得到相关信息而采取相应的措施，这样企业无须过多设立库存。

2. 运作的不确定性对库存的影响

建立战略伙伴关系的供应链联盟或供应链协作体可以减少供应链企业之间的衔接不确定性，同样，这种合作关系也可以消除运作不确定性对库存的影响。当企业之间的合作关系得以改善后，企业的内部生产管理也会得到极大改善。因为企业之间的衔接不确定性因素减少后，企业的生产控制系统就能摆脱这种不确定性因素的影响，使生产系统的控制达到实时、正确，也只有在供应链的条件下，企业才能获得对生产系统进行有效控制的有利条件，消除生产过程中不必要的库存现象。

在传统的企业生产决策过程中，供应商或分销商的信息是生产决策的外生变量，因而无法预见到外在需求或供应变化的信息，至少是延迟的信息。同时，库存管理的策略也是考虑独立的库存点而不是采用共享的信息，因而库存成了维系生产正常运行的必要条件。在这种情况下，当生产系统形成网络时，不确定性就会像瘟疫一样在生产网络中传播，几乎所有的生产者都希望拥有库存来应付生产系统内外的不测变化。在不确定性较强的情形下，为了维护一定客户服务水平，企业常常维持一定的库存，以提高服务水平。在不确定性存在的情况下，高服务水平必然带来高库存水平，因此，为了减少不确定性因素对库存的影响，降低企业的库存水平，企业需要增加与供应链成员之间的信息交流与共享，增加库存决策信息的透明性、可靠性与实时性，这都需要企业之间的诚信合作与协调。

1.3.3 供应链库存管理存在的局限性

过去的库存理论集中在单个企业的库存管理上，而很少从供应链角度来系统解决库存问题，也很少提高到企业的战略高度。经济的全球化、顾客需求的个性化、迅速变化的市场需求使得库存管理越来越复杂。过去供应链管理研究的重点一般集中在各环节内部的有效性管理，包括存储、组装等，它们之间的相互关系是以大量库存的缓冲区为中介的。现在的研究除了考虑环节内部的优化，还必须涉及整个供应链的全局优化效应。目前供应链管理模式下的库存管理存在的主要局限性有3个方面：信息类问题、供应链的运作问题、供应链的战略与规划问题。这些问题可以综合成以下几个方面的内容。

1. 缺乏供应链的系统观念

虽然供应链管理的整体绩效取决于各个供应链节点企业的绩效，但是各个节点企业都是相互独立的市场主体，都有各自独立的目标与使命，有些目标和供应链的整体目标是不相干的，甚至可能是冲突的。因此，这种各自为政的行为必然导致供应链整体绩效的降低。另外，一般的供应链系统都没有建立针对全局供应链的绩效评价指标，供应链上不同节点企业可能采用不同的绩效指标，有些企业采用库存周转率作为供应链库存管理的绩效评价指标，但是没有考虑对客户的反应时间与服务水平。实际上，客户满意度应该始终是供应链绩效评价的一项重要指标。

2. 客户服务水平理解上的偏差

供应链管理的绩效好坏最终应该由客户来评价。由于各个企业对客户服务水平的理解与定义各不相同，导致了客户服务水平的差异。许多企业采用订货满足率来评价客户服务水平的高低，但客户满足率并不等于客户满意度，而且客户满足率本身并不保证运作问题。企业的经营目标是获取较高的客户满意度，即使企业能够提供95%的订货满足率，某些客户也不一定满意。因此，就需要根据客户的不同要求确定相应的服务水平。另外，传统的订货满足率评价指标也不能评价订货的延迟水平。同样具有90%的订货满足率的供应链企业，在如何补给余下的10%的订货要求方面差别是很大的，且其他的服务指标也常常被忽略。

3. 缺乏准确的交货状态信息

当客户下了订单后，他们希望知道供应商能准时交货的时间，在等待交货的过程中，也可能会对订单交货状态进行修改，特别是当交货被延迟以后。一次性交货非常重要，但必须看到许多企业并没有及时准确地把推迟交货的订单的修改数据提供给客户，这当然会导致客户的不满和再订货率的下降。

4. 低效率的信息传递系统

在供应链中，各个节点企业之间的需求预测、库存状态、生产计划等都是供应链管理的重要数据，这些数据分布在不同的供应链节点企业之间，要实现快速高效地响应客户需求，就必须实时传递这些数据。为此，需要改善供应链信息系统模型，通过系统集成的方法，使供应链中的库存数据能够实时、快速地传递。但目前许多企业之间还缺少必要的协调与联系，各个节点企业的信息系统并没有很好地集成起来，当上游企业需要了解下游企业和用户的需求信息时，得到的常常是延迟的和不准确的信息，影响了库存的精确度，短期生产计划的实施也会遇到困难。时间越长，预测误差就越大，制造商对最新订货信息的有效反应能力也就越差，从而导致库存量的增加。

5. 库存控制策略简单化

无论是生产性企业还是物流企业，库存控制的目的都是保证企业生产运作的连续性和应付不确定性的需求。这就要求企业首先要了解和跟踪影响企业生产经营的不确定性因素，然后利用掌握的信息去制定相应的库存控制策略。库存控制策略制定的过程是一个动态过程，而且应该反映不确定性动态变化的特性。另外，企业的库存控制策略除了要能够应付外界不确定性的影响，还要考虑企业自身方面的影响，发挥自身的优势，以实现有效的库存管理。在传统的库存控制策略中，多数是面向单个企业的，采用的信息基本上是来自企业内部，其库存控制没有体现供应链管理的思想。因此，如何建立有效的库存控制方法，并能体现供应链管理的思想，是供应链库存管理的重要内容。

6. 缺乏有效的合作与协调机制

供应链是一个整体，需要协调各节点企业的活动才能取得最佳的整体绩效。协调的目的是使满足一定服务质量要求的信息可以无缝地、流畅地在供应链中传递，从而使整个供应链能够实时地响应客户的需求，形成更为合理的供需关系，适应复杂多变的市场环境。如果企业间缺乏协调与合作，就会导致交货期的延迟和服务水平的下降，同时库存水平也会因此而增加。为了应对不确定性，供应链上各个节点企业都设有一定的安全库存，这是企业采取的一种应急措施。但在多厂商特别是全球化的供应链中，组织的协调涉及很多利益群体，相互之间的信息透明度不高，这就使企业不得不维持一个较高的安全库存。各企业互不相同的目标和绩效评价尺度都使得库存控制变得更加困难。

供应链各个节点企业要实现有效的协调，各个节点企业之间就要有一种有效的激励机制。在企业内部，一般有各种各样的协调激励机制来加强部门之间的合作，但当扩大到企业之间的协调激励时，困难就很大。因此，供应链各节点企业之间缺乏有效的监督和激励机制是供应链企业之间合作不稳固的重要原因。

7. 产品制造过程缺乏灵活性

现代产品设计与先进制造技术的出现，使产品的生产效率大幅度提高而且具有较高的成本效益，却常常忽视供应链库存的复杂性。结果所有节省的成本都被供应链上的分销与库存成本抵消了。同样，在引进新产品时，如果不进行供应链的规划，也会产生如运输时间长、库存成本高等原因而无法获得成功。在供应链的结构设计中，同样需要考虑库存的影响以及网络变化对运作的影响因素，如库存投资、订单的响应时间等。

8. 忽视不确定性对库存的影响

供应链运营过程中存在很多的不确定性因素，如订货提前期、货物运输状况、原材料的质量、生产过程的时间、运输时间、需求的变化等。为减少不确定性因素对供应链的影响，企业应了解不确定性的来源和影响程度。很多企业并没有认真研究和跟踪其不确定性因素的来源和影响，结果造成供应链中的企业有的企业存在库存积压而有的企业存在库存不足的现象。

本 章 小 结

供应链管理理念是一种新的管理思想和管理哲学，是企业最重要的战略竞争资源。在供应链管理理念的不断发展中，可以看到不同管理阶段的管理理念和管理理论对它的支撑，它包含了许多新的管理思想，并在实践中逐步形成了自己的学科体系。

过去的库存理论集中在单个企业的库存管理，而很少从供应链角度来系统解决库存问题，也很少提高到企业的战略高度。经济的全球化、顾客需求的个性化、迅速变化的市场需求使得库存控制变得越来越复杂。因此，供应链库存管理越来越得到重视。

 关键术语

供应链　　　　　供应链管理　　　　倾斜供应链　　　　反应性供应链
库存　　　　　　单周期库存　　　　动态库存　　　　　外购库存
需求放大现象　　敏捷制造

习　　题

1. 选择题

(1) 供应链不仅是一条连接供应商到用户的物料链、信息链、资金链，而且是一条_____。
　　A. 生产链　　　　　　　　　　B. 运输链
　　C. 分销链　　　　　　　　　　D. 增值链
(2) 按照供应链驱动力的来源，供应链可以分为_____。
　　A. 平衡式和倾斜式供应链　　　B. 有效性和反应性供应链
　　C. 内部和外部供应链　　　　　D. 推动式和拉动式供应链
(3) 在通过供应链的职能分工与合作实现整个供应链的不断增值过程中，不包括_____。
　　A. 信息流　　　　　　　　　　B. 资金流
　　C. 技术流　　　　　　　　　　D. 物流
(4) 供应链管理的特点不包括_____。
　　A. 管理视域极大拓宽　　　　　B. 管理目标单一化
　　C. 管理要素更加多样　　　　　D. 管理系统非常复杂
(5) 按照库存的职能，库存可分为_____。
　　A. 原材料和在制品库存　　　　B. 单周期和多周期库存
　　C. 生产性和销售型库存　　　　D. 静态和动态库存
(6) 库存的作用不包括_____。
　　A. 平衡供求、较少运输复杂性　B. 降低运输成本、提高服务水平
　　C. 为客户量身定做　　　　　　D. 应对不确定性因素
(7) 供应链不确定性的来源不包括_____。
　　A. 供应商的不确定性　　　　　B. 零售商的不确定性
　　C. 制造商的不确定性　　　　　D. 顾客的不确定性
(8) 供应链上的两种不确定性表现形式为衔接的不确定性和_____。
　　A. 销售的不确定性　　　　　　B. 服务水平的不确定性
　　C. 运作的不确定性　　　　　　D. 库存的不确定性

2. 简答题

(1) 供应链的基本概念和特征是什么？
(2) 简述推动式供应链与拉动式供应链的区别。
(3) 简述供应链管理的基本思想。
(4) 供应链管理的特点是什么？
(5) 简述供应链管理涉及的主要领域。
(6) 供应链管理的目标是什么？
(7) 供应链库存有哪些分类方法？
(8) 简述供应链中库存的作用。

3. 判断题

(1) 供应链是一条从供应商的供应商到用户的用户的物流链。（   ）
(2) 如果一个企业是完全纵向一体化，供应链管理就不重要。（   ）
(3) 英国著名供应链专家 Martin Christopher 说："21 世纪的竞争不是企业和企业的竞争，而是企业与供应链之间的竞争。"（   ）
(4) 根据供应链容量与用户需求的关系，可以将供应链分为有效性供应链和反应性供应链。（   ）
(5) 供应链管理覆盖了从供应商到用户的全过程，主要涉及供应、生产计划、物流、需求和资金主要领域。（   ）
(6) 供应链的目标就是要在总成本最小化、用户服务最优化、总库存最小化、总周期最短化以及物流质量最优化等目标之间寻找最佳平衡点，以实现供应链绩效的最大化。（   ）
(7) 库存按照职能可分为单周期库存和多周期库存。（   ）
(8) 目前供应链管理模式下的库存管理存在的主要局限性有以下 3 个方面：信息类问题、供应链的运作问题、供应链的战略与规划问题。（   ）

4. 思考题

(1) 供应链管理中具有代表性的研究成果有哪些？
(2) 供应链库存管理中存在的问题有哪些？
(3) 在实际库存管理中，企业应如何避免不确定性对库存的影响？

案例分析

像送鲜花一样送啤酒——青岛啤酒公司供应链管理案例

随着啤酒市场的逐渐扩大，混乱的物流网络成为青岛啤酒公司进一步发展的瓶颈。青岛啤酒销售分公司的销售人员说："当时我们在运输的环节上，简直可以用'失控'来形容。由于缺乏有效管理，送货需要走多长时间我们弄不清楚，司机超期回来我们也管不了。最要命的是，本应送到甲地的货物被送到了乙地，这一耽误又是好几天……"在销售旺季前方需要大量供货的时候，不能及时调配车辆可谓是青岛啤酒公司的心头大患。而运输的混乱,使啤酒的新鲜度受到了极大的影响。

新鲜是啤酒品牌的竞争利器,注重口感的消费者如果遇到了过期酒,品牌忠诚度绝对会大打折扣。而在青岛啤酒的原产地青岛,由于缺乏严格的管理监控,外地卖不掉的啤酒竟然流回了青岛,结果不新鲜的酒充斥市场,使青岛啤酒的美誉度急剧下跌,销量自然上不去。北京商业管理干部学院副院长杨谦说,整个物流网络的规划和设计,与快速消费品销售的顺利进行密切相关。青岛啤酒公司在运输上的混乱,肯定会带来窜货、损耗过多等一系列问题。而事实验证了杨谦的说法,青岛啤酒公司不仅内耗严重,对市场终端的管控也力不从心。这样的结果是对销售计划的预估极其不准确,使安全库存数据的可信度几乎为零。

"当时对仓储的管理都是人为管理,没有信息化。有时候仓库里明明没有货物了,还要签条子发货。而到了旺季,管理人员更是不知道仓库里还有没有货……"一位曾经参与过仓储管理的员工说。那位员工这样描述当时的仓库:陈旧、设备设施非常落后。不仅总部有仓库,各个分公司也有仓库。居高不下的库存成本占压了相当大的流动资金。有时局部仓库爆满,局部仓库空闲,同时没有办法完全实现先进先出,这样使一部分啤酒储存期过长,新鲜度下降甚至变质。如果没有合适的解决办法,青岛啤酒制定的"新鲜度战略"根本无法实施。而此时,供应链管理的概念被引入青岛啤酒公司,企业的变革也随之开始。

在3年的改革摸索中,青岛啤酒管理人员意识到,供应链管理给予企业的影响是巨大的。它不是简单地调整物流配送网络,在实施之前,大家都认为只要拥有以MRP为核心的ERP系统就足够解决问题。不少制造业企业都认为,ERP等软件能解决以下的问题:制造什么样的产品?生产这些产品需要什么?需要什么原料,什么时候需要?还需要什么资源和具备什么生产能力,何时需要它们?而这些问题解决完了,制造商们似乎就可以高枕无忧了。可以说,企业从原材料和零部件采购、运输、加工制造、分销直至最终送到顾客手中的这一过程被看成是一个环环相扣的链条。供应链管理是对从原始供应到终端用户之间的流程进行集成,从而为客户和其他所有流程参与者增值。在整个供应链中,良好的供应链系统必须能快速准确地回答这些问题:什么时候发货?哪些订单可能被延误?为什么造成这种延误?安全库存需要补充多少?进度安排下一步还存在什么问题?现在能够执行的最佳的进度计划是什么?

上面的问题几乎个个都切中了青岛啤酒公司的要害。可以说在以前,一想起何时能发货,仓库里还有多少的货品,管理人员不由得"头皮发麻",因为他们对这些都不能做到心中有数。但现在,情况在逐渐好转。每个环节都希望能改进,如果能对采购—生产—营销全部进行改革,形成一个完整的供应链,这当然是最佳的。但在研究后发现,营销供应链是当时最短的一块"短板",所以,由运输和库存为主的变革迫在眉睫。而操刀这次变革的陆文金和吕大海,对供应链管理的认识也在摸索中逐渐清晰。"可以说我们以前80%的精力都在处理物流的问题上,但现在,我们可以把精力完全放到营销上了。"

从变革一开始,青岛啤酒公司就狠心在服务商和经销商上"动刀子"。虽然青岛啤酒公司拥有进口大型运输车辆46台,但实际上是远远不够用的,必须依靠大批的运输服务商来解决运力问题。而以前这些服务商都由青岛啤酒公司自己管理,但精力有限。现在评估筛选以后,青岛啤酒公司挑选了最优质的服务商交给招商物流来运作。由于有严格的监控,现在对每段路线都规划了具体的时间,从甲地到乙地,不仅有准确的时间表,而且可以按一定的条件、客户、路线、重量、体积自动给出车辆配载方案,提高配车效率和配载率,这都是之前不能做到的。

而对于区域的经销商的要求,则是要有自己的仓库。青岛啤酒公司将各销售分公司改制为办事处,取消了原有的仓库及物流职能,形成统一规划的CDC—RDC仓库布局。该布局重新规划了青岛啤酒公司在全国的仓库结构。青岛啤酒公司的员工解释说,青岛啤酒原本在各地设立了大量的销售分公司,而每家分公司都租有一定规模的仓库并配备车辆、人员、设备来负责当地的物流配送。让人感到不可思议的是,这些仓库的管理方式仍是传统的人工记账,所以出错率高,更无法保证执行基本的先进先出原则。这样就直接导致总部对分公司仓库的情况无法进行监控,成为管理盲点。而CDC—RDC,则是设立了中央分发中心(Central Distribution Center, CDC)、多个区域物流中心(Region Distribution Center, RDC)和前端物流中心(Front Distribution Center, FDC),一改以前仓库分散且混乱的局面。

青岛啤酒公司通过对原来的仓库的整合,由中央分发中心至区域物流中心,再到直供商,形成了"中央仓—区域仓—客户"的配送网络体系。吕大海说,全国设置了4个RDC,分别是北京、宁波、济南和大连。在地理上重新规划企业的供销厂家分布,以充分满足客户需要,并降低经营成本。而FDC方面的选择则是考虑了供应和销售厂家的合理布局,从而能快速准确地满足客户的需求,加强企业与供应、销售厂家的沟通与协作,降低运输及储存费用。不仅仓储发生了变化,库存管理中还采用信息化管理,提供商品的移仓、盘点、报警和存量管理功能,并为货主提供各种分析统计报表,如进出存报表、库存异常表、商品进出明细查询、货卡查询和跟踪等。对比以前,分公司不仅要做市场管理和拓展工作,还要负责所在范围内的物流运作。由于全部的精力投入市场终端,销售人员对终端的情况能及时掌控,青岛啤酒的销量也就慢慢往上走了。"物"与"流"的相辅相成在实施供应链管理后产生了明显的效果。

供应链管理中有一个难题来自市场方面需求的不确定因素。匹配供应与需求如何达到平衡,是每个快速消费品企业都深感头痛的问题,尤其到了销售旺季,供应链中库存和缺货的波动也比较大。但由于终端的有效维护,青岛啤酒公司能较为准确地做好每月的销售计划,然后报给招商物流。对方根据销售计划安排安全库存,这样就减少了库存过高的危险。可以说,从运输到仓储,青岛啤酒公司逐步理清头绪,并通过青岛啤酒的ERP系统和招商物流的SAP物流管理系统的自动对接,借助信息化改造对订单流程进行全面改造,"新鲜度战略"正在有条不紊地实施中,努力做到"要像送鲜花一样送啤酒"。

讨论题

(1) 实施供应链管理对青岛啤酒公司产生了怎样的影响?
(2) 青岛啤酒公司对物流各环节进行了哪些有效的优化整合?
(3) 青岛啤酒公司的"新鲜度战略"是如何运作和实现的?

资料来源:刘伟,王文,赵刚,2008.供应链管理教程[M].上海:上海人民出版社.

以"极速"克服"市场不确定性"

供应链实际在连接两个端点——一端是idea(创意),另一端是消费者。在供应链管理中包含研发、采购计划、生产计划、材料进料管理、车间生产管理、库房管理、外部物流管理、销售渠道管理等一系列环节。极速供应链管理的核心就在于通过集成和整合供应链的各个环节,达到加快供应链响应速度的目的。它需要3个要素的配合:信息收集、计划和执行。企业建立极速供应链是一个循序渐进的过程。按照先信息收集,再计划,后执行的顺序明确企业当前的信息化需求,选择相应的IT系统。例如,ERP系统的一个非常重要的功能就是对信息的收集,如对库存、订单、财务等信息的收集。除ERP外,B2B、"中间件"等基于Internet技术的系统也都是在做信息收集的工作。和ERP不同的是,它们比较侧重于对企业外部信息的收集,而ERP主要是负责企业内部信息的收集。当一个企业具备信息收集的能力之后,接下来要提升的就是计划能力。根据收集到的信息,制订需求计划、生产计划、库存计划和采购计划等。

由于企业的生产制造是一个连贯的过程,其相应的采购流程与制造流程环环相扣。而市场端需求总是在快速变化中,导致企业生产排程也异动频繁,企业与供应商信息沟通不畅时,就会在执行过程中增加采购成本。因此,要做好极速供应链管理,企业还必须拥有强大的执行能力。以友达光电为例,友达光电是全球第三大的液晶显示面板制造商,拥有从小尺寸到大尺寸各种液晶显示面板的生产线。目前有十几座工厂分布在台湾省和江苏省。友达光电从2000年开始积极构建极速供应链管理系统,以提升整个企业对客户的响应能力。在实施明基逐鹿GuruSRM系统之前,友达光电有一套传统的ERP系统,对于公司内部信息的收集和计划是可以做到的。但是,友达光电从市场端获得需求计划—制定生产排程—生成采购计划—计划发至供应商—供应商再回复确认,整个计划周期需要4天的时间。也就是说,当情况发生变化以后,还要经过4天的时间友达光电才可以做出反应,制订出新的生产和采购计划。在企业运作中,为了保证计划的可行性,还要和供应商确认、修改计划,才能够适应市场的需求。在这4天的时间里,由于市场环境的巨大变化，结果造成友达光电大量产品的积压，资金损失巨大。友达光电试图寻找帮助企业准确获得市场预测信息的方法，但是后来发现，对于市场需求快速变动的电子制造行业来说，这基本是不可能的事情。即使找到准确的市场预测信息，但如果计划和采购跟不上，企业在执行力方面配合不够，也于事无补。经过与明基逐鹿郑正中博士、周洋等多位供应链专家进行了几个月的深入研讨之后，友达光电最后决定采用明基逐鹿 GuruSRM 系统，在友达光电与供应商之间建立一个协同商务平台。通过电子数据交换，在企业内部快速协同的基础上，友达光电可以第一时间将最新的物料需求、生产排程发给供应商，从而使供应商能够及时、准确地安排生产、备料、送货等事宜。在预测方面，系统可以根据 SO(Sales Order，销售订单)、库存成品、半成品、原料的数量以及原料在途数、成品在途数等来确定采购数量。所谓的通过 IT 手段采购是对于供应商而言的，系统可以根据友达光电的情况进行分析，然后让供应商知道分析结果，由供应商来决定供应，友达光电仅需要在供应商之间进行协调，从而完全做到以市场为导向、按需供给，避免了库存的大量堆积和收货的不准确与不及时。

快速的供应链为友达光电带来了巨大的收益，其 2003 年 11 月营业额约为 27.07 亿元人民币，此为继 2003 年 5 月以来该企业连续第 7 个月营收再创新高，同时也是该公司自 2002 年 12 月以来连续第 12 个月持续成长。明基逐鹿为友达光电实施的 GuruSRM 系统以"极速"克服"市场不确定性"，帮助友达光电实现将"响应周期"由原来的 4 天缩短到 1 天以内，同时所有关键零部件的库存都维持在 1 天甚至更低的水平。

讨论题

(1) 结合案例分析"市场不确定性"对库存产生了怎样的影响。
(2) 根据该案例，阐述友达光电在供应链管理过程中采取了哪些有效措施。
(3) 案例中"极速"行为是如何运作和实现的？

资料来源：沈莹，陈小威，2013. 供应链管理[M]. 北京：清华大学出版社.

第 2 章　供应链库存管理方法

【本章教学要点】

知识要点	掌握程度	相关知识	应用方向
零库存的产生背景和含义	掌握	零库存的产生背景，零库存的含义，零库存与传统库存的区别	掌握零库存的基本知识，根据实际情况灵活运用
零库存的形式和实施原则	熟悉	零库存的 7 种形式和综合平衡原则	
零库存的实施途径	了解	实施零库存的 4 个途径	
供应商管理库存的概念和实施原则	掌握	供应商管理库存概念的阐述和 4 个原则	掌握供应商管理库存的基本知识，根据实际情况灵活运用
供应商管理库存的构成	熟悉	构成供应商管理库存的两个模组：需求预测计划模组和配销计划模组	
供应商管理库存的实施方法和实施步骤	掌握	供应商管理库存的 2 种实施方法和 4 个实施步骤	
供应商管理库存的支持技术	了解	EDI、ID 代码、条码、条码应用标识符、连续补给程序	
供应商管理库存的模型	掌握	供应商管理库存策略要求建立企业战略联盟	
供应商管理库存的优点与局限性	熟悉	供应商管理库存的 6 个优点与 3 个局限性	
联合管理库存的概念、基本思想及管理优势	熟悉	风险共担的库存管理模式的管理优势	掌握联合管理库存的基本知识，根据实际情况灵活运用
联合管理库存的实施策略、实施步骤及动态运作模式	了解	联合管理库存的 4 个实施策略、实施步骤及动态运作模式	

知识要点	掌握程度	相关知识	应用方向
合作计划、预测与补给的产生、发展、基本内容及模型	熟悉	合作计划、预测与补给的概念、指导原则、合作伙伴关系和合作价值观	掌握合作计划、预测与补给的基本知识，根据实际情况灵活运用
合作计划、预测与补给的实施方法和局限性	重点掌握	从组织方法、数据组织、业务规则和软硬件标准4个方面入手解决合作计划、预测与补给实施过程中的问题	

导入案例

家乐福：从供应商管理库存中受益无穷

供应商管理库存是快速响应系统的一种重要物流运作模式，也是快速响应系统走向高级阶段的重要标志。供应商管理库存的核心思想在于零售商放弃商品库存控制权，而由供应商掌握供应链上的商品库存动向，即由供应商依据零售商提供的每日商品销售资料和库存情况来集中管理库存，替零售商下订单或连续补货，从而实现对客户需求变化的快速反应。供应商管理库存不仅可以大幅提高快速响应系统的运作效率，即缩短整个供应链面对市场的回应时间，较早地得知市场准确的销售信息，而且可以最大化地降低整个供应链的物流运作成本，即降低供应商与零售商因市场变化带来的不必要库存，以达到挖潜增效、开源节流的目的。

正是看到了供应商管理库存的上述特殊功效，家乐福在引进快速响应系统后，一直努力寻找合适的战略伙伴以实施供应商管理库存计划。经过慎重挑选，家乐福最后选择了雀巢公司。就家乐福与雀巢公司的既有关系而言，双方只是单纯的买卖关系，唯一特殊的是，家乐福对雀巢公司来说是一个重要的零售商客户。在双方的业务往来中，家乐福具有十足的决定权，可以决定购买哪些产品及其数量。

两家公司经协商，决定由雀巢公司建立整个供应商管理库存计划的机制，总目标是提高商品的供应效率，降低家乐福的库存天数，缩短订货前置时间，以及降低双方物流作业的成本率等。

由于双方各自有独立的内部ERP系统，彼此并不相容，因此家乐福决定与雀巢公司以EDI连线方式来实施供应商管理库存计划。在供应商管理库存系统的经费投入上，家乐福主要负责EDI系统建设的花费，没有其他额外的投入；雀巢公司除建设EDI外，还引进了一套供应商管理库存系统。经过近半年的供应商管理库存实际运作后，雀巢公司对家乐福配送中心产品的到货率由原来的80%左右提升至95%(超越了目标值)，家乐福配送中心对零售店铺产品到货率也由70%提升至90%左右，并仍在继续改善中；库存天数由原来的25天左右下降至15天以内，订单修改量也由60%~70%下降至10%以下，每日商品销售额上升了20%左右。总体而言，供应商管理库存使家乐福受益无穷，极大地提升了其市场反应能力和市场竞争能力。

【拓展案例】

相对家乐福的受益而言，雀巢公司也受益匪浅，其最大的收获便是在与家乐福的关系改善方面。过去雀巢公司与家乐福只是单向买卖关系，所以家乐福要什么，雀巢公司就给它什么，甚至是尽可能地推销产品，彼此都忽略了真正的市场需求，导致好卖的商品经常缺货，而不畅销的商品却有很多存货。这次合作使双方愿意共同解决问题，从而有利于从根本上改进供应链的整体运作效率，并使雀巢公司更容易掌握家乐福的销售资料和库存动态，更好地进行市场需求预测和采取有效的库存补货计划。

讨论题

(1) 实施供应商管理库存给家乐福带来了哪些好处？
(2) 为了实施供应商管理库存，雀巢公司与家乐福做了哪些工作？
(3) 上述案例中供应商库存管理系统的特点有哪些？给我们什么启示？

资料来源：马士华，2020. 供应链管理[M]. 6版. 武汉：机械工业出版社.

供应链管理是21世纪管理的新宠。随着经济全球化的发展，市场竞争越来越激烈，单个企业之间的竞争逐渐转变为供应链之间的竞争。供应链是相互间通过提供原材料、零部件、产品、服务的厂家、供应商、零售商等组成的网络。库存以原材料、在制品、半成品、成品的形式存在于供应链的各个环节之中。在供应链中，从供应商、制造商、批发商到零售商，每个环节都有库存，库存是联系各个环节的纽带。因此，供应链中的库存控制是十分重要的。本章从供应链库存的特征来分析供应链库存的控制问题，介绍4种常见的供应链环境下的库存管理方法：零库存管理，供应商管理库存，联合管理库存，合作计划、预测与补给。

2.1 零库存管理

2.1.1 零库存的产生背景和含义

1. 零库存的产生背景

零库存管理的概念产生于20世纪60年代，当时汽车生产主要以福特汽车公司的"总动员生产"方式为主。伴随能源危机，再加上日本国内资源贫乏，丰田公司的大野耐一等人在考察了美国汽车工业之后，结合丰田公司的实际情况，提出了准时制(Just In Time, JIT)生产，将在正确的时间用正确的方式将正确的数量和正确的货物交给正确的人，称为"5R"。当时的丰田公司实施JIT生产，在管理手段上采用看板管理、单元化生产等技术实行拉式生产，以实现在生产过程中基本上没有积压的原材料和半成品。这种前者按后者需求生产的制造流程不仅大大降低了生产过程中库存及资金的积压，而且在实施JIT生产的过程中，提高了相关生产活动的管理效率。需要说明的是，丰田公司只是在生产领域实现了零库存，在原材料供应和产品销售领域并没有实现零库存。JIT生产方式是在丰田公司逐步扩大其生产规模、确立规模生产体制的过程中诞生和发展起来的。

JIT生产方式作为一种在多品种小批量混合生产条件下，高质量、低消耗地进行生产的方式，是在实践中摸索、创造出来的。20世纪70年代石油危机发生以后，市场环境发生了巨大变化，许多传统生产方式的弱点日渐明显。从此，采用JIT生产方式的丰田公司的经营绩效与其他汽车制造企业的经营绩效开始拉开距离，JIT生产方式的优势开始引起人们的关注和研究。

随着零库存理论在丰田公司的成功实施，越来越多的日本企业加入了实行零库存管理的行列中。经过几十年的发展，零库存管理在日本已经拥有了供、产、销的集团化作业团队，形成了以零库存管理为核心的供应链体系。而美国的企业从20世纪80年代开始逐步了解并认识了零库存管理理论。现在，零库存管理已从最初的一种减少库存水平的方法发展成为内涵丰富(包括特定知识、技术、方法)的管理科学。

此后，零库存管理不仅应用在生产过程中，而且延伸到原材料供应、物流配送、产成品销售等各个环节。特别是计算机技术、网络信息技术在零售商业和物流业中的应用，使"信息代替库存""动态代替静态"等与零库存异曲同工的概念被提出，而且正在被企业实践着。JIT 的核心思想总结起来有两点：避免浪费和消灭库存。在丰田公司度过第一次能源危机的过程中 JIT 生产方式起到了重要作用。后来 JIT 生产方式被世界各国所重视，并应用于各行各业，物流领域也提出了 JIT 物流的理念，即运用 JIT 思想对物流活动进行管理。

2. 零库存的含义

从物流运动合理化的角度来看，零库存包含两层含义：第一，库存对象物的数量趋于零或等于零(近乎无库存物资)；第二，库存设施、设备的数量及库存劳动耗费同时趋于零或等于零(不存在库存活动)。而后一种意义上的零库存，实际上是社会库存结构合理调整和库存集中化的表现。就其经济意义而言，它远比通常意义上的仓库物资数量的合理减少更重要。

但是，零库存并不等于不要储备和没有储备。所谓零库存，是指(包括原材料、半成品和产成品等)在采购、生产、销售和配送等一个或几个经营环节中，不以仓库存储的形式存在，而均是处于周转的状态。对某个具体企业而言，零库存是在有充分社会储备前提下的一种特殊存储形式，其管理核心在于有效地利用库存材料，尽快地生产更好的产品，并有一个反应迅速的营销系统把它们交到消费者手中，将生产、销售周期尽可能地压到最短，竭力避免无效库存。因此，作为一个生产企业，并不能真正实现所谓的库存为零，只能是库存沉淀为零；或者说，一切库存都是在按照计划流动，而"零库存"只是一个"零库存"的思想和"零库存"的管理制度。从全社会来看，不可能也不应该实现零库存。为了应对可能发生的各种自然灾害和其他意外事件，为了调控生产和需求，国家通常都以各种形式(包括库存形式)储备一些重要物资(如粮食、战略物资、抢险救灾物资等)。因此，在微观领域内，一些经营实体可以进行零库存式的生产和无库存式的销售，但整个国家或社会不能没有库存。

因此，要全面了解零库存的含义，还需要了解零库存管理与传统库存管理的区别。零库存管理思想的实质是通过不断地降低库存以暴露问题，不断地改进、提高管理水平和效率，从而增加企业的经济效益。单纯的零库存指标不是目的，暴露问题—解决问题—提高管理才是零库存的意义所在。由于零库存是一种最高标准，因此企业总处于不断发现问题、不断进步的永无休止的动态改进过程中。零库存管理是在传统库存管理思想上的一次变革，是实现库存合理化的必然趋势。表 2-1 给出了传统库存管理与零库存管理的区别。

表 2-1 传统库存管理与零库存管理的区别

比较项目	传统库存管理	零库存管理
库存行为认识	认为库存对企业极为重要，保持一定数量的库存有助于企业提高效率	认为库存是一种浪费，是为掩盖管理工作失误提供方便
库存管理区域	只控制企业内部的物流	应对整个供应链系统的存货进行控制
库存管理重点	强调管理库存成本	强调存货质量和生产时机

2.1.2 零库存的形式

零库存是通过在生产和流通领域按照 JIT 生产方式组织物品供应来实现的，但它并不限定于某种特定形式，因为许多现代生产库存管理制度都会降低库存总体水平，有的也实现了某些环节、某些部门的零库存。

因此，零库存的具体形式很多，主要有以下几种。

(1) 委托保管方式。委托保管方式是指接受企业的委托，由受托方代存代管所有权属于企业的物资，从而使企业不再保有库存，甚至可不再保有保险储备库存，从而实现零库存的一种方式。受托方收取一定数量的代管费用。这种零库存形式的优势在于：受委托方利用其专业的优势，可以实现较高水平和较低费用的库存管理，用户不再设仓库，同时减去了仓库及库存管理的大量事务，集中力量于生产经营。但是，这种零库存方式主要是靠库存转移实现的，并不能使库存总量降低。

(2) 协作分包方式。即美国的"SUB-ON"方式和日本的"下请"方式，主要是制造企业的一种产业结构形式。这种结构形式可以以若干企业的柔性生产准时供应，使主企业的供应库存为零，同时主企业的集中销售库存使若干分包劳务及销售企业的销售库存为零。主企业主要负责产品装配和市场开发，分包企业各自分包劳务、零部件制造、供应和销售。

(3) 轮动方式。轮动方式也称同步方式，是指在对系统进行周密设计的前提下，使每个环节速率完全协调，从而根本取消甚至是工位之间暂时停滞的一种零库存、零储备形式。这种方式是在传送带式生产基础上进行更大规模延伸而形成的一种使生产与材料供应同步进行，通过传送系统供应实现零库存的形式。

(4) 准时供应方式。在生产工位之间或在供应与生产之间完全做到轮动，这不仅是一件难度很大的系统工程，而且需要很大的投资，同时，有一些产业也不适合采用轮动方式。因而，很多企业广泛采用比轮动方式有更多灵活性、较易实现的准时供应方式。准时供应方式不是采用类似传送带的轮动系统，而是依靠有效的衔接和计划达到工位之间、供应与生产之间的协调，从而实现零库存。如果说轮动方式主要靠"硬件"，那么准时供应方式则在很大程度上依靠"软件"。

(5) 看板方式。看板方式是即时方式中的一种简单有效的方式，也称"传票卡制度"或"卡片制度"，最早在日本得到完善和发展。准时化生产是要求在需要的时候生产出需要的产品和数量，而看板方式却是实施拉动式准时化的一种非常有效的手段，它以"彻底消除无效劳动和浪费"为指导思想，以市场需求作为整个企业经营的初始拉动点，以市场需求的品种、数量、时间和地点来准时地组织各环节生产，前工序仅生产后工序所要取走的品种和数量，不进行多余的生产，不设置多余的库存，使企业形成一个逆向的、环环相扣的物流链。

(6) 水龙头方式。这是一种像拧开水龙头就可以取水，无须自己保有库存的零库存形式，是日本索尼公司首先采用的。这种方式经过一定时间的演进，已发展成即时供应制度，用户可以随时提出购入要求，采取需要多少就购入多少的方式，供货者以自己的库存和有效供应系统承担即时供应的责任，从而使用户实现零库存。

(7) 配送方式。这是一种综合运用上述若干方式，采取配送制度保证供应，从而实现零库存的一种管理方式。在该方式中，将企业划分成若干个小部分，依据每个部分的特征，分别实施不同的管理方法,再从宏观的角度考虑统一的调配、整体的管理,最终使企业不论是在内部还是在全局都达到高效而流畅的供—产—销一体化模式。

2.1.3 零库存的实施原则和途径

1. 实施零库存的原则

一个企业是否能采用零库存,要根据综合平衡的原则来确定,即企业必须根据自身所处的行业、商业环境、管理水平等加以综合判断和决策。例如,要考虑物流的社会化程度、企业信息化水平、企业生产的产品特点等。

关于是否采用零库存,关键是要找到一个平衡点。在这一平衡点上,增加单位库存量所增加的库存费用等于因为增加这个库存所减少的生产、交换和消费成本,也就是经济学上所讲的边际成本等于边际收益,这个平衡点也是一个最优化点。

2. 实施零库存的途径

(1) 充分利用第三方物流服务。采用委托第三方物流服务的方式实现零库存具有两点好处:一是受托方(第三方)可以充分发挥其专业化高水平的优势,开展规模经营活动,从而能够做到以较低费用的库存管理提供较高水平的后勤活动;二是可以大量减少委托方的后勤工作,委托方能够集中精力从事生产经营活动。

(2) 推行配套生产和分包销售的经营制度。配套生产和分包销售多出现于制造业。实践证明,采用上述方式从事生产经营活动,也可以在一定程度上实现零库存。其原因如下。

① 在协作、配套的生产方式下,企业之间的经济关系更加密切,从而在一些企业之间(如在生产零配件的企业和组装产品的主导企业之间)能够自然地构筑起稳定的供货(或购货)渠道。供货渠道稳定,意味着可以免除生产企业在后勤保障工作上存在的后顾之忧,进而可促使其减少物资库存总量,甚至取消产品库存,实现零库存。

② 在分包销售的体制下,实行统一组织产品销售、集中设库储存产品的制度,并通过配额供货的形式将产品分包给经销商,因此,在各个分包(销售)点上是没有库存的。也就是说,在分包销售制度下,分包者的"销售品库存"是等于零的。

发达国家的制造业中,许多生产商的零库存在很大程度上都是通过推行上述生产方式和产品销售制度实现的。在有些国家,生产汽车和家用电器等机电产品的企业都是集团性的组织,在结构上是由少数几家规模很大的主导企业和若干家小型协作企业组成的。其中,主导企业主要负责完成产品装配和市场开发等任务,协作企业则负责自己的生产活动,并且能在指定的时间内送货到位。由于供货有保障,因此主导企业都不再另设一级库存,从而使其库存呈现零的状态。

(3) 实施库存集中管理。在保生产、保供应的思想主宰下,相当一部分企业采用多级分散采购、分散管理库存的体制。这种分散管理体制使企业层层设库、层层设账,造成车间有小库、分厂设中库、总厂建大库的"小而全""大而全"的库存管理体系。这种体制虽然能满足二级单位使用方便和应对紧急情况的需要,但却造成企业的人力、物力、财力的大量浪费,更为严重的是增加了企业总库存,占用了企业大量的流动资金。

库存集中管理就是由企业的一个部门对企业库存物流物资统一协调、统一调度和总量控制，达到既保证企业的物资供应，又能使库存最小化和降低库存成本的目的。库存集中管理不仅有利于企业节约仓库设施，减少库存管理费用，进行库存物资统一调度，而且可以实现库存资源信息共享，提高企业的应变能力。

(4) 采用供应链管理模式。采用供应链管理模式实现零库存，是指从生产到消费的过程中，供应链企业之间通过信息交流与共享来增加库存决策信息的适时性、准确性、透明性，并减少不确定因素对库存的影响，达到供应链各成员单位的无缝连接，确保库存量最大限度地降低。

采用供应链管理模式实现零库存，需要从以下几个环节入手。

① 整合供应链业务流程，为订单而采购，减少库存。这就要求企业以客户的需求为生产经营的起点，企业的采购、存货储备、生产和销售都由客户的订单来支配，并围绕订单而运作。库存管理是以客户订单为依据，根据需求信息向前反馈；企业则根据订单将销售计划、生产计划和采购计划编制成整体计划。

② 充分利用供应商管理库存和联合管理库存来降低库存水平。让供应商管理库存能加强供应商的责任，使供应商根据需求状况和变化趋势，确定库存水平和补给策略，以对市场需求实现快速响应；而需求方不设库存或少设库存，可以减少资金占用。联合管理库存是供需双方同时参与，共同制订库存计划，使供应链各成员单位之间对需求的预期保持一致，从而消除需求变异放大现象，提高供应链同步化程度和整体运作水平，降低库存规模。

③ 强化库存定额管理。供应链上的供应商和需求方，根据需求物资的重要性、使用频率、价值、采购难易程度、制造周期、可替代程度等对物料进行分类，并对不同类别的物料进行综合分析，确定库存定额和订货周期，并严格按照库存定额编制采购订单，避免无计划采购。

④ 加强信息化基础建设。通过计算机和信息网络，及时掌握并反馈库存信息，实现供应链内外信息系统集成和信息共享，从而有效地控制库存。

2.1.4 零库存管理的优缺点

零库存管理具有以下优点。
(1) 降低存货的储存成本。
(2) 减少从订货到交货的加工等待时间，提高生产效率。
(3) 降低废品率、再加工和担保成本。

零库存管理具有以下缺点。
(1) 一旦供应链被破坏，或企业不能在很短的时间内根据客户需求调整生产，企业生产经营的稳定性将会受到影响，经营风险加大。
(2) 为了保证能够按照合同约定频繁小量配送，供应商可能要求额外加价，企业因此丧失了从其他供应商那里获得更低价格的机会收益(也就是折扣)。

综上所述，这种模式必须是从原材料采购到产成品销售每个环节都能紧密衔接，如果中间环节出现问题，就会导致极大的危机，如严重缺货而无法进行生产等。

2.2 供应商管理库存

长期以来，库存是由库存拥有者管理，即库存拥有与控制是由同一组织完成的，因此，供应链上的库存是各自为政的。供应链各环节中的每一个部门都是各自管理自己的库存，零售商、批发商、供应商都有各自的库存，都有自己的库存控制策略。但是，由于各自的库存控制策略不同，因此不可避免地产生需求的扭曲现象，出现"牛鞭效应"，无法使供应商快速地响应用户的需求。

【拓展视频】

在供应链管理环境下，为了寻求整个供应链全局的最低成本，供应链的各个环节的活动都应该是同步进行的，而传统的库存控制方法无法满足这一要求。近年来，出现了一种新的供应链库存管理模式——供应商管理库存(Vendor Managed Inventory，VMI)，这种库存管理模式打破了传统的各自为政的库存管理模式，体现了供应链的集成化管理思想。它能适应市场变化的要求，是一种新兴的有代表性的库存管理思想。

2.2.1 供应商管理库存概述

1. 供应商管理库存的概念

20 世纪 80 年代，供应商管理库存已开始运用；20 世纪 90 年代，关于供应商库存管理的相关文献大量涌现，但由于各学者的研究对象和目的不同，至今对供应商管理库存的定义并未达成一致。"供应商管理库存是一种供应链集成化运作的决策代理模式，以双方都获得最低成本为目标，在一个共同框架协议下将用户库存决策权代理给供应商，由供应商代理分销商或批发商行使库存决策权力，并通过对该框架协议经常性监督和修正使库存得到持续改进。"这一定义将供应链理念引入供应商管理库存，体现了供应链集成化思想，是目前比较公认的供应商管理库存的定义。我国学者马士华教授借鉴此定义，将供应商管理库存的定义表述为"一种以用户和供应商双方都能获得最低成本为目的，遵守一个共同的协议，由供应商管理库存，并不断监督协议执行情况和修正协议内容，使库存管理得到持续改进的库存管理方法"。

供应商管理库存的主要思想是供应商在用户的允许下设立库存，确定库存水平和补给策略并拥有库存控制权。精心设计与开发的供应商管理库存系统，不仅可以降低供应链的库存水平、降低成本、改善资金流，而且用户还可从中获得高水平的服务，与供应商共享需求变化的透明性和获得更高的用户信任度。

综上，供应商管理库存的概念可概括如下：供应商管理库存是指在供应链环境下，由供应链上的制造商、批发商等上游企业对众多分销商、零售商等下游企业的流通库存进行统一管理和控制的一种新型库存管理方式。其主要思想就是实施供应厂商一体化，在这种方式下，供应链的上游企业不再是被动地按照下游订单发货和补充订货，而是根据自己对众多下游经销商需求的整体把握，主动安排一种更为合理的发货方式，既满足下游经销商的需求，同时又使自己的库存管理和补充订货策略更合理，从而使供应链上供需双方成本降低,实现供应商管理库存下的双赢。

2. 供应商管理库存系统的构成

供应商管理库存系统可分成两个模组:第一个是需求预测计划模组,可以产生准确的需求预测;第二个是配销计划模组,可根据实际客户订单、运送方式,产生客户满意度高及成本低的配送。

(1) 需求预测计划模组。需求预测最主要的目的就是协助供应商做库存管理决策。准确预测可让供应商明确了解应该销售何种商品、销售给谁、以何种价格销售、何时销售等。

需求预测所需参考的要素有:用户订货历史资料,即用户平常的订货资料;非用户历史资料,即市场情报,如促销活动资料等。

需求预测程序如下。

① 供应商收到用户最近的产品销售资料,然后做需求历史分析。

② 使用统计分析方法,以用户的平均历史需求、用户的需求动向、用户需求的周期做参考,产生最初的预测模式。

③ 用统计工具模拟不同的条件,如促销活动、市场动向、广告、价格异动等,产生调整后的预测需求。

(2) 配销计划模组。配销计划最主要的作用是有效地管理库存量,供应商管理库存可以比较库存计划和实际库存量并得知目前库存量尚能维持多久。所产生的补货计划是依据需求预测模组得到的需求预测、与用户约定的补货规则(如最小订购量、配送提前期、安全库存)、配送原则等做出的。至于补货订单方面,供应商管理库存可以自动完成最符合经济效益的建议配送策略(如运送量、运输工具的承载量)及配送进度。

2.2.2 供应商管理库存的实施

1. 供应商管理库存的实施原则

(1) 合作精神(合作性原则)。在实施该策略时,相互信任与信息透明是很重要的,供应商和用户(零售商)都要有较好的合作精神,才能够相互保持较好的合作。

(2) 使双方成本最小(互惠原则)。供应商管理库存不是关于成本如何分配或谁来支付的问题,而是通过该策略的实施减少整个供应链上的库存成本,使双方都能获益。

(3) 框架协议(目标一致性原则)。双方都明白各自的责任,观念上达成一致的目标。例如,库存放在哪里,什么时候交付,是否要管理费,要花多少管理费等问题都要回答,并且体现在框架协议中。

(4) 持续改进原则。使供需双方能共享利益和消除浪费。

2. 推动供应商管理库存实施的先决条件

企业在实施供应商管理库存前,应该对自己所处的环境和自身的条件加以分析与比较。其主要考虑的因素如下。

(1) 企业在供应链中的地位,即企业是否为"核心企业"或者是否为供应链中至关重要的企业。它要求实施企业必须拥有较高管理水平的人才和专门的用户管理职能部门,用以处理供应商与用户之间的订货业务、供应商对用户的库存控制等其他业务;必须有强大的实力推动供应商管理库存的实施,使供应链中的企业都按照它的要求来实行补货、配送、共享信息等目标框架协议。

(2) 企业在供应链中的位置。供应商管理库存一般适合零售业与制造业企业实施,最典型的例子就是沃尔玛和戴尔集团。它们有一个共同的特点,就是在供应链中所处的位置都很接近最终消费者,即处在供应链的末端。其中有一个主要原因就是,供应商管理库存可以消除"牛鞭效应"的影响。

(3) 企业是否拥有信誉良好的合作伙伴。供应商管理库存在实施过程中要求零售商(在制造业中为生产商)提供销售数据,而供应商要按时准确地将货物送到用户指定的地方,这一点对生产商的要求尤其高。

3. 供应商管理库存的实施方法

(1) 改变订单的处理方式,建立基于标准的托付订单处理模式。

由供应商和批发商一起确定供应商的订单业务处理过程所需要的信息和库存控制参数,然后建立一种订单处理的标准模式,如电子数据交换(Electronic Data Interchange,EDI)标准报文,最后把订货、交货和票据处理各个业务功能集成在供应商一方。

(2) 库存状态透明性(对供应商)是实施供应商管理用户库存的关键。

供应商能够随时跟踪和检查到销售商的库存状态,从而快速地响应市场的需求变化,对企业的生产(供应)状态做出相应的调整。为此需要建立一种能够使供应商和用户(分销商、批发商)的库存信息系统透明连接的方法。

供应商管理库存使用 EDI 使供应商与用户彼此交换资料。交换的资料包括产品活动、计划进度及预测、订单确认等。每个交换资料包含的主要项目见表 2-2。

表 2-2 供应商与用户交换资料项目

项　　目	资料内容
产品活动资料	可用产品、被订购产品、计划促销产品、零售产品
计划进度及预测资料	预测订单量、预定或指定的出货日期
订单确认资料	订单量、出货日期、配送地点

供应商管理库存的补货作业流程如图 2.1 所示,具体如下。

① 批发商每日或每周送出正确的商品活动资料给供应商。
② 供应商接收用户传送来的商品活动资料并根据此资料与商品的历史资料做预测。
③ 供应商使用统计方法,针对每种商品做出预测。
④ 供应商根据市场情报、销售情形对上述产生的预测进行适当调整。
⑤ 供应商按照调整后的预测再修订补货系统预先设定的条件、配送条件、用户要求的服务等级、安全库存量等,产生最具效益的订单量。
⑥ 供应商根据现有的库存量、已订购量做出最佳的补货计划。
⑦ 供应商根据自动货物装载系统计算得到最佳运输配送。
⑧ 供应商根据以上得到的最佳订货量,在供应商内部产生用户所需的订单。
⑨ 供应商产生订单后确认资料并传送给用户,通过用户补货。

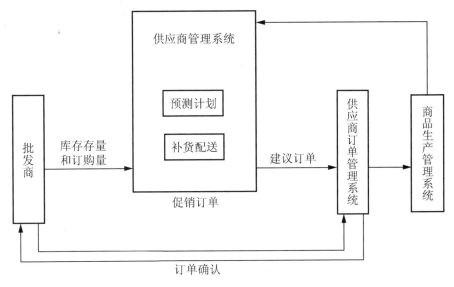

图 2.1 供应商管理库存的补货作业流程

4. 供应商管理库存的实施步骤

供应商管理库存的实施可以分为以下几个步骤。

(1) 建立顾客情报信息系统。供应商要有效地管理销售库存，必须能够获得顾客的有关信息。通过建立顾客的信息库，供应商能够掌握需求变化的有关情况，把由分销商(批发商)进行的需求预测与分析功能集成到供应商的系统中来。

(2) 建立销售网络管理系统。供应商要很好地管理库存，必须建立起完善的销售网络管理系统，保证自己的产品需求信息流和物流畅通。为此，必须保证产品条码的可读性和唯一性；解决产品分类、编码的标准化问题；解决商品存储运输过程中的识别问题。

有许多企业采用 MRPⅡ 或 ERP 等系统，这些软件系统都集成了销售管理的功能。通过对这些功能的扩展可以建立完善的销售网络管理系统，保证企业的产品需求信息流和物流畅通。

(3) 建立供应商与分销商(批发商)的合作框架协议。供应商和分销商(批发商)一起通过协商，确定处理订单的业务流程及控制库存的有关参数(如再订货点、最低库存水平等)、库存信息的传递方式(如 EDI)等。

(4) 组织机构的变革。组织机构的变革很重要，因为供应商管理库存策略改变了供应商的组织模式。过去一般由财务部处理与用户有关的事情，引入供应商管理库存策略后，在订货部门产生了一个新的职能部门，专门负责用户库存的控制、库存补给和服务水平。

5. 供应商管理库存管理存货的方式

根据 Carlyn 和 Mary 的研究，供应商管理库存主要存在以下 4 种管理存货的方式。

(1) 供应商提供包括所有产品的软件进行存货决策，用户使用软件执行存货决策、管理存货，用户拥有存货的所有权。

(2) 供应商在用户的所在地，代表用户执行存货决策、管理存货，但是存货的所有权仍归用户。

(3) 供应商在用户的所在地，代表用户执行存货决策、管理存货，供应商拥有存货的所有权。

(4) 供应商不在用户的所在地，但是定期派人代表用户执行存货决策、管理存货，供应商拥有存货的所有权。

2.2.3 供应商管理库存的支持技术

供应商管理库存的支持技术主要包括 EDI、ID 代码、条码、条码应用标识符、连续补给程序等。

1. EDI

EDI 是一种在处理商业或行政事务时，按照一个公认的标准，形成结构化的事务处理或信息数据格式，完成计算机到计算机的数据传输的方式。

供应商要有效地对用户(分销商、批发商)的库存进行管理，采用 EDI 进行供应链的商品数据交换是一种安全可靠的方法。供应商要想实时测量用户的库存，必须每天都能了解用户的库存补给状态。采用符合商业和运输管理电子数据交换(Electronic Data Interchange for Administration Commerce and Transport，EDIFACT)及联合国所确认的全球 EDI 通信标准格式的库存报告清单，能够提高供应链的运作效率，自动生成每天的库存水平(或定期的库存检查报告)、最低的库存补给量，可大大提高供应商对库存的监控效率。分销商(批发商)的库存状态也可以通过 EDI 报文的方式通知供应商。

在供应商管理库存系统中，供应商一方对于有关装运与发票等工作都不需要做特殊安排，其主要数据是用户需求的物料信息记录、订货点水平和最小交货量等。需求一方(分销商、批发商)需要做的是能够接受 EDI 订单确认和配送建议，以及利用该系统发放采购订单。

2. ID 代码

供应商要有效地管理用户的库存，就必须对用户的商品进行正确识别，并对供应链商品进行编码，通过获得商品的标识(IDentification，ID)代码并与供应商的产品数据库相连，以实现对用户商品的正确识别。国外企业已建立了应用于供应链的 ID 代码的标准系统，如 EAN-13(UCC-12)、EAN-14(SCC-14)、SSCC-18 及位置码等，我国也建有关于物资分类编码的国家标准，可参考使用。ID 代码标准化，有利于采用 EDI 系统进行数据交换与传送，有利于提高供应商管理库存的效率。

供应商应尽量使自己的产品按国际标准进行编码，以便在用户库存中对本企业的产品进行快速跟踪和分拣。因为用户(批发商、分销商)的商品多种多样，有来自不同供应商的同类产品，也有来自同一供应商的不同产品。国际上通行的商品代码标准是国际物品编码协会(Global Standards 1，GS1)和美国统一代码委员会(Uniform Code Council Inc，UCC)共同编制的全球通用的 ID 代码标准。

3. 条码

条码是 ID 代码的一种符号，是对 ID 代码进行自动识别并将数据自动输入计算机的方法和手段。条码技术的应用解决了数据录入与数据采集的"瓶颈"，为供应商管理用户库存提供了有力支持。表 2-3 为 ID 代码与条码的对应关系。

表 2-3　ID 代码与条码的对应关系

ID 代码	国际条码标准	国家条码标准
EAN-13 (UCC-12)	EAN-13	GB 12904—2008《商品条码 零售商品编码与条码表示》
EAN-14 (SCC-14)	ITF-14	GB/T 16830—2008《商品条码 储运包装商品编码与条码表示》
	EAN/UCC-128	GB/T 15425—2014《商品条码 128 码》
SSCC-18	EAN/UCC-128	GB/T 15425—2014《商品条码 128 码》
条码应用标识符	EAN/UCC-128	GB/T 15425—2014《商品条码 128 码》

条码是国际上供应链管理中普遍采用的一种技术手段。为有效实施供应商管理库存系统，应该尽可能使供应商的产品条码化。条码技术的应用对提高库存管理效率的作用是非常显著的，是实现库存管理电子化的重要工具手段，它使供应商对产品的库存控制可以一直延伸到销售商的销售点终端（Point of Sales，POS）系统，实现用户库存的供应链网络化控制。

4. 条码应用标识符

条码应用标识符是 GS1 和 UCC 划定的用于传输那些无法在计算机文件中查到或无法用 EDI 方式传输的数据的标准。应用标识符与数据库、EDI 的整合为供应链上的信息处理和传输提供了有效的技术支撑。

中国物品编码中心已根据 GS1 和 UCC 应用标识符规范制定了条码应用标识符标准《商品条码 应用标识》(GB/T 16986—2018)。条码应用标识符是一个 2～4 位的代码，用于定义其后续数据的含义及格式。例如，应用标识符 00 所定义的后续数据的含义为 SSCC-18 代码，数据长度为 18 位(不包括应用标识符本身)；应用标识符 01 所定义的后续数据的含义为 EAN-14 代码，数据长度为 14 位。应用标识符还可以用于传送商品单元的附加信息，如批号、保质期、质量、生产日期等。使用应用标识符可以将不同内容的数据表示在一个 EAN/UCC-128 条码中且不需分隔，既节省空间，又为数据的自动采集创造了条件。

5. 连续补给程序

连续补给程序是零售商向供应商发出订单时，将传统订货方法改为供应商根据用户库存和销售信息决定商品的补给数量。这是一种实现供应商管理库存策略的有力工具和手段。为了快速响应用户降低库存的要求，供应商通过与用户(分销商、批发商或零售商)建立合作伙伴关系，主动提高向用户交货的频率，使供应商从过去单纯的执行用户的采购订单，变为主动为用户分组补充库存。这既使供应商快速响应了用户对补充库存速度的需求，也使用户降低了库存水平。

2.2.4　供应商管理库存的模型

在供应链体系中的供应商管理库存，并不是要建立"上游组织—下游组织"这种一对一的管理模式，储存于某个下游组织内的供应商管理库存，作为上游组织和该组织的共享资源，可以辐射周边的相关组织。因此，供应商管理库存模式作为一种建立供应链的有效方式，形成了物流、资金流和信息流的集成应用，为科学管理供应链的库存设计了一套合理的解决方案。供应商管理库存在供应链管理中具有集成化管理和营销的功能。图 2.2 所示的供应商管理库存集成结构，表明了供应商管理库存成为供应商和企业之间相互联系和沟通的直接纽带，是提供供应链节点企业之间共同利益的汇集点。可见，借助供应商管理库存，供应链上企业的价值联系在一起，形成了一个资源和利益互动的体系。

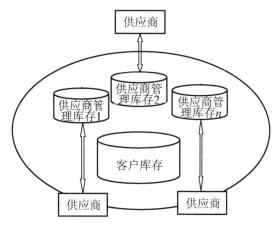

图 2.2　供应商管理库存的集成结构

虽然供应商管理库存由供应商管理，但企业是将供应商管理库存作为一项资源来应用的，从供应商管理库存的运行结构来看，企业与供应商交换的信息不仅仅是库存信息，还包括企业的生产计划、需求计划和采购计划以及供应商的补库计划和运输计划等。供应商管理库存的运行结构如图 2.3 所示。

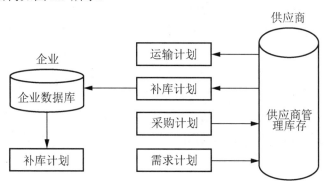

图 2.3　供应商管理库存的运行结构

采用供应商管理库存策略要求建立企业战略联盟，并从组织上促进企业间的信息共享，在信息、库存和物流等方面进行系统管理。实施供应商管理库存主要包括以下内容。

(1) 把在行业中占主导地位和实施供应链管理模式的企业称为核心企业，在核心企业的主导下完成供应链的构建，核心企业与核心企业之间联结成供应链网络。

(2) 建立法律和市场环境下的合作框架协议，实现贸易伙伴间密切合作，共享利益，共担风险，共同确定补充订货点、最低库存水平参数、库存信息传递方式等。

(3) 充分利用信息技术实现供应链上的信息集成，达到共享订货、库存状态、缺货状况、生产计划、运输安排、在途库存、资金结算等信息。按照商定的协议订单、提单、送货单和入库单等商业文件标准化和格式化,在贸易伙伴的网络系统间进行数据交换和自动处理。

(4) 建立完备的物流系统,对储存、分销和运输货物进行综合管理,使自动化系统、分销系统、存储系统和运输系统同步实现数字化管理;迅速反馈物流各个环节的信息、组织进货、指导仓储,为经营决策提供信息依据,有效地降低物流成本。

2.2.5 供应商管理库存的优点与局限性

1. 优点

通过国内外多年的实施,供应商管理库存被证明是一种先进的库存管理模式,它具有以下优点。

(1) 由供应商掌握库存就可以把客户从库存陷阱中解放出来,客户不需要占用库存资金,不需要增加采购、入库、出库、保管等一系列的工作,能够集中更多的资金、人力、物力用于提高其核心竞争力,从而为整个供应链(包括供应链企业)创造一个更加有利的局面。

(2) 供应商掌握客户的库存具有很大的主动性和灵活性,能够提高资源的利用率,减少浪费及非增值活动,提高生产及运输的效率。

(3) 供应商管理库存就是掌握市场。客户的库存消耗就是市场需求的组成部分,它直接反映了最终消费者的消费水平和消费倾向,这对于供应商改进产品结构和设计、开发销售对路的新产品,以及对于企业的生产决策和经营决策都起着有利的信息支持作用。

(4) 供应商通过信息技术共享客户的需求信息,削弱了供应链的需求波动逐级放大效应——"牛鞭效应",从而减少安全库存。

(5) 降低交易成本。在供应商管理库存模式下,供需双方是基于互信的合作伙伴关系,客户将其库存的补货决策权完全交给了供应商,从而减少了传统补货模式下协商、谈判等事务性工作,大大节约了交易费用。

(6) 提高服务水平。供应商管理库存通过供应商将供需双方的信息及职能活动集成,使得企业访问的界面更加友好,业务活动同步运作,从而提高了供需双方的柔性及客户响应能力。如当需求异常波动时,供应商能够及时获取需求信息,并快速调整补货策略。同时,生产、运输部门也同步做出快速反应,调整作业计划。

2. 局限性

尽管供应商管理库存是一种非常有效的库存管理模式,但也有以下局限性。

(1) 企业间缺乏信任,合作意识不强。供应商管理库存是跨企业边界的集成与协调,要求供需双方建立互信的合作伙伴关系。如果企业之间缺乏信任,要实现信息共享和企业间的集成与协调是不可能的。供需双方互信与合作是供应商管理库存成功实施的必备条件。供应商管理库存对于企业间的信任要求较高。供应商和客户实行库存信息共享,确实存在滥用信息和泄密的可能。

(2) 供应商管理库存中的框架协议虽说是双方协议,但供应商处于主导地位,是单行的过程,如决策过程中缺乏足够的协商,难免造成失误。

(3) 责任与利益不统一。在供应商管理库存模式下，供应商承担了客户的库存管理及需求预测分析的责任，但比其客户获取的利润更少，而未承担库存管理责任的客户获得的利润却更多，造成了责任与利益不统一，从而影响了供应商实施供应商管理库存的积极性。因此，购买方应从长远利益来考虑，采取一些激励措施来激发供应商的积极性，如通过合约将一定比例的利润支付给供应商。供应商管理库存的实施减少了库存总费用，但在供应商管理库存系统中，供应商比以前承担更多的管理责任，如库存费用、运输费用和意外损失(如物品损坏)不是由客户承担，而是由供应商承担。由此可见，供应商管理库存实际上是对传统的库存控制策略进行"责任倒置"后的一种库存管理办法，这无疑加大了供应商的风险。

由上述分析可以看出，实施供应商管理库存必须慎重，既要看到供应商管理库存所带来的利益，也要考虑其存在的问题，绝不能草率行事。

2.3 联合管理库存

为了克服供应商管理库存的局限性，同时避免或者减少"牛鞭效应"，联合管理库存(Jointly Managed Inventory，JMI)应运而生。不同于供应商管理库存集成化运作的决策代理模式，联合管理库存是一种风险分担的库存控制模式。联合管理库存体现了战略供应商联盟的新型企业合作关系，强调了供应链企业之间的双方互利合作关系。适合实施联合管理库存的核心企业是零售业及连锁经营企业中的地区分销中心(或在供应链上占据核心位置的大型企业)。

2.3.1 联合管理库存的概念及基本思想

联合管理库存，顾名思义，就是供应链上的各类企业(供应商、制造商、分销商等)通过对消费需求的认识和预测的协调一致，共同进行库存的管理和控制，利益共享、风险分担。

供应商管理库存是一种供应链集成化运作的决策代理模式，它把用户的库存决策权代理给供应商，由供应商、代理分销商或批发商行使库存决策的权力。而联合管理库存是一种风险分担的库存管理模式，它使得供应链环节中的各类企业共同对库存问题进行管理。因此，在供应链企业之间的合作关系中，联合管理库存更强调双方的互利合作关系，更集中地体现了战略供应商联盟的新型企业合作思想。

联合管理库存的思想可以从分销中心的联合库存功能谈起。地区分销中心体现了一种简单的联合管理库存思想。传统的分销模式是分销商根据市场需求直接向工厂订货，如汽车分销商(批发商)根据用户对车型、款式、颜色、价格等的不同需求向汽车制造厂订货，由于产品需要经过较长一段时间才能到达，而用户却不想等待这么久的时间，因此各个分销商不得不进行库存备货。大量的库存有时会使分销商难以承受，甚至导致破产。

联合管理库存旨在解决供应链系统中由于各节点企业的相互独立库存运作模式导致的需求放大现象，是提高供应链的同步化程度的一种有效方法。与供应商管理库存不同，联合管理库存强调供应链中各个节点同时参与、共同制订库存计划，使供应过程中的每个库存管理者(供应商、制造商、分销商)都从相互之间的协调性考虑，使供应链相邻的两个节点之间的库存管理者对需求的预期保持一致，从而消除了需求变异放大现象。通过协调处理中心，供需双方共享需求信息，使供应链的运行更加稳定。图 2.4 所示为基于协调中心的联合管理库存供应链系统模型。

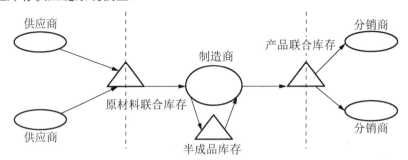

图 2.4　基于协调中心的联合管理库存供应链系统模型

2.3.2　联合管理库存的管理优势

基于协调中心的联合管理库存模式和传统的库存管理模式相比，具有以下几个方面的优势。

(1) 由于联合管理库存将传统的多级别、多库存点的库存管理模式转化成对核心企业的库存管理，核心企业通过对各种原材料和产成品实施有效控制，就能达到对整个供应链库存的优化管理，简化了供应链库存管理运作程序。

(2) 联合管理库存在减少物流环节、降低物流成本的同时，提高了供应链的整体工作效率。联合管理库存可使供应链库存层次简化，使运输路线得到优化。在传统的库存管理模式下，供应链上各企业都设立自己的库存，随着核心企业分厂数目的增加，库存物资的运输路线将呈几何级数增加，而且重复交错，这显然会使物资的运输距离和在途车辆数目增加，其运输成本也会大大增加。

(3) 联合管理库存系统把供应链系统管理进一步集成为"上游"和"下游"两个协调管理中心，从而部分消除了由于供应链环节之间的不确定性和需求信息扭曲现象导致的库存波动。通过协调管理中心，供需双方共享需求信息，提高了供应链的稳定性。

从供应链整体来看，联合管理库存减少了库存点和相应的库存设立费及仓储作业费，从而降低了供应链系统总的库存费用。

供应商的库存直接存放在核心企业的仓库中，不但可以保障核心企业原材料、零部件的供应，取用方便，而且核心企业可以对库存进行统一调度、统一管理、统一控制，为核心企业快速高效地生产运作提供了强有力的保障。

(4) 联合管理库存模式为其他科学的供应链物流管理如连续补充货物、快速反应、准时化供货等创造了条件。

(5) 联合管理库存进一步体现了供应链管理的资源共享和风险分担的原则。

2.3.3 联合管理库存的实施

1. 联合管理库存的实施策略

(1) 建立供需协调管理机制。

为了发挥联合管理库存的作用，供需双方应从合作的精神出发，建立供需协调管理的机制，明确各自的目标和责任，建立合作沟通的渠道，为供应链的联合管理库存提供有效的机制。没有一个协调的管理机制，供需双方就不可能进行有效的联合管理库存。图 2.5 所示为供需协调管理机制模型。

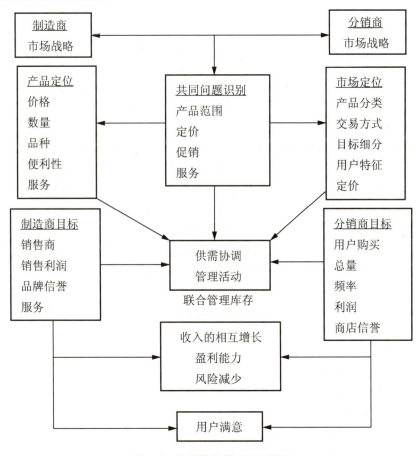

图 2.5 供需协调管理机制模型

建立供需协调管理机制，要从以下几个方面着手。

① 建立共同合作目标。要建立联合管理库存模式，首先供需双方必须本着互惠互利的原则，建立共同的合作目标。为此，要理解供需双方在市场目标中的共同之处和冲突点，通过协商形成共同的目标，如用户满意度、利润的共同增长和风险的降低等。

② 建立联合库存的协调控制方法。联合库存管理中心担负着协调供需双方利益的角色，起协调控制器的作用。因此，需要明确库存优化的方法。这些内容包括库存如何在多个需求商之间调节与分配，库存的最大量和最低库存水平、安全库存的确定，需求的预测等。

③ 建立一种信息沟通的渠道或系统。信息共享是供应链管理的特色之一。为了提高整

个供应链的需求信息的一致性和稳定性,减少由于多重预测导致的需求信息扭曲,应增加供应链各方对需求信息获得的及时性和透明性。为此,应建立一种信息沟通的渠道或系统,以保证需求信息在供应链中的畅通性和准确性,要将条码技术、扫描技术、POS 系统和 EDI 集成起来,并且要充分利用 Internet 的优势,在供需双方之间建立一个畅通的信息沟通桥梁和联系纽带。

④ 建立利益的分配和激励机制。要有效运行基于协调中心的库存管理,必须建立一种公平的利益分配制度,将通过供应链管理实现的利益在供应链各节点企业之间进行合理分配。另外,建立有效的激励机制,并对参与协调库存管理中心的各个企业(供应商、制造商、分销商或批发商)进行有效的激励,防止机会主义行为,增强供应链运作的协调性。

(2) 发挥两种资源计划系统的作用。

为了发挥联合管理库存的作用,在供应链库存管理中应充分利用目前比较成熟的两种资源管理系统:MRP Ⅱ 系统和物资资源配送计划(Distribution Resource Planning,DRP)系统。原材料库存协调管理中心应采用 MRP Ⅱ 系统,而产品联合库存协调管理中心则应采用 DRP 系统,然后将这两种资源计划系统很好地结合并发挥其作用。

(3) 建立快速响应系统。

快速响应系统是在 20 世纪 80 年代末在美国服装行业发展起来的一种供应链管理策略,目的在于缩短供应链中从原材料到用户的时间和减少这一过程中的库存,最大限度地提高供应链的运作效率。快速响应系统在美国等西方国家的供应链管理中被认为是一种有效的管理策略,经历了 3 个发展阶段:第一阶段为商品条码化,通过对商品的标准化识别处理加快订单的传输速度;第二阶段是内部业务处理的自动化,采用自动补库与 EDI 系统提高业务自动化水平;第三阶段是采用更有效的企业间的合作,消除供应链组织之间的障碍,提高供应链的整体效率,如通过供需双方合作确定库存水平和销售策略等。

目前在欧美等西方国家,快速响应系统应用已到达第三阶段:通过协同规划、预测和补给等策略进行有效的用户需求反应。美国的 Kurt Salmon 协会调查分析认为,实施快速响应系统后供应链动作效率大有提高,缺货情况大大减少,通过供应商与零售商的联合协作保证 24 小时供货;库存周转速度提高 1~2 倍;通过敏捷的制造技术,企业的产品中有 20%~30%是根据用户的需求而制造的。快速响应系统需要供需双方的密切合作,因此协调库存管理中心的建立为快速响应系统发挥更大的作用创造了有利的条件。

(4) 发挥第三方物流系统的作用。

第三方物流,也称物流服务提供者,是供应链集成的一种物流管理方法,它为用户提供各种服务,如产品运输、订单选择、库存管理等。第三方物流系统一部分是由一些大的公共仓储公司提供更多的附加服务演变而来的,另一部分是由一些制造企业的运输和分销部门演变而来。

把库存管理的部分功能代理给第三方物流系统管理,可以使企业更加集中精力于自己的核心业务,第三方物流系统起到了加强供应商和用户之间联系的桥梁作用,使企业可获得诸多好处:①降低成本;②使企业集中于核心业务;③获得更多的市场信息;④获得一流的物流咨询;⑤改进服务质量;⑥快速进入国际市场。

面向协调中心的第三方物流系统使供应与需求双方都取消了各自独立的库存,增强了供应链的敏捷性和协调性,并且能够大大改善供应链的用户服务水平和运作效率。第三方物流系统在供应链中的作用如图 2.6 所示。

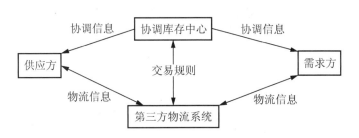

图 2.6　第三方物流系统在供应链中的作用

2. 联合管理库存的实施步骤

为了充分发挥联合库存的优势，建立供需协调管理机制，供需双方应从充分合作的精神出发，明确各自的目标和责任，建立合作和沟通的渠道，为供应链的联合管理库存机制提供条件。针对企业的供应链结构，对联合管理库存的实施步骤有以下建议。

(1) 分析物料供应商的现状，如利用现存的关键表现指数对供应商评级。

(2) 选取级别最高的若干个物料供应商，建立联合管理库存模式。供需双方应本着互惠互利的原则，树立共同的合作目标，采用SWOT(Strengths，Weaknesses，Opportunities，Threats，优势、弱势、机会、威胁)分析法，通过协商形成共同的目标。

(3) 建立联合库存的协调控制方法：通过供需双方的固定部门，利用 EDI 技术可以建立一个共用的工作平台，实现双方的库存信息(包括最大库存、最小库存、安全库存)及需求预测等的实时共享，并不断优化升级。

(4) 在供需双方的资源管理系统(如 MRPⅡ、DRP)之间建立系统间的共享，增强供需双方的协调机制。

(5) 定期召开供需双方见面会，就联合库存的协调问题、数据处理和共享的问题、双方工作流程的沟通等进行面对面的交流，增进了解，促进合作。联合管理库存模式的协调机制因能对需求变化做出快速响应，从而能提升供应链各个节点企业的运行效率，降低库存成本、赢得竞争优势。图 2.7 所示为企业建立联合库存的步骤。

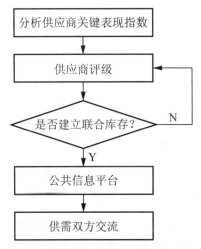

图 2.7　企业建立联合库存的步骤

2.3.4 联合管理库存的运作模式

1. 联合管理库存的两种模式

(1) 集中库存控制模式。集中库存控制模式是指各个供应商的零部件都直接存入核心企业的原材料库中,就是变各个供应商的分散库存为核心企业的集中库存。集中库存控制模式要求供应商按照核心企业的订单或订货看板组织生产,订单生产完成时,立即采取小批量、多频次的配送方式将产品直接送到核心企业的仓库中补充库存。在这种模式下,库存管理的重点在于核心企业根据生产的需要,保持合理的库存量,既要满足需要,又要使库存总成本最小。

(2) 无库存模式。无库存模式是指供应商和核心企业都不设立库存,核心企业实行无库存的生产方式。此时供应商直接向核心企业的生产线进行连续小批量、多频次的货物补充,并与核心企业实行同步生产、同步供货,从而实现"在需要的时候把所需要品种和数量的原材料送到需要的地点"的操作模式。这种准时化供货模式,由于完全取消了库存,因此效率最高、成本最低。但是这种模式对供应商和核心企业的运作标准化、配合程度、协作精神要求也高,操作过程要求也严格,而且二者的空间距离不能太远。

2. 联合管理库存的动态运作模式

供应链管理环境下,供应链上的各节点企业之间的联合库存是一种复杂的动态循环过程。不管是处于供应链上分销商与制造商的产品联合库存,还是供应商与制造商的原材料联合库存水平,都是一个动态变化的量,它们会随着时间的推移发生盘点数量的变化,库存水平随着需求过程降低,随补充过程提高。

制造商与分销商的产品联合库存来自顾客的不断需求,持续销售是引起产品库存量逐渐减少的动力,不断地生产又使产品库存量逐步增加。企业的目标是在此动态过程,即销售与生产过程中,使产品库存达到保持平衡的最优状态。在此最优库存状态下,一方面企业的交货水平使得顾客满意度可以达到一个设定值(如 95%);另一方面产品库存又不是很大,不会占用过多资金,有利于降低产品成本及资金的机会成本。但实际上,市场需求会表现出诸如市场需求突然增加或突然减少的特点。市场需求的这种不确定性增加了保持库存水平在一个比较理想的状态的难度。

由于原材料需求为非独立性需求,市场需求的不确定性会通过产品传导给原材料,从而影响原材料联合库存水平。例如,当产品需求增加时,若要继续保持95%的顾客满意度,势必要提高企业的生产能力,及时安排生产。处于供应链上的核心制造商根据市场需求量,指导生产计划的制订及生产能力的调整。生产计划安排好以后,就可以根据生产计划来计算原材料需求并订购原材料,从而会增加原材料联合库存的库存水平。供应链管理环境下联合管理库存的动态运作模式如图 2.8 所示。

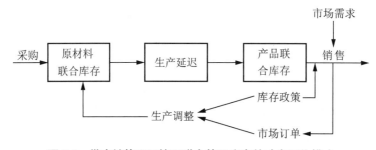

图 2.8 供应链管理环境下联合管理库存的动态运作模式

从图 2.8 中可以看出，市场需求对产品库存及原材料库存起着主导作用，因此，研究市场需求的变化对库存的影响显得非常重要。

处于供应链上的制造商以来自下游分销商的市场需求信息作为产品需求的依据，并据此安排生产计划或供应计划。这样，市场需求的增加必然引起产品库存的变化，并且直接影响核心企业的生产调整计划，从而影响原材料库存。这是一个在动态的系统中综合解决产品库存及原材料库存管理的问题，旨在实现供应链库存整体优化的目标。

【拓展视频】

2.4 合作计划、预测与补给

前两节提到了关于供应链伙伴的合作模式——供应商管理库存和联合管理库存，但这两种模式都存在局限性：供应商管理库存和联合管理库存都没有调动下级节点企业的积极性，过度地以客户为中心，供应链没有实现真正的集成，使得库存水平较高，订单落实速度慢。所以，当发现供应出现问题(如产品短缺)时，留给供应商进行解决的时间非常有限。针对联合管理库存和供应商管理库存的不足，20 世纪 90 年代末又有学者提出一种新的供应链库存管理方法——合作计划、预测与补给(Collaborative Planning，Forecasting and Replenishment，CPFR)。合作计划、预测与补给建立在联合管理库存和供应商管理库存的最佳分级实践基础上，博采众长、融会贯通，是体现供应商与零售商之间协调与合作关系的新型模式。

2.4.1 合作计划、预测与补给的产生和发展

1980 年，位于美国俄亥俄州辛辛那提市的宝洁公司接到密苏里州圣路易斯市的沃尔玛超市的要求：希望宝洁公司能自动补充货架上的 Pampers 牌纸尿裤，而不必每次再经过订货的手续。只要货架上一卖完，新货就到，可以每月付一张货款的支票。于是两家公司就将双方计算机系统连接起来，做出一个自动补充纸尿裤的雏形系统，结果试用良好，两家公司不必再为"尿布"发愁了。由此，自动化的供应链管理也就开始了。

1987 年，宝洁公司副总裁 Ralph Drayer 解释说，零售业上下游买卖的手续过于烦琐，尤其是对多家、多样商品的买卖，不但复杂，而且费时耗力，要付出很高的成本。

这件事面临的第一个挑战就是要树立真正的榜样。宝洁公司与沃尔玛公司一拍即合，开始了自动送货的合作，"连续补充"的概念因此产生。

宝洁公司与沃尔玛公司彼此信任，不断试用更高效的方法来降低存货、运费和其他不确定的因素。事实证明，自从宝洁公司与沃尔玛公司实行产销联盟后，沃尔玛超市中宝洁公司的纸尿裤商品周转率提高了 70%，与此相对应，宝洁公司的纸尿裤销售额也提高了 50%，达到 30 亿美元。宝洁公司与沃尔玛公司之间的产销联盟所产生的另一个重大积极作用是：以这两家企业为中心，彻底打破了当时在美国流通领域占统治地位的以双环节为主的多环节流通体制。

宝洁公司与沃尔玛公司的合作改变了两家企业的营运模式，实现了双赢。为了实现对供应链的有效运作和管理，以及对市场变化的科学预测和快速反应，一种面向供应链的策略（合作计划、预测与补给）应运而生，并逐渐成为供应链管理的一个成熟商业流程，斩

掉了纠缠工商关系的一条"毒龙"——高昂的补货费用和低效率的沟通方式。与此同时，它们合作的理念，也演变成供应链管理的标准。

2.4.2 合作计划、预测与补给的基本内容

1. 合作计划、预测与补给的概念

合作计划、预测与补给是一系列的活动过程，它应用一系列的处理和技术模型，覆盖整个供应链的合作过程，通过共同管理业务过程和共享信息来改善销售商和供应商的伙伴关系，提高预测的准确度，最终达到提高供应链效率、减少库存和提高消费者满意程度的目的。

合作计划、预测与补给模式最大的优势是能及时、准确地预测由各项促销措施或异常变化带来的销售高峰和波动，从而使销售商和供应商都能做好充分的准备，赢得主动。同时，合作计划、预测与补给模式采取了一种"双赢"的原则，始终从全局的观点出发，制订统一的管理目标及方案实施办法，以库存管理为核心，兼顾供应链上其他方面的管理。

虽然合作计划、预测与补给模式是建立在供应商管理库存和联合管理库存的最佳分级实践的基础上，但它摒弃了两者的主要缺点，即没有一个适合所有贸易伙伴的业务过程、未实现供应链的集成等，通过供应链企业共同建立的一个适合所有贸易伙伴的业务过程来实现供应链的集成，将协同行为渗透到预测、作业等层次。具体来讲，合作计划、预测与补给模式有以下4个方面的特征。

(1) 协同。美国战略理论研究专家伊戈尔·安索夫首次提出了协同的概念。所谓协同效应，是指在复杂大系统内，各子系统的协同行为产生出超越各要素自身的单独作用，从而形成整个系统的统一和联合。在合作计划、预测与补给模式中，供应链上下游企业就是各个子系统，协同效应可以使整个供应链系统发挥的功效大于各个子系统功效的简单相加。供应链上下游企业只有确立起共同的目标，才能使双方的绩效都得到提升，取得综合性的效益。合作计划、预测与补给这种新型的合作关系要求双方长期承诺公开沟通、信息分享，从而确立其协同性的经营战略。尽管这种战略的实施必须建立在信任和承诺的基础上，但这是买卖双方取得长远发展和良好绩效的唯一途径。

(2) 计划。1995年沃尔玛公司与沃纳-兰伯特公司的合作计划、预测与补给模式为消费品行业推动双赢的供应链管理奠定了基础，此后，美国自愿跨行业标准协会认为需要在已有的结构上增加，"合作规划及合作财务"。此外，为了实现共同的目标，还需要双方制订促销计划、库存政策变化计划、产品导入和终止计划等。

(3) 预测。合作计划、预测与补给模式中的预测强调买卖双方必须做出最终的协同预测。协同预测可以大大减少整个供应链体系的死库存，提高产品销量，节约供应链的资源。与此同时，最终实现协同促销计划是实现预测精度提高的关键。合作计划、预测与补给 所推动的协同预测还有一个特点，就是它不仅关注供应链双方共同做出最终预测，同时也强调双方都应参与预测反馈信息的处理和预测模型的制定和修正，特别是如何处理预测数据的波动等问题。只有把数据集成、预测和处理的所有方面都考虑清楚，才有可能真正实现共同的目标，使协同预测落在实处。

(4) 补货。根据指导原则，协同运输计划也被认为是补货的主要因素。此外，例外状况的出现也需要转化为存货的百分比、预测精度、安全库存水准、订单实现的比例、前置

时间及订单批准的比例,所有这些都需要在双方公认的计分卡基础上定期协同审核。潜在的分歧,如基本供应量、过度承诺等,双方应加以解决。

合作计划、预测与补给针对合作伙伴的战略和投资能力不同、市场信息来源不同等特点建成一个方案组。销售商和制造商从不同的角度收集不同层次的数据,通过反复交换数据和业务情报改善制订需求计划的能力,最后得到基于POS数据的消费者需求的单一共享预测。这个单一共享需求计划可以作为销售商和制造商的与产品有关的所有内部计划活动的基础,换句话说,它能使价值链集成得以实现。以单一共享需求计划为基础能够发现和利用许多商业机会,优化供应链库存和改善客户服务,最终为供应链伙伴带来丰厚的收益。实施合作计划、预测与补给给销售商、制造商及整个供应链带来的利益见表2-4。

表2-4 实施合作计划、预测与补给给销售商、制造商及整个供应链带来的利益

销售商	制造商	供应链
增加销售 较高的订单满足率 较快的订单响应时间 减少产品库存、产品过时及变质	增加销售 较高的服务水平(库存水平) 减少产品库存 较短的循环周期 减少产能需求	引导物料流向(减少存货点的数量) 提高预测的准确度 降低系统费用

2. 合作计划、预测与补给的指导原则

合作计划、预测与补给有以下3条指导原则。

(1) 贸易伙伴框架结构和运作过程以消费者为中心,并且面向价值链的成功运作。合作伙伴构成的框架及其运行规则主要根据消费者的需求和整个价值链的增值来制定。

(2) 贸易伙伴共同负责开发单一、共享的消费者需求预测系统,这个系统驱动整个价值链计划。

(3) 贸易伙伴均承诺共享预测并在消除供应过程约束上共担风险。

不难发现,合作计划、预测与补给模式最大的优势是能及时、准确地预测由各项促销措施或异常变化带来的销售高峰和波动,从而使销售商和制造商都能做好充分的准备,赢得主动。同时,合作计划、预测与补给采取了"双赢"的原则,始终从全局的观点出发,制定统一的管理目标及方案实施办法,以库存管理为核心,兼顾供应链上的其他方面的管理。因此,合作计划、预测与补给模式能实现伙伴间更广泛深入的合作,它主要体现了以下思想。

(1) 合作伙伴构成的框架及其运行规则主要基于消费者的需求和整个价值链的增值。由于供应链上各企业的运作过程、竞争能力、信息来源等不一致,因此在合作计划、预测与补给模式中设计了若干运作方案供各合作方选择,一个企业可选择多个方案,各方案都确定了核心企业来承担产品的主要生产任务。

(2) 供应链上企业的生产计划基于同一销售预测报告。销售商和制造商对市场有不同的认识。销售商直接和最终用户见面,它们可根据POS数据来推测消费者的需求,同时销售商也和若干制造商有联系,并可了解它们的市场销售计划。制造商和若干销售商联系,并了解它们的商业计划。根据这些不同,在没有泄露各自商业机密的前提下,销售商和制造商可交换各自的信息和数据,来改善它们的市场预测能力,使最终的预测报告更为准确、可信。供应链上的各企业则根据这个预测报告来制订各自的生产计划,从而使供应链的管理得到集成。

(3) 消除供应过程的约束限制。一个有望解决的限制主要是由于企业的生产柔性不够。一般来说，销售商的订单所规定的交货日期比制造商生产这些产品的时间要短。在这种情况下，制造商不得不保持一定的产品库存，但是如果能延长订单周期，使之与制造商的生产周期相一致，那么制造商就可真正做到按订单生产及零库存管理。这样制造商就可减少甚至去掉库存，大大提高企业的经济效益。另一个有望解决的限制是贯穿于产品制造、运输及分销等过程的企业间资源的优化调度问题。

3. 基于合作计划、预测与补给的合作伙伴关系

基于合作计划、预测与补给的合作伙伴关系如图 2.9 所示，图中有 3 个职责层。第一层为决策层，主要职责是零售商和供应商领导层的关系管理，包括企业联盟目标和战略的制定、跨企业的业务过程的建立、企业联盟的信息交换等；第二层为运作层，主要职责是合作计划、预测与补给的实施和运作，包括制订联合业务计划、联合市场需求预测、平衡合作企业能力、实施和运作合作计划、预测与补给的绩效评估等；第三层是内部管理层，主要职责是负责企业内部的运作和管理。在供应环境中，主要包括客户服务、市场营销、产品制造、批发分销等；在零售环境中，主要包括商品分类管理、库存管理、商店运作、后勤管理等。

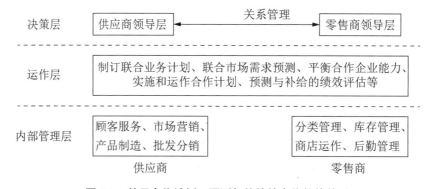

图 2.9　基于合作计划、预测与补给的合作伙伴关系

4. 基于合作计划、预测与补给模式合作的价值观

在基于合作计划、预测与补给模式的供应链中，企业需要转变对自身、顾客和合作伙伴的价值观，主要表现在以下几个方面。

(1) 以"双赢"的态度看待合作伙伴和供应链的相互作用。企业必须了解整个供应链的过程，以发现自身的信息和能力在何处有助于供应链，进而有益于最终消费者和供应链合作伙伴。

(2) 为供应链成功运作提供持续保证，共同承担责任。这是基于合作计划、预测与补给模式的供应链成功运作所必需的企业价值观。每个合作伙伴对供应链的保证、权限和能力不同，合作伙伴应能够调整其业务活动以适应这些不同。无论在哪个职责层，合作伙伴坚持其保证和责任，将是供应链成功运作的关键。

(3) 正确处理长期利益与转向机会的关系。合作企业可能遇到来自供应链之外的一些机会，这些机会要求企业将重点转向其他的产品。由于产品转向会较大地抑制合作伙伴的协调需求和供应计划的能力，它不能与合作计划、预测与补给模式共存，因此，合作企业应该拒绝这种产品转向的机会。

(4) 实现跨企业、面向团队的供应链。团队成员可能参与其他团队，甚至与其合作伙伴的竞争对手合作。这些竞争对手互相具有"赢利/损失"关系，团队联合的深度和交换信息的类型可能造成多个合作计划、预测与补给团队中人员的冲突。在这种情况下，必须有效地构建支持完整团队和个体关系的公司价值系统。

(5) 制定和维护行业标准。公司价值系统的一个重要组成部分是对行业标准的支持。每个公司有一个单独开发的过程，这会影响公司与合作伙伴的联合。行业标准必须具有便于实行的一致性，又允许公司问题不同，这样才能被有效应用。开发和评价这些标准有利于合作伙伴的信息共享和合作。

2.4.3 合作计划、预测与补给的模型

合作计划、预测与补给的业务模型中，其业务活动可划分为计划、预测和补给 3 个阶段，包括 9 个主要流程活动。第 1 个阶段为计划，包括第①和第②步；第 2 个阶段为预测，包括第③～⑧步；第 3 个阶段为补给，包括第⑨步，具体如图 2.10 所示。

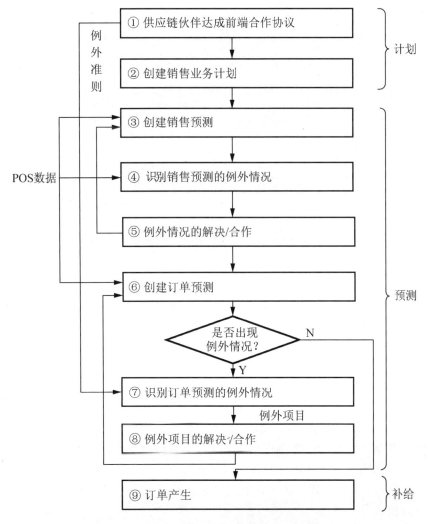

图 2.10 合作计划、预测与补给的业务活动

表 2-5 是合作计划、预测与补给实施的步骤、目的和输出结果。

表 2-5 合作计划、预测与补给实施的步骤、目的和输出结果

序 号	步 骤	目 的	输出结果
①	供应链伙伴达成前端合作协议	建立制造商、分销商或配送商合作关系的指导文件和游戏规则	制订符合合作计划、预测与补给标准并约定合作关系的蓝本，蓝本约定合作方交换的信息和分担风险的承诺
②	创建销售业务计划	合作方交换公司策略和业务计划信息以建立合作业务计划，从而有效地减少例外情况的发生	制订业务计划书并在业务计划书上明确规定策略和具体实施方法
③	创建销售预测	采集 POS 数据、临时信息和计划事件方面的信息，并建立销售预测	共同建立销售预测
④	识别销售预测的例外情况	由制造商和配送商共同确定销售计划约束的例外情况	例外情况列表
⑤	例外情况的解决/合作	通过共享的数据、E-mail、电话交谈、会议等方式共同解决例外情况	调整修改过的销售计划
⑥	创建订单预测	结合 POS 数据、临时数据、库存策略制订订单预测以支持共享的销售预测和合作业务计划，以及以时间数为基础的实际数量和库存目标	以时间数为基础的精细订单预测和安全库存
⑦	识别订单预测的例外情况	由供应商和配送商共同确定订单预测约束例外情况	例外情况列表
⑧	例外项目的解决/合作	通过共享的数据、E-mail、电话交谈、会议等方式解决例外项目	修改过的订单预测
⑨	订单产生	由订单预测转化为确定的订单	订单及订单确认回执

2.4.4 合作计划、预测与补给的实施方法

在合作计划、预测与补给的实施过程中必须解决 3 个问题：①企业内部流程的改变；②合作伙伴之间缺乏信任；③实施合作计划、预测与补给的费用。

解决上述问题主要从组织方法、数据组织、业务规则和软硬件标准等几个方面入手。

1. 组织方法

在组织方面，严密性、一致性、可行性和协调性非常关键。

(1) 严密性。首先，要注意责、权、利的清晰界定，制定严密的游戏规则；其次，注意流程分析，并制定严密的业务流程。业务流程是供应链管理的关键方面，一般来说，新方法、新系统等的应用首先要进行的就是流程分析与再造。

(2) 一致性。注意各合作伙伴之间制造计划、配送计划、订单计划、销售计划的相互衔接，遵守共同标准。

(3) 可行性。对计划的层次维数划分要恰当，一般分为三维，即地区维、产品维和时间维。地区维包括大区、国家、小区、配送商、商店；产品维包括产品大类、品种；时间维包括年度、季度、月度、周。层次维数过多会导致复杂性增加。

(4) 协调性。合作计划、预测与补给的主要特点之一就是对例外情况的合作解决，这就是说合作伙伴之间要相互信任，合作解决问题，从而实现双赢乃至多赢。

2. 数据组织

通过对制造商、配送商、零售商的产能、销售计划、订单计划、库存计划、促销计划等详细数据的收集，对数据进行加工整理。

(1) 对供应商和零售商之间供需的数据进行比较与匹配。比较的目的就是供需的匹配，以便补充计划的制订与实施，这种比较必须是存储单位层次，这样可以比较清楚地得出其间的差值。

(2) 时间跨度的吻合。时间同步是产能、销售计划、订单计划、库存计划、促销计划等数据相互吻合的重要因素，只有时间上的同步才能有助于提高计划的准确性和有效性。

3. 业务规则

业务规则主要针对例外处理和计划稳定期。

(1) 通过对历史数据的回顾和分析来判定例外事件。

(2) 遵守大数原则。当具备各种各样的数据样本时，统计结果才比较准确。想十分准确地预测一个商店一周的活动是非常困难的，但预测成千上万的连锁店的一周活动则会有较高的准确性。

(3) 简单化原则。确定几种主要的业务评估目标，评价指标过多就会失去重点。

(4) 计划稳定期。在计划稳定期，计划是不能改变的。没有一定的稳定期会导致计划的不确定性。

4. 软硬件标准

软硬件标准主要是指主件传输协议、数据格式、信息安全、系统结构和系统集成。

(1) 主件传输协议。主件传输协议主要有超文本文件传输协议和安全的超文本文件传输协议，另外，文件传输协议(File Transfer Protocol，FTP)用于日常文件传输，简单信件传输协议(Simple Mail Transfer Protocol，SMTP)用于 E-mail 的传输，此外互联网内部对象协议(Internet Inter Object Protocol，IIOP)也是常用的协议。

(2) 数据格式。合作计划、预测与补给采用 ANSI X12 EDI 和标准交换语言(Standard Inter-change Language，SIL)，另外，不断成熟的脚本编程语言也可用于合作计划、预测与补给的信息传输。

(3) 信息安全。信息安全主要包括分级授权、数据的一致性检查、定期稽查、数据备份等方面的严格安全管理体系。

(4) 系统结构。在系统结构中主要考虑集中服务器和分布服务器结构，集中服务器管理造价低、易于集中管理、速度慢、交互性差，而分布服务器结构则正好相反。

(5) 系统集成。客户关系管理(Customer Relationship Management，CRM)、ERP 和先进计划与调度(Advanced Planning and Scheduling，APS)等系统的有机集合更有助于合作计划、

预测与补给方案的有效实施，而且这些系统的有效应用会提高合作计划、预测与补给方案的准确性。图2.11是零售商和制造商应用环境示意图。

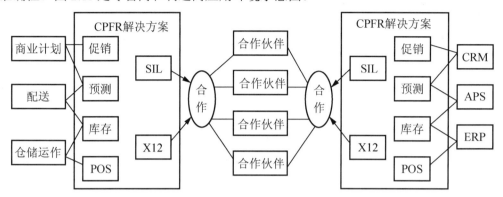

图 2.11 零售商和制造商应用环境示意图

2.4.5 合作计划、预测与补给的局限性

同传统的供应链库存管理模式相比，合作计划、预测与补给在改善供应链合作关系、提高消费者满意度和供应链整体运作效率方面，无疑取得了重大的进步，具有重要的理论和应用价值，但是它也存在一定的局限性。

(1) 以消费者为中心的思想未能完全实现，主要是因为缺乏最主要的当事人(消费者)的积极参与和密切配合。由于合作过程是在消费者缺席的情况下展开的，缺乏与消费者的互动和交流。而POS只能提供关于过去的统计数据，不能真正反映消费者未来需求的真实情况。所以在POS基础上的需求预测难免存在偏差，以此扭曲信息驱动的供应链效率则不能完全令人满意。

(2) 合作计划、预测与补给始于需求预测，终于订单产生，因此合作过程不是十分完善。合作计划、预测与补给的工作重点是产品的生产领域和流通领域的良好对接，但这种合作性仍集中于流通领域，通过群体性更加接近实际的消费预测以驱动生产过程。

供应链管理涉及一系列错综复杂的业务活动，它不仅跨越供应商、制造商、零售商及消费者等不同组织组成的供应链的"空间通道"，还经历了计划、执行订单、供货等"时间通道"。尽管计划工作在供应链运营过程中居于重要地位，但供应链运营效果不能单单取决于计划制订过程中的合作行为，还取决于另外的(如计划执行等)过程中全体供应链成员的群策群力。所以，供应链成员之间的合作过程应该从计划工作开始，一直持续到生产出顾客满意的产品，并送到顾客手中为止。虽然合作计划、预测与补给也相应对供应链企业之间的合作关系进行了一定的安排，但远远不够。

本 章 小 结

从整个供应链的角度来看，快速变化的竞争环境所产生的高度不确定性，使基于时间、柔性等要素的运作战略的实现已经不是单个企业所能做到的，而必须依赖供应链中各个节点企业之间的相互合作和协调，形成基于供应链协同的管理方法。基于供应链协同的库存管理重点关注企业之间的合作关系,着眼于供应链和企业自身的长远目标,通过充分发挥多方的优势,集成更多的可用资源,最终实现供应链企业的双赢甚至多赢。

本章对目前出现的几种供应链管理方法进行了详细的介绍,包括零库存管理,供应商管理库存,联合管理库存,以及合作计划、预测与补给。无论是何种管理策略或技术,所要解决的核心问题是:如何保证让足够多的库存在正确的时间到达正确的地点以快速满足客户的需求,并保证合适的成本和服务水平。在供应链环境下,每个企业应当根据市场环境和自身的现实条件,以开放的姿态与供应链中其他节点企业展开广泛和深入的协作,并形成切实可行的协作机制和流程,确定最适合本企业和所在供应链整体的库存管理解决方案,以形成自己的竞争优势。

关键术语

| 零库存管理 | 供应商管理库存 | 联合库存管理 | 集成化 |
| 合作计划、预测与补给 | 合作伙伴 | 支持技术 | |

习　　题

1. 选择题

(1) 零售企业沃尔玛的某些商品如婴儿纸尿裤的库存控制由战略伙伴的供应商直接进行补货和门店的送货。这是供应链系统中的_____库存管理策略。
    A. 联合库存管理　　　　　　B. JIT 管理系统
    C. 工作流管理　　　　　　　D. 多级库存优化

(2) 近年来,在国外出现了一种新的供应链库存管理方法,称为_____。这种库存管理策略打破了传统的各自为政的库存管理模式,体现了供应链的集成化管理思想,适应市场变化的要求,是一种新的有代表性的库存管理思想。
    A. 管理用户库存　　　　　　B. 用户库存
    C. 供应商库存　　　　　　　D. 供应商管理库存

(3) 以下_____不属于合作计划、预测与补给实施指导性原则。
    A. 贸易伙伴框架结构和运作过程以消费者为中心,并且面向价值链的成功运作
    B. 需求和供应结合在一起,利用信息规划整个供应链的库存配置
    C. 贸易伙伴共同负责开发单一、共享的消费者需求预测系统,这个系统驱动整个价值链计划
    D. 贸易伙伴均承诺共享预测并在消除供应过程约束上分担风险

(4) 供应商管理库存的支持技术不包括_____。
    A. EDI　　　　　　　　　　　B. ID 代码
    C. ERP 系统　　　　　　　　D. 条码应用标识符

(5) _____是对供应商管理库存概念的最佳表述。
    A. 委托库存　　　　　　　　B. 库存水平的目测管理

C. 库存的垂直分组　　　　　　　D. 由供应商对逐日的库存水平进行管理

(6) _____不是供应商管理库存策略所体现的原则。
   A. 互惠原则　　　　　　　　　　B. 独立性原则
   C. 目标一致原则　　　　　　　　D. 连续改进原则

(7) 合作计划、预测与补给这种经营理念是建立在_____基础上的。
   A. 供应链整体计划　　　　　　　B. 贸易伙伴之间密切合作和标准业务流程
   C. 目标和策略的先进性　　　　　D. 整个供应链是可扩展的

(8) 快速反应机制是指供应链管理者所采取的一系列降低_____的措施，其指导思想是尽可能获得时间上的竞争优势，提高系统的反应速度。
   A. 库存存储时间　　　　　　　　B. 补给货物交货期
   C. 生产计划时间　　　　　　　　D. 产品规划时间

(9) 联合管理库存作为一种合作创新的管理模式，更多地体现在_____的机制上。
   A. 供需协调管理　B. 机制建立　C. 信息沟通　D. 需求预测

(10) 代码的_____是指代码应便于修改，以适应分类编码对象的特征或属性及其相互关系可能出现的变化。
   A. 唯一性　　　　B. 适应性　　　C. 含义性　　　D. 识别性

2. 简答题

(1) 常见的供应链环境下的库存管理方法有哪些？请简要介绍。
(2) 零库存的具体形式和实施原则是什么？
(3) 零库存的具体形式和实施途径是什么？
(4) 供应商管理库存的支持技术包括哪些？
(5) 供应商管理库存的优点和局限性是什么？
(6) 联合管理库存的管理优势和实施策略是什么？
(7) 合作计划、预测与补给的特征和指导性原则有哪些？
(8) 合作计划、预测与补给的模型及实施步骤是怎样的？

3. 判断题

(1) 供应链系统的库存管理和传统的库存管理的相同点是注重优化企业内部的库存成本。（　）

(2) 准时化采购是一种先进的采购模式，它的基本思想是：在恰当的时间、恰当的地点，以恰当的数量、恰当的质量提供恰当的物品。（　）

(3) 生产企业并不能真正实现所谓的库存为零，所以"零库存"管理概念的提出没有意义。（　）

(4) 库存集中管理，就是由企业的一个部门对企业库存物资统一协调、统一指挥、统一调度和总量控制，达到既保证企业的物资供应，又能使库存最小化和降低库存成本的目的。（　）

(5) 供应商管理库存是指一种在用户和供应商之间的合作性策略，在一个双方协定的目标框架下由供应商来管理库存，以通过双方密切合作形式的交付货物的方式为基础，体现了供应链集成化管理思想。（　）

(6) 供应商管理库存就是要建立"上游组织—下游组织"一对一的管理模式。（　　）

(7) 供应商管理库存是一种先进的库存管理模式，所以在实际生产运作中要推而广之。
（　　）

(8) 合作计划、预测与补给最大的优势是能及时、准确地预测由各项促销措施或异常变化带来的销售高峰和波动，从而使销售商和制造商都能做好充分的准备，赢得主动。
（　　）

(9) 合作计划、预测与补给的工作重点是产品的生产领域和流通领域的良好对接，但这种合作性仅集中于流通领域，通过群体性更加接近实际的消费预测以驱动生产过程。
（　　）

(10) 解决合作计划、预测与补给实施过程中的问题主要从组织方法、数据组织、业务规则和软硬件标准几方面入手。（　　）

4. 思考题

(1) 基于协调中心的库存管理和传统的库存管理模式相比较有哪些优点？

(2) 合作计划、预测与补给库存管理模式与供应商管理库存管理模式、联合管理库存管理模式之间是什么关系？

(3) 简要分析合作计划、预测与补给的主要特点。

襄汉公司的联合管理库存策略

进入 21 世纪以来，随着信息技术在企业中的大规模应用，企业的竞争模式发生了巨大变化，市场竞争已由以前单个企业之间的竞争演变为供应链之间的竞争。供应链上的各个企业通过信息交换、资源共享等途径达到共赢的目的。特别是对于制造业企业而言，如何设置和维持一个合理的库存水平，以应对存货不足带来的短缺风险和损失，以及库存过多所引起的仓储成本和资金成本增加，已成为企业必须解决的问题。

襄汉公司成立于 1993 年，是一家大型设备制造企业，主要生产举重机械设备和混凝土设备，如汽车举升机、混凝土运输车等。2010 年其总资产超过 25.8 亿元，员工人数超过 4 000。

1. 问题提出

由于襄汉公司产品种类多，结构复杂，所需要的零部件和原材料种类多，库存物料品种多，为了应对需求波动和生产的不确定性，其不得不持有较高的库存，这就导致了公司库存管理方面的三大问题。

1) 库存管理多级化

襄汉公司没有成立统一的物流中心，无法对物料的采购、运输、仓储、配送进行统一管理。销售、制造、计划、采购、运输和仓储等的控制系统和业务过程各自独立，相互之间缺乏业务合作，从而导致多级库存。

2) 库存持有成本高

襄汉公司的各个事业部或分公司都有自己的仓储系统，单独进行库存管理。仓库、货场、设施和设备没有进行统一规划和管理，没有得到充分利用，增加了库存的空间成本。另外仓库还需要租金和人员管理，库存持有成本就更高了。

3) 库存质量控制成本高

襄汉公司作为一家大型机械制造企业，生产所需的原材料和零部件很多都来自外购，所需物料种类和规格型号多,企业供应商数量多,分布范围广,质量标准不一,因此增加了襄汉公司产品质量控制的工作量,增加了检测人员及检测设备,从而导致库存质量控制成本高。

2. 具体措施

为了打破以往各自为政的库存管理方式,襄汉公司决定建立全新的联合管理库存模式。

1) 原材料联合库存

为襄汉公司供应原材料的供应商们将材料直接存入公司的原材料库中,使以前各个供应商的分散库存变为公司集中库存。集中库存要求供应商的运作方式是按襄汉公司的订单组织生产,产品完成时,立即采用小批量、多频次的配送方式直接送到公司的仓库补充库存。公司库存控制的管理重点是,既保证生产需要,又要使库存成本最小。具体的操作程序为为:①分析公司原材料供应商的资质状况,从中筛选出符合公司要求的供应商,并确定为合作伙伴;②与确定的合作伙伴签订联合库存控制管理协议;③加强公司联合库存控制管理,既要保证账目、单据、货物相符,又要保证货物不损坏变质。

2) 产品联合库存

襄汉公司总库承担产品储备中心的职能,相当于整个全国分库的供应商。在分库所辖区域内,设立地区中心仓库,承担各分销商产品供应工作。中心仓库的库存产品由公司总库配送或分销商代储。中心仓库的管理人员由总部指派,负责产品的接收、配送和管理。各中心仓库在联合库存协调管理中心,即商务总库的领导下,统一规范作业程序,实时反馈产品需求信息,使联合库存协调中心能够根据进出库动态信息,了解产品供应情况,充分利用现有资源,合理调配,提高发货速度,以最低的消耗实现最大收益,及时、准确地保证分销商及市场的需求。

在联合管理库存模式下,供应商企业可以取消自己的产品库存,而将库存间接设置到核心企业的原材料仓库中,分销商不建立自己的库存,产品由核心企业从产品库存直接送到用户手中。应用这种库存管理模式,可以给企业带来以下优势:①降低原材料采购成本,因为各个供应商的物资直接进入公司的原材料库,减少供应商的库存保管费用;②降低分销商销售成本,分销商不建立自己的库存,所售出商品由公司各区域分库直接发到用户手中,分销商取消了自己建立仓库费用对所售出商品成本的分摊,把所有的精力放在了销售上,从而提高了分销商的主动性、积极性,提高了公司的产销量。

讨论题

(1) 结合案例阐述联合管理库存能够给企业库存管理带来的优势。
(2) 简述联合管理库存与供应商管理库存的异同点。

资料来源:吴群,2014. 物流案例分析[M]. 北京:北京大学出版社.

第 3 章　供应链库存需求预测

【本章教学要点】

知识要点	掌握程度	相关知识	应用方向
库存需求预测的基本概念	掌握	预测的概念；需求预测和库存需求预测的概念	掌握库存需求预测的基本概念、预测内容及预测流程，为选择预测方法并实施预测提供理论基础
库存需求预测的分类	熟悉	按预测的期限和预测方法本身的特征两个方面进行分类	
库存需求预测的内容	了解	库存需求的分类及库存需求预测的具体内容	
库存需求预测的流程	熟悉	库存需求预测的 5 个步骤	
定性预测方法	掌握	定性预测方法的概念、特点及使用时应注意的问题	在掌握常用的库存需求预测方法基本原理的基础上，能在实际的库存需求预测中灵活选择并使用合适的方法
德尔菲法和销售人员意见汇集法	掌握	德尔菲法和销售人员意见汇集法的特点、预测过程及应用举例	
定量预测方法	掌握	定量预测方法的概念	
时间序列预测法	熟悉	时间序列预测方法的概念和原理	
移动平均法、指数平滑法和季节指数法	掌握	移动平均法、指数平滑法和季节指数法的原理、预测过程及应用举例	
回归预测法	熟悉	回归分析预测法的预测步骤及预测模型	
常用预测方法的比较	掌握	常用预测方法的特点比较	比较预测方法，掌握各自优缺点，能在实际库存需求预测中使用正确的方法
库存需求预测方法的选择	了解	库存需求预测方法的选择原则及预测注意事项	

导入案例

太平鸟公司依靠数字化平台破解"高库存、高缺货"难题

2021年3月29日,宁波太平鸟时尚股份有限公司(以下简称"太平鸟")发布2020年财报。该报告显示,太平鸟2020年实现营业收入93.9亿元,同比增长18.4%;净利润为7.1亿元,同比上涨29.2%,新冠肺炎疫情冲击反而让太平鸟逆势上涨,营收、净利均创历史新高。2020年是太平鸟的变革元年,以"聚焦时尚、数据驱动、全网零售"作为根本战略,太平鸟正加速打造科技时尚公司。

截至2020年12月31日,太平鸟拥有门店数量共计4616家,净增120家。实现店铺良性发展的太平鸟计划在2021年持续扩大店铺数量,在提高店效的同时计划新开线下门店1000家,持续深化与万达、银泰、百联、印力、龙湖等国内商业运营集团的战略合作关系,扩大市场影响力。

随着大店模式、快速上新再叠加直营等经营方式的实施,太平鸟的库存呈指数级增长,给企业带来了巨大的资金压力和运营风险,导致存货库失控。为此,2020年9月太平鸟启动了数字化转型项目。该计划包括消费者需求洞察与深度链接平台、供应链运营效率提升平台、基础保障支持平台等。项目实施后的数据显示:2020年太平鸟存货周转天数为166天,相比上年下降13天,在公司营业收入增长的同时,存货周转天数连续4年持续降低。

太平鸟在财报中称,公司认为服装行业"高库存、高缺货"并存难题的背后,是品牌和消费者之间的链接断裂。因此太平鸟试图通过数字化建设构建消费者需求洞察和深度链接平台,以提高设计的准确度和营销的精准度;同时构建供应链运营效率提升平台,提升供应链的智能化决策和运营水平,从而提高供应的速度和效率。目前太平鸟已启动IBM数字化转型蓝图规划,致力于转型成为一家科技时尚公司。

通过数字化平台的建设,太平鸟形成了线上线下互通、跨区域互通的信息共享平台,从而能够进行跨区域的平销款、滞销款的调拨和促销。目前,该企业实现了精益库存管理系统的框架,具体包括:(1)数字系统通过VMI、RFID技术快速收集消费需求和流行趋势,准确预测产品需求,减少"牛鞭效应"引起的无效库存;(2)流通运营对产品实施ABC分类,实施单元化、跨团队、快响应管理,实现库存快速出清;(3)库存控制借助AI算法运用单周期库存模型精确计算和优化库存,实现多样少量、低库存的目标。

此外,在大数据需求和流行趋势的预测依据下,太平鸟的商品开发以消费者需求为核心,以市场趋势、消费者洞察力、销售数据等为指引,通过数据赋能提高商品开发精准度,提供最符合当下消费者需求的商品。太平鸟把精准开发、避免冷背款式作为第一要务,不惜花费重金聘请国内外时尚服饰设计团队和人才,打造"企划+研发"紧密联动的强商品模式,尽力避免供需错位形成的商品滞销。

讨论题

(1)分析太平鸟存在"高库存、高缺货"问题的原因。
(2)实施数字化战略给太平鸟的库存管理带来了哪些优势?

资料来源:中国管理案例共享中心案例库,http://www.cmcc-dlut.cn/[2022-9-15].

需求预测是供应链库存管理中的重要环节,准确的需求预测有助于供应链中的成员企业降低库存水平和库存成本,缩短响应时间,提高客户服务水平,从而取得竞争优势。而实际上,补货提前期和批量规模效应的存在往往会导致需求的激增。因此,在进货补货前应提前做好对未来库存需求的预测,分析库存需求的趋势和规律,以确定最优的补货时机

并进行批量补货,从而提高供应链库存管理的效率并减少库存管理的成本。目前,大多数供应链成员企业仍采用传统的需求预测方法。但是,基于现代信息技术的预测方法,以及供应链协同预测的思想将是未来供应链库存需求预测的发展方向。

3.1 库存需求预测概述

3.1.1 需求预测的基本概念

1. 预测的概念

预测就是人们对某一不确定的或未知事件做出的预计和推测。在供应链管理中,储存物资的目的就是应对生产经营过程中的不确定性。按照预测期限,预测可分为短期预测、中期预测和长期预测3种。

(1) 短期预测,时间跨度通常少于3个月,最多不会超过1年。其主要是针对一个产品或生产计划的需求进行描述,制定库存管理和产销调整策略,从而安排相应的配送活动和库存作业,以适应市场需求的实时变动。

(2) 中期预测,时间跨度通常为3个月到2年,有时也被称为季节预测。这是进行产品更替或组织资源所需的时间。其主要目的是完善企业的销售计划、生产计划和预算报告,分析备选方案并确定最优策略,完成设施规划或厂址选择等。

(3) 长期预测,时间跨度通常为2年及以上,往往是建立新的工厂或开始新的生产周期组织新设备需要的时间。其目的一般是对企业的整体需求进行预测,以掌握库存量的变化趋势,为库存管理制定重大决策提供科学的依据。

2. 需求的分类

根据需求的趋势,可将需求分为稳定性需求、趋势性需求和季节性需求3类。

(1) 稳定性需求。稳定性需求是指在一定时间内需求不断地变化,但需求量围绕一固定值上下波动,且波动范围不大,如图3.1所示。

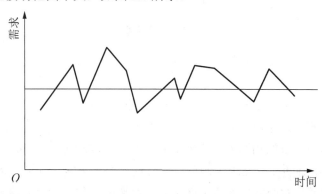

图 3.1 稳定性需求

(2) 趋势性需求。趋势性需求又称线性需求,反映了需求呈连续上升或下降的直线关系,如图3.2所示。

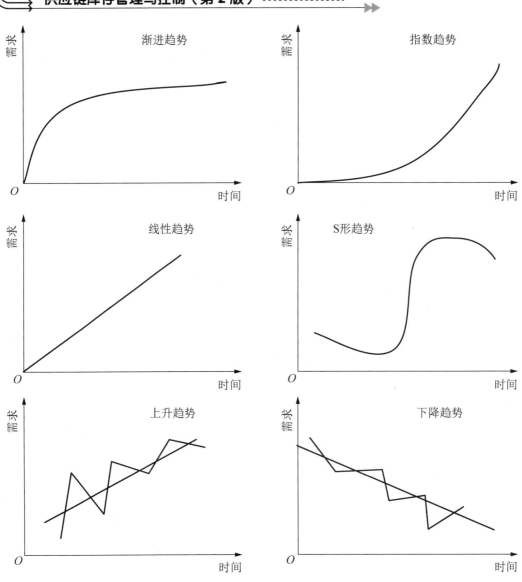

图 3.2　趋势性需求

(3) 季节性需求。类似于对空调、电风扇等产品的需求,季节性需求具有明显的季节特征,如图 3.3 所示。

一般来说,为了减少由于产品需求的不确定性带来的管理成本,需要对库存需求进行预测。库存需求预测就是对市场需求变化做出预测。具体来说,它是基于对生产、装运、销售等方面以及客户需求的预测或估计而对未来货物的需求地点、需求品种、需求时间进行的粗略的估算。准确的库存需求预测可以在降低库存水平的基础上,降低库存持有成本,提高企业的经济效益,对企业以及供应链上企业联盟的正常运营具有重要意义。

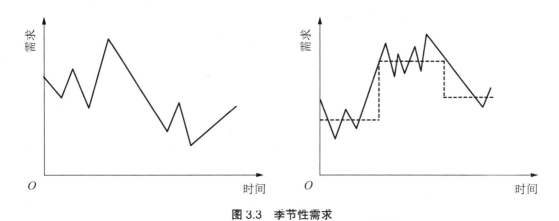

图 3.3 季节性需求

3.1.2 库存需求预测的流程

库存需求预测是一个系统工程，基本预测过程为：输入有关库存需求的数据资料；通过各种预测技术方法的应用，处理各种需求数据资料；根据预测结果，输出所需要预测的数据。

具体预测步骤如下。

(1) 确定预测目的。预测不是研究的最终目的，它是为决策服务的。因此，必须首先根据决策任务的要求确定预测目的，包括预测指标、预测对象和预测期限。只有目的明确，才能有的放矢地去收集数据、选择预测方法和预测精度。

(2) 选择预测对象，收集预测所需的数据。明确预测的对象，根据影响需求的因素尽可能多地收集影响预测对象的各种历史数据和统计资料，并对其进行归纳整理和综合分析，去伪存真，填平补齐，形成合格的数据样本。特别注意不要被历史上发生的某些偶然现象蒙蔽，充分掌握市场状况、广泛收集历史资料。这里还需确定预测时间的跨度，即为短期、中期还是长期预测。

(3) 建立预测模型。预测模型是预测对象发展规律的近似模拟。建立预测模型这一步骤包括 3 个方面的内容：选择预测方法、建立预测模型、利用模型进行预测。根据选定的预测方法，寻找各种经济变量之间的数量关系，建立起能反映研究对象变化规律的模型。例如，采用数学模型，就需确定模型的形式，并用收集到的资料进行必要的参数估计，求出模型的有关参数。

(4) 验证预测模型。实际的系统会受到多种确定因素和随机因素的影响，因此预测结果与实际值有一定差距，即会产生预测误差，如果误差太大，就失去了预测的意义。因此，必须对建立的预测模型的有效性和合理性进行检验。一方面要对有关假设进行检验，另一方面要对模型精度即预测误差进行检验，如果预测结果与实际值之间有显著的误差，则说明预测模型不合理。这时就必须对原有的预测模型进行修正或重新设计。若实际情况发生较大变化，则对预测方法也必须重新进行选择。

(5) 判断并做出结论，最后做出需求预测。运用通过检验的预测模型，使用相关历史数据，得出预测结果；并运用有关理论和经验对结果进行分析；必要时还可以运用不同的模型，同时对预测结果加以分析对比，以便做出更加可靠的判断，为系统决策提供科学依据。

上述 5 个步骤只是一般过程，实际工作中，应根据具体情况灵活运用。事实上，要完全达到目的，往往需要若干次的迭代和修正。因此，实际的库存需求预测应以企业各部门的实际运行情况为依据，整个预测过程是不断认识和深化的动态过程，这一动态过程如图 3.4 所示。

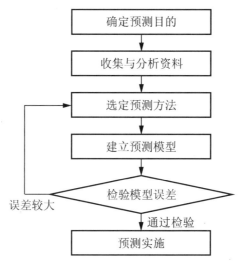

图 3.4　库存需求预测的一般过程

3.2　定性预测方法

根据预测方法本身具有的特征，可将需求预测方法分成两大类，即定性预测方法和定量预测方法。定性预测方法也称直观预测法，其一般过程是预测者依靠熟悉业务知识、具有丰富经验和综合分析能力的人员与专家，根据已掌握的历史资料和直观材料，运用专家个人的经验和分析判断能力，对事物的未来发展做出性质和程度上的判断，然后再通过一定的形式综合各方面的意见，作为预测未来的主要依据。

定性预测的方法有很多，但从库存需求应用的广泛性、实用性和有效性角度来看，主要有德尔菲法、销售人员意见汇集法、市场调查法、各部门主管集体讨论法和历史类比法等。本节重点介绍德尔菲法和销售人员意见汇集法。

3.2.1　德尔菲法

德尔菲法又称专家调查法，起源于 20 世纪 40 年代末，是美国空军部门早期为创造新的军事技术而开发的一种方法，由美国兰德公司首先使用，之后很快就在全世界盛行起来。德尔菲一词来自希腊神话的口语谐音，意为对未来的预示具有绝对可靠的准确性。该方法一般适用于长期预测，广泛应用于经济、社会、工程技术等各个领域，已成为需求预测中普遍采用的流行方法之一。

1. 德尔菲法的预测过程

首先由主持预测的单位选定与预测课题有关的领域专家，专家人数一般为 20 人左右，可视具体问题而定。之后与专家建立直接的联系，联系的主要方式是函询。通过函询收集专家的意见，加以综合、整理后匿名反馈给各位专家，再征求意见。这样反复经过四轮左右，逐步使专家的意见趋向一致，作为最后预测的根据。具体步骤如下。

(1) 准备阶段。

准备阶段主要完成两项工作：成立专家小组和制定调查表。具体来说，专家的选择应遵循两个基本原则：一是这里的"专家"是对该项业务非常熟悉的人员，而并不一定是对该项业务并不熟悉的著名学者；二是任何一个专家不知道专家小组中的其他人员，所有的工作过程都是采取匿名的方式进行的。另外，专家的人数要适宜。人数过少，缺乏代表性，信息量不足；人数过多，组织工作困难，预测成本增加。一般以 20 人左右为宜。接着根据预测的目的和要求，拟定需要调查了解的问题，制成调查表。调查表是把调查项目按次序排列的一种表格形式。调查项目是要求专家回答的各种问题。调查项目要紧紧围绕预测的题目，应该少而精，含义要具体明确，使回答人都能正确理解。同时可编制填表说明，并提供背景材料。

(2) 逐轮征询阶段。

准备阶段的工作完成以后，就进入向专家们进行正式调查的阶段。这一阶段主要是通过反复地征询专家意见来实现的。第一轮，预测主持者首先向专家寄送调查表，请专家在限定时间内寄回结果。接到专家的结果之后，主持者要将各种不同意见进行综合整理，汇总成表，然后再反馈给各位专家，进行第二轮征询。在这次征询中，每位专家都能了解其他人的意见，以及其他人对自己意见的评价，有助于专家们对上一轮的各种意见进行比较，据此修正自己的意见、判断。第二轮答案寄回后，主持者还要加以综合整理，并进行下一轮征询。一般情况下，经过四轮左右征询，专家意见就会基本趋于一致。每一轮都把上轮的回答用统计方法进行综合整理。计算出所有回答的平均数和离差，在下一轮中告诉各位专家。平均数一般用中位数，离差一般用全距或四分位数间距。

(3) 做出预测结论阶段。

在经过多次反馈后，取得了大体上一致的意见，或者对立的意见已经非常明显。最后要根据几次征询所得到的全部资料进行分析整理，做出预测结论。

2. 德尔菲法的特点

(1) 匿名性。在德尔菲法的每一轮征询中，均采用"背靠背"的办法向专家征询意见，这样可以保证每位专家不制约、影响其他人的意见。所以，匿名性可以创造一种平等、自由的气氛，鼓励专家发表自己的见解。

(2) 反馈性。采用德尔菲法需要多次轮番征询意见，每次征询都必须把预测主持者的要求和上一轮专家意见的统计结果反馈给专家。因此，德尔菲法具有信息反馈沟通的特点。这样经过多次反馈，可以不断修正预测意见，使预测结果比较准确可靠。

(3) 集思广益。在整个预测过程中，每一轮调查都将上一轮的许多意见与信息进行汇总和反馈，这样可以使专家们在"背靠背"的情况下，充分了解更多的客观情况和其他专家的意见，从而有助于专家们拓展思路，集思广益。

(4) 趋同性。德尔菲法注意对每一轮的专家意见做出定量的统计归纳，使专家们能借助反馈意见，最后使预测意见趋于一致，即德尔菲法能使专家的预测结果"趋同"，而且这种"趋同"不带有集体讨论中盲目屈从权威的色彩。

3. 德尔菲法应用举例

【例3.1】 某品牌服装企业打算在北方地区推广新设计的某系列服装,为对该系列服装的库存、销售和配送做出安排和计划,需要对品牌服装未来一年的销售量做出预测。预测采用德尔菲法进行,具体过程如下。

(1) 提出问题。用德尔菲法预测该系列服装未来一年的日均销售量。

(2) 邀请专家。邀请了4位经济学家、3位研究人员、4位领导人员、6位业务人员和3位客户代表,发放意见征询表,要求每人对该系列服装未来一年的日均销售量进行预测。

(3) 意见汇总、整理、计算、分析。经过3轮的意见反馈,得到该系列服装销售量的预测统计情况,如表3-1所示。

表3-1　服装销售量的预测统计　　　　　　　　　　　　　　　　单位:件

专　　家	第1轮意见	第2轮意见	第3轮意见
经济学家A	220	260	300
经济学家B	180	180	180
经济学家C	220	240	280
经济学家D	58	88	170
研究人员A	190	198	198
研究人员B	200	160	150
研究人员C	90	130	130
领导人员A	150	176	180
领导人员B	76	112	112
领导人员C	116	126	126
领导人员D	98	100	138
业务人员A	120	130	170
业务人员B	130	140	180
业务人员C	110	130	130
业务人员D	120	138	138
业务人员E	150	165	163
业务人员F	140	140	152
客户代表A	78	100	112
客户代表B	226	220	220
客户代表C	139	150	151

(4) 根据统计表(表3-1),采用适当的计算方法得出预测结果。

用中位数计算。首先把20位专家的第3轮预测意见从小到大依次排列,从而得到以下数列:112,112,126,130,130,138,138,150,151,152,163,170,170,180,180,180,198,220,280,300。中位数为第10个数和第11个数的平均数=(152+163)/2=157.5≈158(件),即该系列服装的日销售量预测结果为158件。

3.2.2 销售人员意见汇集法

1. 销售人员意见汇集法的概念

所谓销售人员意见汇集法，就是充分利用销售人员对本地区经济发展状况和市场需求的熟悉以及服务人员对市场需求变动的敏感，首先做出局部的估计，然后通过汇总各地区的预测值来形成对全国范围库存需求的总预测。

这种预测方法是建立在以下假设基础之上的：处于最基层的那些离顾客最近、最了解产品最终用途的销售人员最清楚产品未来的需求情况。这一假设尽管并不总是正确，但在很多情况下仍不失为一种有效的假设。该方法多在一些统计资料缺乏或不全面的情况下采用，对短期市场预测效果较好。

2. 销售人员意见汇集法的优缺点

销售人员意见汇集法的优点主要有以下两点。

(1) 简单明了、容易操作。销售人员对客户有较全面深刻的了解，对市场有比其他人更敏锐的洞察力，因此预测值可靠性较强，风险性较小。

(2) 适用范围广。采用该方法对商品销售量、销售额，商品的花色、品种、规格等都可以进行预测，能比较实际地反映当地需求。

销售人员意见汇集法的缺点主要有以下两点。

(1) 主观性强，随机波动大。销售人员受知识、能力或兴趣影响，其判断总会有某种偏差，有时受情绪的影响，也可能估计过于乐观或过于悲观。

(2) 需求预测数据偏低。有些销售人员为了能超额完成下一年度的销售配额指标，获得奖励或升迁机会，可能会故意压低预测数字。

3. 销售人员意见汇集法的应用举例

使用销售人员意见汇集法时，由于个人判断的局限性，有的估计乐观一些，预测值较大；有的估计悲观一点，预测值较小。为克服这一缺陷，可以让每个销售人员对需求的最高值、最可能值及最低值分别进行预测，并给出出现结果的概率，然后根据不同人员的预测值求出平均需求预测值。具体统计如表 3-2 所示。

表 3-2 销售人员意见汇集法的预测统计

销售人员	预测项目	需求预测值	发生概率	需求×概率	期望值
A	最高需求量	2 500	0.2	500	2 050
	最可能需求量	2 000	0.7	1 400	
	最低需求量	1 500	0.1	150	
B	最高需求量	2 500	0.2	500	1 900
	最可能需求量	1 800	0.6	1 080	
	最低需求量	1 600	0.2	320	
C	最高需求量	2 300	0.3	690	1 690
	最可能需求量	1 600	0.5	800	
	最低需求量	1 000	0.2	200	

由此，企业平均需求预测值为(2 050+1 900+1 690)/3=1 880。

3.3 定量预测方法

定量预测方法也称统计预测法，指主要依靠历史统计数据，运用数学的概念、理论和方法，对预测对象的量的关系、量的变化进行推导和演算，定量地表示出预测对象未来的发展状态的方法。进行定量预测时，通常需要积累和掌握历史统计数据。常用的定量预测方法主要有时间序列预测法、回归预测法和神经网络预测法等。这里重点介绍时间序列预测法和回归预测法两大类。

3.3.1 时间序列预测法

时间序列是由按一定的时间间隔和事件发生的先后顺序排列起来的数据构成的序列。通过时间序列分析事物过去的变化规律，并推断事物的未来发展趋势，这就是时间序列预测法。基于时间序列的预测方法总是假设通过过去的数值可估计它们未来的数值，主要包括移动平均法、指数平滑法、灰色模型预测法、马尔可夫时序预测法等。本小节重点介绍移动平均法、指数平滑法和季节指数法。

1. 移动平均法

移动平均法是取最近时期库存量的平均值进行库存需求预测的方法。"平均值"是指算术平均值，"移动"是指参与平均的实际值随预测期的推进而不断更新。移动平均法的优点是便于计算且易于理解，但其缺陷在于赋予各期数值以相同的权重，因而只是在需求较稳定且对变化反应迟钝时才有效。所以使用移动平均法必须更新大量的历史数据以使预测更加准确。

移动平均法可分为简单移动平均法和加权移动平均法两种。简单移动平均法中以一次移动平均法最为典型，适用于资料数据呈水平趋势变动的短期预测，下面将重点介绍。加权移动平均法不像简单移动平均法那样在计算平均值时对移动期内的数据同等看待，而是根据越是近期数据对预测值影响越大这一特点，区别对待移动期内的各个数据。对近期数据赋予较大的权数，对较远的数据赋予较小的权数，以弥补简单移动平均法的不足。

(1) 一次移动平均法。一次移动平均预测是对原时间序列按一定的时间跨度逐项移动，形成一个新的时间序列，以消除短期的、偶然的因素引起的变动，显现出长期趋势。其过程可表述为：首先，计算观察期的移动平均值；其次，以上年的移动平均值为基准，计算各年移动平均值的趋势变动值；最后，将最后一年的移动平均值加上趋势增长值求出预测期的预测值。因此，移动平均法从数列中所取数据点数一直不变，只是包括最新的观察值。

① 一次移动平均法预测的原理。

设 X_t 为时间序列中时间点 t 的观测值，则在第 t 时点的移动平均值为 $S_t^{(1)}$，其一次移动平均预测模型为

$$Y_{t+1} = \frac{X_t + X_{t-1} + \cdots + X_{t-n+1}}{n} = S_t^{(1)} \tag{3.1}$$

$$Y_{t+1} = \frac{\sum_{k=0}^{n-1} X_{t-k}}{n} = \frac{\sum_{k=0}^{n-1} X_{t-k} + X_{t-n} - X_{t-n}}{n} = \frac{\sum_{k=1}^{n} X_{t-k}}{n} + \frac{X_t - X_{t-n}}{n} = Y_t + \frac{X_t - X_{t-n}}{n} \quad (3.2)$$

式中，X_t——最新观察值；X_{t-n}——最早观察值；Y_{t+1}——下一期的预测值；$S_t^{(1)}$——第 t 期的一次移动平均值；n——移动平均的项数。

在式(3.2)中，第 $t+1$ 期的预测值 Y_{t+1} 是在第 t 期预测值 Y_t 的基础上加上一个修正项 $(X_t-X_{t-n})/n$，修正项的作用和 n 的大小有关。对于同样大小的变化量 X_t-X_{t-n}，n 越大，则 $|(X_t-X_{t-n})/n|$越小，修正作用越小，对数据的平滑能力越强。反之，若 n 越小，则修正作用越大，但平滑能力减小。因此，对 n 的选择不同，其预测的结果是不同的。一次移动平均预测法认为各期数据对将要发生的数据的影响是同等的。每次只能预测最近一期的数值，逐期移动，逐期预测。而且 n 值的选取有很大的随意性，预测精度较差，适合数据变化不大的近期预测。

在实际应用中，移动平均时段 n 的选择十分关键，它取决于预测目标和实际数据的变化规律。因此，不妨多取几个 n 值，对取不同的 n 值得出的预测结果分别同实际值相比较，计算其预测误差，最后选用预测误差最小的 n 值。从式(3.1)中可以看到，第 t 期的移动平均数只能作为 $t+1$ 期的预测值，如果要预测数期以后的值，这种方法就无能为力了。但是在实际预测中，当企业要逐月预测下个月的成百上千种产品的进货或销售情况时，这种方法还是很适用的。

一次移动平均法有两个优点：一是计算量少；二是能较好地反映时间序列的趋势及其变化。因此，尽管一次移动平均法预测精度较低，但是目前在各种物流需求的预测中仍有较广泛的应用。

② 一次移动平均法应用举例。

【例 3.2】 某产品逐月需求量如表 3-3 所示，试用一次移动平均法预测该产品下个月的需求量。分别取 $n=3$ 和 $n=5$ 计算，并进行比较。

应用式(3.1)计算各时期的平均值，求出各预测值的绝对误差值和平均绝对误差值，如表 3-3 所示。

表 3-3 一次移动平均法预测计算结果

实际值(X_t)	预测值(Y_t)		绝对误差值$|X_t-Y_t|$	
	$n=3$	$n=5$	$n=3$	$n=5$
342	—	—	—	—
340	—	—	—	—
343	—	—	—	—
345	341.67	—	3.33	—
346	342.67	—	3.33	—
348	344.67	343.2	3.33	4.8
348	346.33	344.4	1.67	3.6
350	347.33	346	2.67	4
348	348.67	347.4	0.67	0.6
350	348.67	348	1.33	2

续表

实际值(X_t)	预测值(Y_t)		绝对误差值 $\|X_t-Y_t\|$	
	$n=3$	$n=5$	$n=3$	$n=5$
	349.33	348.8	—	—
合计			16.33	15
平均绝对误差			2.33	3

由表 3-3 的计算结果可知，n 值不同，各期的预测值不同，预测误差也不同。当 $n=3$ 时，预测误差较小，因此，应选 $n=3$ 时的移动平均值作为预测值，即下一期的销售量预测值为 349.33。

从例 3.2 的计算结果可以看出，一次移动平均预测对时间序列有修匀平滑的作用，但是它只能预测下一期的数值，对于远期数值的预测则无能为力，因此预测能力不强。另外，一次移动平均预测的结果存在滞后偏差，特别是在时间序列数据呈现线性趋势时，移动平均值总是落后于观察值数据的变化。

(2) 加权移动平均法。该方法与一次移动平均法类似，不同的是在移动平均数的基础上，对统计数按重要程度赋予不同的权数。一次移动平均法认为各个时期的历史数据对将要发生的数据的影响是等同的，而实际上，这种影响往往是不同的。

加权移动平均法就是对各个时期的历史数据以不同的权值来反映对将要发生的数据所起的作用。一般来说，距预测期较近的数据，对预测值的影响较大，因而其权值也较大；距预测期较远的数据，对预测值的影响较小，因而其权值也较小。其预测模型为

$$Y_{t+1}= \alpha_t X_t+\alpha_{t-1} X_{t-1}+\cdots+\alpha_{t-n+1} X_{t-n+1}=\sum_{i=t-n+1}^{t}\alpha_i X_i \qquad (3.3)$$

【例 3.3】用加权移动平均法进行预测。取 $n=3$，α_t、α_{t-1}、α_{t-2} 分别取 1/2、1/3、1/6 和 5/7、1/7、1/7。

分别对权值为 1/2、1/3、1/6 和权值为 5/7、1/7、1/7 的两组取值，应用式(3.3)计算各时期的加权平均值，求出各预测值的绝对误差值和平均绝对误差值，如表 3-4 所示。

表 3-4 加权移动平均法预测计算结果

实际值(X_t)	预测值(Y_t)		绝对误差值 $\|X_t-Y_t\|$	
	权值为 1/2,1/3,1/6	权值为 5/7,1/7,1/7	权值为 1/2,1/3,1/6	权值为 5/7,1/7,1/7
342	—	—	—	—
340	—	—	—	—
343	—	—	—	—
345	341.833	342.429	3.167	2.571
346	343.500	344.000	2.500	2.000
348	345.170	345.429	2.830	2.571
348	346.830	347.286	1.170	0.714

续表

实际值(X_t)	预测值(Y_t)		绝对误差值 $|X_t-Y_t|$	
	权值为 1/2,1/3,1/6	权值为 5/7,1/7,1/7	权值为 1/2,1/3,1/6	权值为 5/7,1/7,1/7
350	347.670	347.714	2.330	2.286
348	349.000	349.429	1.000	1.429
350	348.670	348.286	1.330	1.714
—	349.33	349.714	—	—
平均绝对误差			2.047	1.898

由表 3-4 的计算结果可知,当取 $n=3$,权值为 1/2、1/3、1/6 时,下个月的货运量预测值是 349.33;当权值为 5/7、1/7、1/7 时,下个月的货运量预测值是 349.714;比较两组预测值的平均绝对误差值,可认为当权值取 5/7、1/7、1/7 时的预测模型较好。

加权移动平均预测法同一次移动平均法一样,只能预测最近一期的数据;而且由于权值的选择有较强的随机性,使得预测的精度也较差。二次移动平均预测解决了一次移动平均预测只能预测下一期的局限性,它可以做短期的预测。但是,当需要做中长期的预测时,二次移动平均法仍然不够理想,因为当预测期限拉长时,a_t、b_t 值一直没有变化。为了克服这个不足,引进指数平滑预测法。

2. 指数平滑法

指数平滑法是对加权移动平均法和一次移动平均法的改进,会给过去的观测值不一样的权重,它赋予近期数据更大的权值。该方法操作简单,只需要本期的实际值和本期的预测值便可预测下一期的数据,当预测数据发生根本性变化时还可以进行自我调整,适用于数据量较少的短期预测。指数平滑法分为一次指数平滑法、二次指数平滑法、三次指数平滑法。其中,二次指数平滑法用于实际数据序列具有较明显的线性增长倾向的预测,三次指数平滑法用于实际数据序列具有非线性增长倾向的预测,选择原则同移动平均法。

(1) 一次指数平滑法。

① 一次指数平滑法预测原理。

当时间序列观察值的发展趋势单纯围绕某一水平作随机变动,可采用一次指数平滑法,一次指数平滑的预测模型为

$$Y_{t+1} = S_t^{(1)} \tag{3.4}$$

式中,$S_t^{(1)}$——t 期一次指数平滑预测值。$S_t^{(1)}$ 的计算公式为

$$S_t^{(1)} = \alpha X_t + (1-\alpha) S_{t-1}^{(1)} \tag{3.5}$$

式中,X_t——t 期实际观察值;α——平滑常数,即权重系数,$0 \leq \alpha \leq 1$。

从式(3.5)可以看出,新的平滑值等于权数 α 乘以 t 期观察值加上 $(1-\alpha)$ 乘以上一期的预测值,α 取值越大,说明近期观察值的作用也越大。

式(3.5)可以转化为

$$Y_{t+1} = Y_t + \alpha(X_t - Y_t) \tag{3.6}$$

在式(3.6)中,(X_t-Y_t) 表示 t 期观察值与预测值的差即预测误差。当 α 取值大时,误差也被放大,所以 α 取值要适当。

采用一次指数平滑法时,确定合适的 α 值非常关键,既能实现不同时期数据的非等权

处理，又直接影响预测的准确度。α取值的大小体现了t期的观察值与预测值之间的比例关系。α值越大，t期的实际值对新预测值的贡献就越大，如当$\alpha=1$时，t期的实际值就是$t+1$期的预测值；而α值越小，t期的实际值对新预测值的影响就越小，如当$\alpha=0$时，$t+1$期的预测值就是t期的预测值，此时并没有考虑t期的最新信息，而只考虑以往的影响。因此，如果时间序列的长期趋势比较稳定，应取较小的α值(0.05~0.2)；如果时间序列具有迅速明显的变动倾向，则应取较大的α值(0.2~0.7)，使时间序列中最近数据的作用更多地反映在预测中。

采用指数平滑预测模型时，要用到初始平滑值$S_0^{(1)}$。$S_0^{(1)}$的确定有3种方法：采用第一期观察值$S_0^{(1)}=X_1$；取1、2、3期观察值加权平均；请专家评估。如果资料数据点较多(在50个以上)，可以用实际值X来代替。如果数据点较少，则初始值的影响不能忽略，此时可以采用前几个数据的平均值作为初始值。

② 一次指数平滑法应用举例。

【例3.4】用一次指数平滑法预测表3-5所示的第10期的某产品的销售量，分别取$\alpha=0.3$和$\alpha=0.7$进行计算。

取初值为前3期的平均值，应用式(3.5)对$\alpha=0.3$和$\alpha=0.7$计算各时期的一次指数平滑预测值，求出各预测值的绝对误差值和平均绝对误差值，计算结果如表3-5所示。

表3-5 一次指数平滑法预测计算结果

时期t	实际值(X_t)	预测值(Y_t)		绝对误差值$\|X_t-Y_t\|$	
		$\alpha=0.3$	$\alpha=0.7$	$\alpha=0.3$	$\alpha=0.7$
0					
1	345	350.33	350.33	5.33	5.33
2	350	348.731	346.599	1.269	3.401
3	356	349.111 7	348.979 7	6.888 3	7.020 3
4	380	351.178 2	353.893 9	28.821 8	26.106 1
5	374	359.824 7	372.168 2	14.175 3	1.831 8
6	355	364.077 3	373.450 5	9.077 3	18.450 5
7	362	361.354 1	360.535 1	0.645 9	1.464 9
8	370	361.547 9	361.560 5	8.452 1	8.439 5
9	373	364.083 5	367.468 2	8.916 5	5.531 8
10	384	366.758 5	371.340 4	17.241 5	12.659 6
		平均绝对误差		10.081 77	9.023 55

由表3-5的计算结果可知，当取$\alpha=0.3$时，下一期的销售量预测值是366.758 5；当取$\alpha=0.7$时，下一期的销售量预测值是371.340 4。比较两组预测值的平均绝对误差值，可认为当$\alpha=0.7$时的预测效果较好。

由上面两组计算结果的平均绝对误差值可见，平滑系数α的取值对一次指数平滑法的预测误差起着重要的作用。因此，力图找到最佳的α值，以使平均绝对误差(或均方差)最小。通常a的值可通过反复试验来确定，如取a为0.1、0.3、0.5或0.9等，也可根据时间序列的数值变化来确定，即若时间序列较平稳，则 a 的取值较小，若时间序列波动较大，则 a 的取值也就越大，以使预测值能够敏感地跟踪实际值的变化。

一次指数平滑预测的结果存在滞后偏差，即当时间序列呈下降趋势时，预测值往往偏高；反之，预测值偏低。另外，一次指数平滑预测只能做下一期的预测。如图 3.5 和图 3.6 所示。

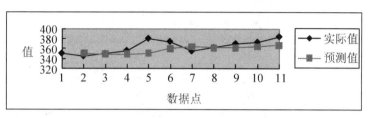

图 3.5　α=0.3 一次指数平滑预测曲线示意图

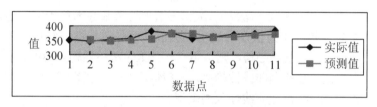

图 3.6　α=0.7 一次指数平滑预测曲线示意图

(2) 二次指数平滑法。当时间序列观察值的发展趋势包含某种线性持续增长或下降趋势时，则应采用二次指数平滑法。二次指数平滑是以相同的平滑系数 α 对一次指数平滑数列 $S_t^{(1)}$ 再进行一次指数平滑，构成时间序列的二次指数数列 $S_t^{(2)}$。

$$S_t^{(2)} = \alpha S_t^{(1)} + (1-\alpha) S_{t-1}^{(2)} \tag{3.7}$$

(3) 三次指数平滑法。当时间序列观察值的发展趋势出现较大曲率时，宜采用三次指数平滑法。它是在二次指数平滑法的基础上进行的。在二次指数平滑的基础上对时间序列进行三次指数平滑，得到 $S_t^{(3)}$ 的计算公式。

$$S_t^{(3)} = \alpha S_t^{(2)} + (1-\alpha) S_{t-1}^{(3)} \tag{3.8}$$

式(3.5)、式(3.7)、式(3.8)中，α——权重系数；$S_{t-1}^{(1)}$——第 $t-1$ 期的一次指数平滑值；$S_t^{(1)}$——第 t 期的一次指数平滑值；$S_t^{(2)}$——第 t 期的二次指数平滑值；$S_t^{(3)}$——第 t 期的三次指数平滑值。

二次和三次指数平滑预测是一种十分有效的预测模型，所需的数据量小、精度高，适合做近短期预测。值得注意的是，在用指数平滑进行预测计算时，各次指数平滑值中的平滑系数 α 的取值要保持一致。

【例 3.5】某厂产品的销售量如表 3-6 所示，试计算该厂销售量的一次、二次、三次指数平滑值，取 α=0.3。

利用式(3.5)、式(3.7)、式(3.8)计算一次、二次、三次指数平滑值，取初始值 $S_0^{(1)}$ 为第一期的销售量，即 2.3，计算结果如表 3-6 所示。

表 3-6　指数平滑法预测计算结果

年份	t	销售量/千台	$S_t^{(1)}$	$S_t^{(2)}$	$S_t^{(3)}$
—	0	—	2.3	2.3	2.3
2001	1	2.3	2.3	2.3	2.3
2002	2	3.4	3.07	2.53	2.37
2003	3	5.1	3.68	2.88	2.52
2004	4	7.2	4.74	3.44	2.80
2005	5	9.0	6.02	4.21	3.22
2006	6	10.6	7.39	5.17	3.80
2007	7	12.0	8.77	6.25	4.54
2008	8	14.3	10.43	7.50	5.43

由表 3-6 的计算结果可知，一次、二次和三次平滑值都会滞后于实际值，在物流需求预测中，一般不直接将指数平滑值作为需求预测值，而是对其进行修正。观察实际数值的分布，若呈线性趋势，则可用二次指数平滑线性预测模型进行预测；若实际观察值的分布呈非线性趋势，一般情况下二次指数平滑法不适用，要用三次指数平滑法，即非线性预测模型。

(4) 指数平滑预测模型。

一次指数平滑的预测模型为

$$Y_{t+T} = S_t^{(1)} \tag{3.9}$$

二次指数平滑的预测模型为

$$Y_{t+T} = a_t + b_t T \tag{3.10}$$

三次指数平滑的预测模型为

$$Y_{t+T} = a_t + b_t T + c_t T^2 \tag{3.11}$$

式中，Y_{t+T}——第 $t+T$ 期的预测值；a_t、b_t、c_t——平滑系数。

模型中参数 a_t、b_t、c_t 可按下述关系得到。

① 二次指数平滑中，a_t、b_t 可按 $a_t = 2S_t^{(1)} - S_t^{(2)}$、$b_t = \dfrac{\alpha}{1-\alpha}(S_t^{(1)} - S_t^{(2)})$ 进行计算。

② 三次指数平滑中，
$$\begin{cases} a_t = 3S_t^{(1)} - 3S_t^{(2)} + S_t^{(3)} \\ b_t = \dfrac{\alpha}{1-\alpha}[(6-5\alpha)S_t^{(1)} - 2(5-4\alpha)S_t^{(2)} + (4-3\alpha)S_t^{(3)}] \\ c_t = \dfrac{\alpha^2}{2(1-\alpha)^2}[S_t^{(1)} - 2S_t^{(2)} + S_t^{(3)}] \end{cases}$$

3. 季节指数法

季节指数法是根据时间序列中的数据资料所呈现的季节变动规律，对预测目标的未来状况做出预测的方法。季节变动是指由于自然条件、生产条件和生活习惯等因素的影响，一些商品(如电风扇、冷饮、四季服装等)随着季节的转变而呈现的周期性变动。这种

【拓展视频】

【拓展视频】
【拓展视频】

变动的循环周期一般为 12 个月，且表现为逐年同月(季)有相同的变化方向和大致相同的变化幅度。

运用季节指数法进行预测，首先，要利用统计方法计算出预测目标的季节指数，以测定季节变动的规律性；其次，在已知季节的平均值的条件下，预测未来某个月(季)的预测值。

(1) 简单季节指数法的预测过程。

① 收集历年(通常至少有 3 年)各月或各季的统计资料(观察值)。
② 求出各年同月或同季观察值的平均数(用 A 表示)。
③ 求出历年所有月份或季度的平均值(用 B 表示)。
④ 计算各月或各季度的季节指数，即 $C=A/B$，C 就是季节指数。
⑤ 根据未来年度的全年趋势预测值，求出各月或各季度的平均趋势预测值，然后乘以相应季节指数，即得出未来年度内各月和各季度包含季节变动的预测值。

$$Y_t = (a+bT)C_i \tag{3.12}$$

式中，Y_t——第 t 季度的销售量；a，b——待定系数；T——预测季度数；C_i——第 i 季度的季节指数($i=1, 2, 3, 4$)。

(2) 简单季节指数法应用举例。

【例 3.6】某公司从 2016 年到 2021 年，每一年各季度的纺织品销售量如表 3-7 所示。试用简单季节指数法预测 2022 年各季度纺织品的销售量。

表 3-7 2016—2021 年各季度纺织品销售量 单位：件

年度	年销售量	第一季度	第二季度	第三季度	第四季度
2016	600	180	150	120	150
2017	660	210	160	130	160
2018	700	230	170	130	170
2019	750	250	180	140	180
2020	850	300	200	150	200
2021	1 000	400	220	160	220

① 求 6 年中各季度的平均销售量(A_i)。

$A_1 = 1\,570/6 \approx 262$(件)，同理，$A_2 = 180$(件)，$A_3 \approx 138$(件)，$A_4 = 180$(件)。

② 求 6 年所有季度的平均销售量(B)。

$$B = 4\,560/(4 \times 6) = 190 \text{(件)}$$

③ 求各季度销售指数($C_i = A_i/B$)。

$C_1 = 262/190 \approx 1.38$，同理，$C_2 \approx 0.95$，$C_3 \approx 0.73$，$C_4 \approx 0.95$。

④ 修正 2022 年各季度预测值。

首先，建立时间序列方程式($Y = a+bT$)：

由 $a = \sum y_t/n = 4\,560/24 = 190$，$b = \sum y_t \times T / \sum T^2 = 8\,760/4\,600 \approx 1.9$，得

$$Y = 190 + 1.9T$$

然后，修正 2022 年各季度预测值。

第一季度预测值 $=(190+1.9\times 25)\times 1.38 \approx 328$(件)

第二季度预测值=(190+1.9×27)×0.95≈229(件)
第三季度预测值=(190+1.9×29)×0.73≈179(件)
第四季度预测值=(190+1.9×31)×0.95≈236(件)

3.3.2 回归预测法

回归预测法是在分析市场现象自变量和因变量之间相关关系的基础上建立的变量之间的回归方程，并将回归方程作为预测模型，根据自变量在预测期的数量变化来预测因变量的预测方法。回归预测法是一种重要的市场预测方法，在对企业库存未来的发展状况和水平进行预测时，如果能将影响库存需求的主要因素找到并且能够取得其数量资料，建立定量关系，就可以采用回归预测法进行预测。具体预测步骤如下。

(1) 根据预测目标，确定自变量和因变量。明确预测的具体目标，也就确定了因变量。例如，预测具体目标是下一年度的销售量，那么销售量 Y 就是因变量。通过市场调查和查阅资料，寻找与预测目标的相关影响因素，即自变量，并从中选出主要的影响因素。

(2) 建立回归预测模型。依据自变量和因变量的历史统计数据进行计算，在此基础上建立回归分析方程，即回归预测模型。

(3) 进行相关分析。回归分析是对具有因果关系的影响因素(自变量)和预测对象(因变量)所进行的数理统计分析处理。只有当自变量与因变量确实存在某种关系时，建立的回归方程才有意义。因此，作为自变量的因素与作为因变量的预测对象是否相关，相关程度如何，以及判断这种相关程度的把握性多大，就成为进行回归分析必须解决的问题。进行相关分析，一般要确定相关程度，通常以相关系数的大小来判断自变量和因变量的相关程度。

(4) 检验回归预测模型，计算预测误差。回归预测模型是否可用于实际预测，取决于对回归预测模型的检验和对预测误差的计算。回归方程只有通过各种检验，且预测误差较小，才能将回归方程作为预测模型进行预测。

(5) 计算并确定预测值。利用回归预测模型计算预测值，并对预测值进行综合分析，确定最后的预测值。

1. 一元线性回归模型

一元线性回归模型说明库存需求因变量与某一自变量之间存在某种线性关系，即

$$Y = a + bX \tag{3.13}$$

式中，Y ——库存需求量；X ——影响因素；a、b ——回归方程中的待定系数。

$$b = \frac{\sum_{i=1}^{n} x_i y_i - n\bar{x}\bar{y}}{\sum_{i=1}^{n} x_i^2 - n\bar{x}^2} \tag{3.14}$$

$$a = \bar{y} - b\bar{x} \tag{3.15}$$

式中，$\bar{x} = \frac{1}{n}\sum_{i=1}^{n} x_i$；$\bar{y} = \frac{1}{n}\sum_{i=1}^{n} y_i$。

采用该模型时，预测人员首先应收集并整理有关因变量 Y 和自变量 X 的相关数据资料，建立一元线性回归模型并解出该方程，从而对库存需求进行预测。整个预测过程均可

通过计算机软件轻松完成。但在建立回归方程时,应对其准确性进行仔细考察,其中系数 a、b 可采用最小二乘法进行估计。将收集的历史数据代入方程还可解得相关系数 r,其取值为 $-1.00\sim 1.00$,r 值为负说明 Y 和 X 之间呈负相关关系,r 值为正说明 Y 和 X 之间呈正相关关系,同时 r 的绝对值越大说明变量之间的相关程度越高。

在进行实际的库存需求预测时,Y 和 X 之间是否呈线性关系,除了需要预测人员根据专业知识和实践经验来判断,还应根据实际观察得到的数据运用假设检验的方法来判断。也就是说,求得的线性回归方程是否具有实用价值,一般还需要经过假设检验才能确定。

【例 3.7】为了预测薄钢板的年需求量,有关物资企业研究并收集了国外汽车制造业发达国家连续 5 年间的汽车产量与薄钢板消耗量的数据,如表 3-8 所示。假设可以预见第 6 年汽车产量将达到 20.06 万辆,试用一元线性回归模型预测第 6 年薄钢板消耗量。

表 3-8 汽车产量与薄钢板消耗量的数据

年　份	汽车销售量 X/万辆	薄钢板消耗量 Y/万吨
第 1 年	13.98	19 180
第 2 年	13.52	19 937
第 3 年	12.54	21 719
第 4 年	14.91	30 262
第 5 年	18.60	30 399

根据表 3-8,通过绘制散点图可以看出汽车产量 X 与薄钢板消耗量 Y 之间的关系能够近似地用一条直线表示,因此可知在国外汽车制造业发达国家中汽车的产量与薄钢板的消耗量存在线性关系。如果能求出这条直线的方程,那么就可以参照这一方程来预测薄钢板的年需求量。

设变量 X 与变量 Y 之间有线性相关关系,其相关方程为 $Y = a + bX$,由式(3.14)和式 (3.15),可得出 $b = \dfrac{\sum\limits_{i=1}^{n} x_i y_i - n\bar{x}\bar{y}}{\sum\limits_{i=1}^{n} x_i^2 - n\bar{x}^2} \approx 1\,807.047\,6$,$a = \bar{y} - b\bar{x} \approx -2\,282.270\,8$。

即有 $Y = -2\,282.270\,8 + 1\,807.047\,6 X$,将 $X = 20.06$ 代入可得第 6 年薄钢板的消耗量约为 33 967 吨。

2. 多元线性回归模型

在进行库存需求预测时,通常库存需求量 Y 不仅与单个因素相关,还存在多个因素变量同时影响库存需求的情况。因此需要用多元回归分析法进行相关预测。多元线性回归分析法是一元线性回归理论和技术在多变量线性关系系统中的重要延伸,也是最常使用的回归预测法。

多元回归分析预测法是指通过对两个或两个以上的自变量与一个因变量的相关分析,建立预测模型进行预测的方法。当多个自变量与因变量之间存在线性关系时,称为多元线性回归分析。与一元线性回归预测类似,也应首先对因变量 Y 和 n 组自变量的统计数据进行分析,即$(X_1, X_2, \cdots, X_i\ \ i = 1, 2, \cdots, n)$,明确因变量 Y 和自变量 X 的相关关系,再建立多元线性回归方程并解方程,从而对库存需求量 Y 做出预测。因此,建立准确的回归方程是多元线性回归预测的关键。其回归预测模型可表示如下

$$Y = b_0 + b_1 X_1 + b_2 X_2 + \cdots + b_n X_n \tag{3.16}$$

式中,待定系数 $b_0, b_1, \cdots, b_n$ 均可通过最小二乘法或者利用计算机软件求得。多元线性回归模型与一元线性回归模型一样,在计算出回归模型之后,要对模型进行各种检验。多元线性回归模型的检验方法有判定系数检验(R 检验)、回归系数显著性检验(T 检验)和回归方程显著性检验(F 检验)。

3. 非线性回归模型

当因变量和自变量之间并不存在线性相关关系时,可采用非线性回归预测模型进行预测。非线性回归预测也需建立回归方程,最常用的就是幂函数形式的方程。

$$Y = a X_1^{e_1} X_2^{e_2} \cdots X_n^{e_n} \tag{3.17}$$

式中,$X_1, X_2, \cdots, X_n$ 是影响库存需求的若干因素变量,$a, e_1, e_2, \cdots, e_n$ 为待估系数。解该方程时可对方程的两端取对数,即可将方程转换为线性方程。

$$\lg Y = \lg a + e_1 \lg X_1 + e_2 \lg X_2 + \cdots + e_n \lg X_n \tag{3.18}$$

再依据线性回归预测模型的计算方法模拟出该函数的具体形式,从而进行库存需求预测。

本 章 小 结

通过预测和需求的分类等基本概念的导入,依次介绍了德尔菲法、销售人员意见汇集法的实施过程和应用实例,接着介绍了移动平均法、指数平滑法、季节指数法和回归预测模型的具体操作过程,并列举了相应的实例。

供应链库存需求预测方法可分为定性预测方法和定量预测方法两大类。定性预测方法应用范围广,但是具有较强的主观性。定量预测方法适合科学的管理,但大多数都有一定的局限性。因此需结合具体情况综合使用以上这些预测方法,以减小误差。

| 预测 | 趋势性需求 | 季节性需求 | 德尔菲法 |
| 时间序列 | 指数平滑法 | 季节指数法 | 回归模型 |

习 题

1. 选择题

(1) _____ 的时间跨度通常为 3 个月到 2 年,有时也被称为季节预测。
    A. 短期预测　　B. 中期预测　　C. 长期预测　　D. 跨期预测

(2) 空调、冷饮和四季服装等需求属于_____需求。
   A. 稳定性　　　B. 季节性　　　C. S形　　　D. 上升形
(3) _____常用于预测一般商业趋势，或长时期内对某类产品或服务的潜在需求，主要为高层管理者使用。
   A. 定性预测　　B. 定量预测　　C. 组合预测　　D. 季节预测
(4) _____不属于定性预测方法。
   A. 市场调查法　　　　　　B. 各部门主管集体讨论法
   C. 历史类比法　　　　　　D. 简单季节指数法
(5) _____不属于德尔菲法的特点。
   A. 匿名性　　　B. 反馈性　　　C. 趋同性　　　D. 反复性
(6) 除了_____，其他各项都属于时间序列预测法。
   A. 简单季节指数法　　　　B. 历史类比法
   C. 马尔可夫时序预测法　　D. 灰色模型预测法
(7) _____预测法是指通过对两个或两个以上的自变量与一个因变量的相关分析，建立预测模型进行预测的方法。
   A. 一元回归分析　B. 时间序列分析　C. 指数平滑　　D. 多元回归分析
(8) 多元线性回归模型的检验方法不包括_____。
   A. R检验　　　B. χ^2检验　　　C. T检验　　　D. F检验

2. 简答题

(1) 简述需求的分类。
(2) 简述库存需求预测的流程。
(3) 简述定性预测和定量预测的概念及特点。
(4) 简述德尔菲法的预测过程。
(5) 什么是时间序列预测法？常用的时间序列预测法有哪些？
(6) 在指数平滑预测法中，如何选择 α 值？

3. 判断题

(1) 稳定性需求是指在一定时间内需求为固定值。（　　）
(2) 综合预测通常是指定性方法和定量方法的组合运用，或者两种以上定量预测方法的综合运用。（　　）
(3) 与多周期库存相比，单周期库存更为普遍。（　　）
(4) 需求数量的预测是库存需求分析的关键，可以用精确的数字来表达，也可以表达为一个范围或频率。（　　）
(5) 移动平均法是取最近时期库存量的平均值进行库存需求预测的方法。（　　）
(6) 当时间序列观察值的发展趋势包含某种线性持续增长或下降趋势时，则应采用一次指数平滑预测模型。（　　）
(7) 回归分析是对具有因果关系的影响因素(自变量)和预测对象(因变量)所进行的数理统计分析处理。（　　）
(8) 时间序列预测法只适合于进行长期趋势预测。（　　）

4. 计算题

(1) 某物资企业统计了某年度 1—11 月的钢材实际销售量，统计结果如表 3-9 所示，分别用一次平均法和二次平均法预测其 12 月的钢材销售量。

表 3-9 某年度 1—11 月的钢材实际销售量

月 份	实际销售量/吨	月 份	实际销售量/吨
1	22 400	7	25 700
2	21 900	8	23 400
3	22 600	9	23 800
4	21 400	10	25 200
5	23 100	11	25 400
6	23 100	12	24 800

(2) 某公司 3 个销售员对明年的销售量做如表 3-10 所示的估计。

表 3-10 销售人员意见统计表

销售人员	预测项目	需求预测值	发生概率	需求×概率	期望值
A	最高需求量	1 000	0.3	300	730
A	最可能需求量	700	0.5	350	730
A	最低需求量	400	0.2	80	730
B	最高需求量	1 200	0.2	240	900
B	最可能需求量	900	0.6	540	900
B	最低需求量	600	0.2	120	900
C	最高需求量	900	0.2	180	570
C	最可能需求量	600	0.5	300	570
C	最低需求量	300	0.3	90	570

另外，公司还有两位销售经理，根据自己的经验、观察、判断，已分别指出预测值，经理甲为 1 000 单位，经理乙为 800 单位。因经理是部门负责人，意见的权威性与销售人员相比，采取 2∶1 加权。试求出明年销售的预期值。

(3) 表 3-11 所示为某零售商的彩电销售量情况，根据一次指数平滑模型预测销售量并将表 3-11 填写完整。已知 Y_1=20，α =0.2。

表 3-11 彩电销售预测表

时间/t	时间序列值	一次指数平滑预测值
1	20	20
2	19	
3	22	

续表

时间/t	时间序列值	一次指数平滑预测值
4	21	
5	24	
6	25	

5. 思考题

(1) 举例说明定性预测法与定量预测法分别适用于哪些场合。

(2) 企业在进行库存管理的需求预测时应考虑哪些因素？

(3) 预测人员在选择库存需求预测方法时应遵循哪些原则？

案例分析

登康公司供应链管理优化之路

重庆登康口腔护理用品股份有限公司(以下简称登康公司)于2001年12月通过股份制改造正式注册成立。该公司以其前身重庆牙膏厂(成立于1956年)作为主发起人，联合重庆百货大楼股份有限公司、重庆机电控股(集团)公司、重庆化医控股(集团)公司、重庆商社新世纪百货公司等发起人，共同设立登康公司。作为一家拥有80余年历史的民族企业，登康公司一直致力于守护国人口腔健康和弘扬中国传统文化，始终坚持"咬定口腔不放松，主业扎在口腔中"的聚焦定位发展，主要产品有"冷酸灵"牙膏、牙刷、漱口水、"登康"电动牙刷等，年销售收入超过10亿元。在抗牙齿敏感领域拥有近60%的市场份额，深受广大消费者的青睐。

登康公司是典型的消费品行业公司，消费品市场的集中度高，产品的零售商多且散；市场的需求变化可预见性低，需求变化快；行业渠道种类繁多，各种业态并存；产品客户的忠诚度较低，易受价格导向。这些消费品市场的特点，要求消费品供应链能够快速响应终端客户的需求，这就意味着生产商需要及时掌握消费者需求变化信息，迅速满足消费者需求。快速消费品供应链主要涵盖供应环节、生产环节、储存环节、销售环节等，这涉及供应链合作的全过程，需要公司各相关业务部门的协调统一，供应链各节点企业的协同运作，才能使得供应链的整体最优化。而供应链管理中的核心部分是库存管理，它直接影响着企业的竞争力。

1. 登康公司供应链管理存在的问题

(1) 高库存和高断货并存

最近几年，尤其是2017年后，由于消费者的需求向个性化、差异化变化，登康公司也积极响应市场的变化，将以前单一的品种和规格发展到上百个。由于消费品行业存在的普遍问题是月末、季末发货比较集中，导致在每个月末或者季末时，订单量增多，各地分仓库存难以满足市场需求，由于当月(季)热销品种的不确定性，各个区域会出现不同程度的断货和产品滞销现象，一方面客户需要的产品仓库没有或者备货不足；另一方面客户不需要的产品在仓库里面积压成为超期库存。

(2) 内部供应链运行不畅

经过分析，登康公司发现外部市场投诉的问题主要有以下几个方面：一是产品断货严重；二是客户投诉产品违背先进先出原则；三是各地分仓爆仓，导致新调拨的货无法进入仓库，断货问题仿佛陷入了死循环。同时，内部管理问题也比较多，如：采购的生产原料经常没有按时到达，导致原本排产的产品不得不停下来等待原料；生产部门由于本月排产品种超出以往，导致转产时间大大增加，每日产量受到极大的影响，等等，这对本来就越发凸显的断货问题无疑是雪上加霜。

2. 问题的症结所在

登康公司的管理层认识到，要从根本上解决目前存在的问题，需要认清公司在供应链管理，尤其是库存管理方面存在的 6 个问题。

(1) 管理信息系统的落后，导致信息传递不够高效，降低了供应链的运转效率。

(2) 供应链团队计划制订能力不足，需求计划预测几乎空白。生产计划完全依靠销售部门的填报，准确率低，可参考性不强。

(3) 供应链管理相关流程不够完善，导致部门之间衔接脱节，尤其是市场部、研发部、采购部等部门之间相互脱节。

(4) 库存量设置的不合理，设定方法简单，缺乏精细化的思考。

(5) 采购部门材料库存设定存在一定的问题，对不确定性因素对库存的影响预估不足。

(6) 生产的柔性不高，导致了生产批次的加大，以至于库存不断攀升。

3. 问题解决方案

针对组织和系统存在的问题，结合公司目前的情况，登康公司采取了以下措施作为解决方案。

(1) 在信息系统建设方面，登康公司 ERP 信息化系统在 2017 年 10 月上线，将营销管理系统、客户关系管理系统以及公司其他管理系统整体联通，打造一体化的信息系统，结束了以往公司存在的"信息孤岛"，让各个环节的信息在公司统一的信息平台上共享。

(2) 针对供应链部门需求计划预测能力不足的问题，在公司计划组织层面，完善计划组织结构，新设立公司产品的需求计划预测新岗位，通过新岗位的设立，以数据分析为依据进行产品需求计划预测，辅助销售的临时活动调整修正，替代公司以往的月度需求计划制订方式。

(3) 供应链部门梳理了相关的管理流程，包括市场部新品的上市流程、老品退出流程、研发的试生产流程、采购部门的物料准备流程等。系统和组织流程的梳理和改进，是解决供应链问题的基础。

登康公司供应链团队从 2017 年开始，通过对供应链管理尤其是库存管理等方面存在的问题进行全面分析，找到了问题的主要原因，制订了切实可行的行动方案，在系统和组织层面做了基础性的设计和改变，在执行环节，做了相关的细节完善，最后经过了一年多的实践，逐步实现了供应链调整的目标，整体供应的状况得到了改善，库存管理得到很大程度的优化。此外，登康公司还以大数据智能化为引领，启动实施了"智慧登康"项目，建设了 40 多项智能制造项目，加大力度推进数字化、智能化转型升级，着力打造数字化生态平台，更好地服务了消费者。

讨论题

(1) 讨论登康公司为什么会出现库存过高与市场的缺货风险交替出现的现象。

(2) 供应链的主要环节包括需求预测、库存和供应链执行等，登康公司是如何统一优化提高实现供应链的高效运作的？

资料来源：中国管理案例共享中心案例库，http://www.cmcc-dlut.cn/[2022-9-15]。

第4章　供应链安全库存管理

【本章教学要点】

知识要点	掌握程度	相关知识	应用方向
供应链安全库存	熟悉	安全库存的背景、概念和影响因素	掌握安全库存和服务水平的概念，能正确利用两者的关系解决实际安全库存管理问题
服务水平	了解	服务水平的定义；服务水平的3种度量方法；供应链安全库存与服务水平的关系	
供应链库存订货点的确定	掌握	供应链库存订货点的计算	掌握安全库存水平的确定方法，能合理使用这些方法确定企业安全库存量
安全库存水平的确定	掌握	根据需求和提前期确定和随机的4种不同情况，计算安全库存水平	
需求不确定性的安全库存	掌握	标准的安全库存计算方法；基于时间的MAD统计方法计算安全库存	掌握季节性需求显著产品的安全库存计算方法，并能正确运用到库存管理中
提前期不确定性的安全库存	掌握	提前期变化对安全库存的影响；提前期均值和方差同时变化时的安全库存	掌握提前期变化时安全库存的计算方法，通过对提前期的变化有效控制安全库存
供应链安全库存与聚集效应	了解	聚集效应、信息集中化和专业化分工对供应链安全库存的影响	掌握聚集效应、信息集中化和专业化分工对安全库存的影响，能在供应链库存管理中正确运用这些管理杠杆

A公司的安全库存管理

A公司是一家专门经营进口医疗用品的公司，2021年该公司经营的产品有26个品种，共有69个客户购买其产品，年营业额为5 800万元人民币。对于A公司这样的贸易公司而言，因为进口产品交货期较长，库存占用资金大，所以，库存管理显得尤为重要。

A公司按销售额的大小，将其经营的26种产品排序，划分为A、B、C三类。排序在前3位的产品销售额占总销售额的97%，因此把它们归为A类产品；第4~7种产品每种产品的销售额占总销售额的0.1%~0.5%，把它们归为B类；其余的19种产品(共占总销售额的1%)归为C类。

对于A类的3种产品，A公司实行了连续性检查策略，每天检查库存情况，随时掌握准确的库存信息，进行严格的控制，在满足客户需要的前提下维持尽可能低的经常量和安全库存量，通过与国外供应商协商，并且对运输时间进行认真的分析，计算出该类产品的订货前置期为2个月(也就是从下订单到货物从A公司的仓库发运出去，需要2个月的时间)。即如果预测在6月销售的产品，应该在4月1日下订单给供货商，才能保证在6月1日可以出库，其订单的流程如表4-1所示。

表4-1 订单的流程

4月1日	4月22日	5月2日	5月20日	5月30日	6月30日
下订单给供应商(按6月预测的销售数量)	货物离开供应商仓库，开具发票	船离开美国港口	船到达上海港口	货物进入A公司的仓库，发货给客户	全部货物销售完毕

由于A公司的产品每月的销售量不稳定，因此，每次订货的数量不同，要按照实际的预测数量进行订货。为了预防预测的不准确和工厂交货的不准时，还要保持一定的安全库存，安全库存是下个月预测销售数量的1/3。该公司对该类产品实行连续检查的库存管理，即每天对库存进行检查，一旦手中实际的存货数量加上在途的产品数量等于下两个月的销售预测数量加上安全库存时，就下订单订货，订货数量为第3个月的预测数量。因其实际的销售量可能大于或小于预测值，所以，每次订货的间隔时间也不相同。这样进行管理后，这3种A类产品库存的状况基本达到预期的效果。由此可见，对于货值高的A类产品应采用连续检查的库存管理方法。

对于B类产品的库存管理，A公司采用周期性检查策略。每月检查库存并订货一次，目标是每月检查时应有以后两个月的销售数量在库里(其中一个月的用量视为安全库存)，另外在途中还有一个月的预测量。每月订货时，再根据当时剩余的实际库存数量决定需订货的数量。这样就会使B类产品的库存周转率低于A类。

对于C类产品，A公司采用了定量订货的方式。根据历史销售数据，得到产品的半年销售量为该产品的最高库存量，并将其两个月的销售量作为最低库存。一旦库存达到最低库存时就订货，将其补充到最高库存量，这种方法比前两种更省时间，但库存周转率更低。

A公司实行了产品库存的ABC管理以后，虽然A类产品占用了最多的时间和精力进行管理，但得到了满意的库存周转率。而B类和C类产品，虽然库存的周转率较慢，但相对于其很低的资金占用和很少的人力支出来说，这种管理也是个好方法。

接着，A 公司又对其客户按照购买量进行了分类。发现在 69 位客户中，前 5 位客户的购买量约占全部购买量的 75%，将这 5 位客户定为 A 类客户；到第 25 位客户时，其购买量已达到 95%，因此，把第 6~25 位客户归为 B 类；第 26~69 位客户归为 C 类。对于 A 类客户，实行供应商管理库存，一直与这类客户保持密切的联系，随时掌握其库存状况；对于 B 类客户，基本上可以通过其历史购买记录进行需求预测，以此作为订货的依据；而 C 类客户有的是新客户，有的一年也只购买一次，因此，对于这类客户，只在每次订货数量上多加一些，或者用安全库存进行调节。这样一方面可以提高库存周转率，另一方面也提高了对客户的服务水平，尤其是 A 类客户对此非常满意。

讨论题

(1) A 公司对 A、B、C 三类产品进行库存控制的具体方法是什么？
(2) A 公司是如何实施周期性检查策略的？
(3) A 公司是如何提高库存周转率和客户的服务水平的？

企业为了提高客户服务水平，稳住现有客户，拓展潜在客户，就必须在仓库中设置合理的安全库存量，利用安全库存作为缓冲，吸收供应链中需求和供应的不确定性。安全库存可以保证企业实现一定的客户服务水平，但是过多的安全库存量同样会增加企业的成本负担。企业最优的目标是利用最低的安全库存成本保证预期客户服务水平的实现。

4.1 供应链安全库存与服务水平

4.1.1 供应链安全库存

在供应链中，每个企业都会面临每日需求量、交货时间、供应商的配合程度等较多的不确定性因素，如果协调不好这些因素，企业就很容易因为断货影响生产，进而影响交货，给企业带来损失。这种不确定性因素的来源各异，从需求或消费者一方来说，不确定性涉及消费者购买多少和什么时候进行购买。处理不确定性的一个习惯做法是预测需求，企业很难准确地预测出需求的大小。从供应来说，不确定性是满足零售商或厂商的需要，以及完成订单所需要的时间。就交付的可靠性来说，不确定性来源于运输时间的改变、运输方式的变更和运输公司的营运状况改变等。为了应对这些不确定性，防止缺货的发生，企业要备有安全库存来进行缓冲处理。安全库存在正常情况下不动用，只有在库存量过量使用或送货延迟时才能使用。

1. 安全库存的概念

企业在生产过程中会使用原材料、半成品和成品的库存，库存对于各种类型的企业来说都是不可忽视的问题。库存管理起着缓冲作用，它能在每一库存点吸收掉需求量和补给周期中的正常变化。因此库存的这种调节作用使整个系统能够相对独立有效地进行各项工作。如果库存太少，企业就必须改进协调工作和计划进度，以进行补偿。在大多数生产活动中，库存补给是有限的。当产品和成品零部件生产出来检验合格后，就可以交给仓库，不论采取何种仓库补给方式，一般生产需求量总是低于总订货量。当工厂内部生产活动具有为整个装配线提供零件的特点时，就属于这种情况。仓库经常需要适应各种变化情况。大多数企业的大多数货物某些天的需求量超过平均值，而另一些天的需求量则低于平均值。

即使产品没有变化的企业,由于多种因素的影响,也会发生实际需求和平均需求不一致的情况,实际的需求并不是严格按照平均需求变化的,而是围绕着平均需求上下波动的。

当实际的需求率比预期的需求高的时候,就会出现产品供给不足、库存短缺的现象。当然,上游交货误期也会出现库存短缺的情况。这时会导致失去销路、退货或造成停工损失,并可能失去客户。合理的库存系统在处理这类问题时,可以增加或建立预防的方法,最简单的办法是设置安全库存量。

安全库存(Safety Stock,SS)也称安全存储量,又称保险库存,是指为了防止由于不确定性因素(如大量突发性订货、交货期突然延长等)而准备的缓冲库存。安全库存用于满足提前期需求,保持安全库存是为了防止在生产或销售过程中可能产生的原材料未能及时到位或销售超过预期量而出现的停工待料或缺货脱销等意外情况的出现,如图4.1所示。

【拓展视频】

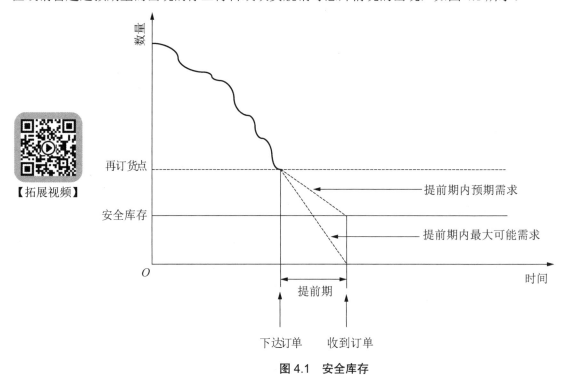

图 4.1 安全库存

安全库存用来补偿在补充供应的前置时间内实际需求量超过期望需求量或实际订货提前期超过期望订货提前期所产生的需求。中转仓库和零售业备有安全库存是为了在客户的需求率不规律或不可预测的情况下,有能力满足客户需求。工厂成品库持有安全库存是为了在零售和中转仓库的需求量超过期望值时,有能力补充它们的库存。但所有的业务都面临着不确定性,这种不确定性的来源各异。如果没有安全库存,当订货间隔期内的需求量超过其期望值时,便会产生缺货现象。

一方面,提高安全库存水平能满足客户对产品的满意度,增加来自客户的边际效益,缩短客户的响应时间;另一方面,提高安全库存水平的同时,也增加了供应链中的库存持有成本,这一点对于产品寿命周期短、需求不确定的高科技产业尤为重要,较高的安全库存可抵消需求不确定性的影响,但也会产生副作用。随着新产品的上市,对老产品的需求降低,现有库存可能成为过时产品。安全库存的作用表现为当需求量较高时,安全库存量弥补了高需求所引发的库存短缺情况，保障了产品的交货时间，维护了企业的信誉。当订货过程中由于某些原因导致货物不能如期到达，安全库存此时可以保障生产的继续进行，减少企业因原材料不能如期到达而发生的停工现象。

2. 影响安全库存水平的因素

随着生产规模的扩大和产品需求的多样化，越来越多的企业意识到通过加大库存来保障客户服务水平的做法给企业带来了沉重的成本负担，企业必须建立科学合理的安全库存量，在保证企业服务水平的同时，尽量降低企业的库存成本和资金占用。为了更准确地确定安全库存水平，首先需要了解决定安全库存水平的重要因素，并对这些重要因素对安全库存水平的影响程度进行分析和评估。影响安全库存水平的因素有以下两个。

(1) 需求和供给的不确定性。供求不确定性的增加会导致安全库存水平的增加。例如，某计算机制造商刚推出某款新计算机时，由于市场需求不确定，而保持较高的安全库存，当产品被市场接受时，需求趋于稳定，不确定性降低，安全库存就应随之降低。

(2) 客户服务水平。如果企业的目标是保证新产品对市场的满足率，就应该保持较高的库存水平；反之，可适当降低。随着产品供给能力的增强，要求的安全库存水平也会提高。例如，如果某公司保有的新产品的库存水平高于其老产品，它必须有能力通过库存来满足客户对新产品更高水平的需求。

4.1.2 服务水平

虽然安全库存的设置能够避免企业缺货的可能，然而基于成本的考虑，企业不可能持有过多的安全库存。很多情况下会出现这样的情形：当补充订货到来时，剩余的库存不是积压就是短缺。因此，企业就必须根据一个指标来确定安全库存量的设置，这个指标为服务水平。

服务水平是指企业从订货到收到货物的提前期内用库存来满足顾客需求所占的比率。服务水平可以反映一个公司的产品供给能力。一般情况下，衡量一个企业的产品供给能力是在一个特定的时间周期内，如一天、一周、一个月、一年等，采用平均方法来确定的。主要的度量方法如下。

1. 订单满足率

订单满足率是指在所有的订单需求中，用库存来满足订单需求所占的比率。它与产品的市场需求中由库存可提供的市场需求的概率相等。例如，某冰箱销售商向 96%的顾客提供所需冰箱产品来自库存，剩余的 4%由于库存不足而丢失订单，该公司的订单满足率为 96%。当订单包括一种产品时，可用订单满足率来确定企业的服务水平。在订单包括多种产品的情况下，只有当库存能够提供订单中所有产品时，库存才能满足该订单的要求。例如，国外的一些企业采用订单满足率这一指标来表示企业的客户服务水平。这一指标具有两个优点。一是物理意义清晰，容易理解。该指标清晰地表明了企业设置的库存水平能够满足的市场需求，有多少订单因为库存不足而丢失，容易被企业管理者所理解和接受。二是这一指标的计算与补货量无关，间接反映了服务水平与库存成本的关系。然而，该指标也有其不足之处，如计算比较复杂，需要查阅相关的状态分布表，推导过程也比较抽象，较难理解。

2. 补给周期供给水平

补给周期供给水平是指在所有的补给周期中，能满足顾客所有需求的补给周期所占的比率。补给周期是指连续两个补充订货交付点的时间间隔。它测量的是在一个补给周期中不出现货物短缺的概率。例如，某公司的库存经理将其库存控制在补给周期供给水平为90%的状态，这指的是在给定的10个补给周期中，有9个补给周期能够满足市场所有的需求，不会出现缺货。这期间，库存可以满足所有客户的产品需求，而另外10%的补给周期会出现货物短缺情况。

目前，国内企业通常会使用补给周期供给水平作为服务水平的测量工具，该方法的优点是计算简单，从概率的角度易于理解。但是该方法有两个缺点。一是物理意义不明显，不能准确反映库存管理的客户服务水平。如前面所说的供给水平为90%，指的是10个补给周期中有9个不发生缺货，而在可能出现缺货的1个补给周期中，并不是指所有的顾客需求都没有得到满足，实际上大部分的客户需求都满足了，只是在补给周期的最后阶段到达的客户需求没有得到满足。因此，一个90%的补给周期供给水平其对应的订单满足率往往能超过90%。二是这一指标与每次补货量无关，而小批量多批次的补货与大批量少批次的补货所引起的库存成本是不同的，因此该指标不能准确反映客户服务水平与成本的关系。

3. 累计服务水平

累计服务水平是指所有产品中能够满足所有需求的比例，也就是指满足所有需求的概率，是一个累计的服务水平。一个产品满足所有的需求不能代表服务水平为100%，只有当所考察的产品都满足市场对每个产品的需求时才代表服务水平为100%。例如，某个产品由A和B两种零部件组装而成，由于对各个零部件的需求数量不同，其库存设置也就不同，当零部件A能够满足对其需求的75%，而零部件B能满足对其需求的90%时，零部件A和零部件B的累计服务水平为67.5%。

在按订单装配的环境中，为了能够最大程度地满足到达的订单需求，往往需要根据需求预测设置一定水平的零部件库存。这就涉及不同种类的零部件库存的设置问题。由于一些零部件可以用于多种情况，这就给库存的设置工作增加了困难。因此，为了实现某种产品一定的服务水平，需要把相关的零部件的库存水平维持在一定的范围内，满足一定的订单需求。此时就可以根据累计服务水平指标来确定库存。

以上介绍的度量方法都可以用来衡量企业对于客户的需求所达到的服务水平。在具体实践中，企业应当选取哪种方法进行度量应当根据企业自身的需求和各种测量方法的特点而定。

4.1.3 供应链安全库存与服务水平的关系

安全库存是为了满足补货周期内出现的不确定需求，通过设置一定水平的安全库存来预防缺货。然而，一方面，安全库存虽然能够缓解缺货现象，但企业要支付库存成本；另一方面，当发生缺货时，顾客因需求得不到满足而转向竞争者购买或寻找其他代替品等，企业就存在着缺货损失。于是企业就必须进行权衡，在库存积压所带来的成本和库存缺货所损失的销售量之间进行权衡，在此基础上设定合适的安全库存水平。然而在实践中，这两个目标经常发生冲突：一方面，为了达到客户服务水平要求保有大量的库存，而大量的库存往往会增加供应链总成本；另一方面，为降低供应链成本，尤其是库存成本，又要求减少库存，然而盲目地减少库存却容易导致客户服务水平的下降。

显然，服务水平越高，安全库存越大，所花费的成本也越大，但服务水平过低又将失去顾客，减少利润。因而确定适当的服务水平是十分重要的。在服务水平较低时增加安全库存，服务水平提高效果显著，此时的安全库存增加量相对减少。而当服务水平增加到一定程度(如95%)时，再提高服务水平就需要大幅度增加安全库存量来实现，即安全库存的边际增加量随着产品供给水平的提高而增加。这一现象使得选择适当的客户服务水平显得更为重要。在实际运营过程中，只有保有高水平的安全库存量，才能提高产品供给水平。

4.2 供应链安全库存水平的确定

安全库存的确定是建立在数理统计理论基础上的。首先，假设库存的变动是围绕着平均消费速度发生变化，大于平均需求量和小于平均需求量的可能性各占一半，缺货概率为50%。

安全库存越大，出现缺货的可能性越小；但库存越大，会导致剩余库存出现的可能性也越大。企业应根据不同物品的用途及客户的要求，将缺货保持在适当的水平上，允许一定程度的缺货现象存在。安全库存的量化计算可根据顾客需求量固定、需求量变化、提前期固定、提前期发生变化等情况，利用正态分布图、标准差、期望服务水平等方法来求得。

4.2.1 供应链库存订货点的确定

确定订货点实际上就是确定订货提前期内的需求。如果需求是确定的，即库存需求率不发生变化，订货提前期也是确定的，订货点就等于订货提前期与需求率之积。如果订货提前期是随机变化的，其分布规律是可以掌握的，则订货点就等于订货提前期的期望值与需求率之积，这时就有缺货的风险。若需求率是随机变量，并能掌握其分布规律，同时订货提前期是确定的，则订货点等于订货提前期与需求率的期望值之积，这时也有缺货的风险。如果需求率和订货提前期均为随机变量，并且具有分布规律，则订货点等于订货提前期的期望值与需求率的期望值之积，当然也存在缺货风险。管理者为了减少缺货风险，在设定订货点时需要考虑安全库存。

在需求与提前期都是常数的情况下，订货点可以根据经济订货批量模型计算得出。在需求或提前期发生变化(成为随机变量)时，实际需求就有可能超过期望需求。因此，为了降低缺货风险，企业应持有额外库存即安全库存。这时，订货点为

$$R = \mathrm{SS} + E(D_\mathrm{L}) \tag{4.1}$$

式中，R——订货点；SS——安全库存量；$E(D_\mathrm{L})$——提前期内需求的期望值。

安全库存是一种额外持有的库存，它作为一种缓冲器用来补偿在订货提前期内实际需求量超过期望需求量，或者实际提前期超过期望提前期所产生的需求。在随机库存系统中，需求率和订货提前期的随机变化被预订的安全库存所吸收。安全库存对企业的成本有双重影响：一方面，降低库存维持费用，会增加缺货损失费，降低服务水平；另一方面，降低

缺货损失费，提高服务水平，但会增加维持库存费用。即使有安全库存的存在，仍不能保证顾客的每一次需求都能得到保证，因此缺货是不可避免的。

服务水平是衡量随机型库存系统的一个重要指标，它关系到库存系统的竞争者能力。衡量服务水平有以下几种方法。

(1) 整个周期内供货的数量/整个周期的需求量。
(2) 提前期内供货的数量/提前期的需求量。
(3) 顾客订货得到完全满足的次数/订货发生的总次数。
(4) 不发生缺货的补充周期数/总补充周期数。
(5) 目前存货可供的时间/总服务时间。

把提前期内的需求 D 不超过订货点 R 的概率 P 作为服务水平，可得

$$\mathrm{SL} = P(D \leqslant R) \tag{4.2}$$

式中，SL——服务水平；R——订货点；D——提前期内需求。

如果提前期内需求符合正态分布，如图 4.2 所示，则式(4.1)可以改写为

$$R = \mathrm{SS} + E(D_L) = E(D_L) + z\sigma_D \tag{4.3}$$

式中，SS——安全库存量；$E(D_L)$——提前期内需求的期望值；z——服务水平 $P(z)$ 的标准正态分布系数，也称安全因子；σ_D——订货提前期内，需求的标准差。

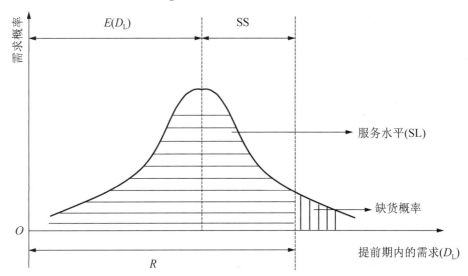

图 4.2 提前期内需求近似服从正态分布

如果提前期内各单位时间内需求分布相互独立，则有

$$\sigma_D = \sqrt{(\mathrm{LT})\sigma_p^2} \quad (P = 1, 2, \cdots, n) \tag{4.4}$$

式中：LT——提前期内所含单位时间数；σ_p——提前期内各单位时间需求量的标准差。

【例 4.1】某公司产品每月的需求服从正态分布，提前期内的平均值为 200 台，标准差为 15 台，$P(z)=0.95$，求在服务水平为 95%的订货点。

由题意可知 $E(D_L)=200$ 台，查表 4-2 可得 $z=1.65$，$\sigma_D=15$ 台，在服务水平为 95%的订货点为

$$R = \mathrm{SS} + E(D_L) = E(D_L) + z\sigma_D = 200 + 1.65 \times 15 \approx 225(台)$$

表 4-2　常用的客户服务水平对应的需求变化安全系数

客户服务水平/%	安全系数(z)
100.00	3.09
99.00	2.33
98.00	2.05
97.00	1.88
96.00	1.75
95.00	1.65
90.00	1.28
85.00	1.04
80.00	0.84

对于需求率或提前期的实际分布不服从正态分布的情况，可利用式(4.3)得到近似的订货点，但如果提前期内的需求数据不充分，就不能用式(4.3)来确定订货点。

当需求和提前期均为常数时，设置订货点仅仅是满足提前期内的市场平均需求，这只是一种理想的状况。现实中，企业经常需要在需求和提前期都不确定的条件下做出决策。为了占有一定的市场份额，企业就需要满足一定的客户服务水平，此时就需要通过安全库存来缓冲，以吸收需求或提前期的不确定因素。而安全库存的存在使得企业的再订购水平在原来的基础上提高了安全库存的数值。仅当市场需求或由于提前期延迟而引起的需求超过预计的平均水平时，安全库存才发挥作用。

4.2.2　需求确定提前期随机的安全库存水平

当市场的需求相对稳定，但由于供应商的技术水平、设备故障、运输等原因导致提前期变化不稳定，出现波动的趋势，此时，为了能够满足提前期内到达的客户订单，就需要通过设置安全库存进行缓冲来满足客户需求。

假设提前期服从均值为 L、标准差为 δ_L 的正态分布，而市场的需求是稳定的，单位时间内的需求为 d，则安全库存的设置是为了应对由于一些突发状况引起的提前期延迟所需的市场需求。对于这种情形，在某一特定的服务水平下安全库存的计算公式为

$$\mathrm{SS} = z\sigma_D = zd\delta_L \tag{4.5}$$

式中，SS——安全库存量；d——单位时间内需求量；z——服务水平 $P(z)$ 的标准正态分布系数，也称安全因子；σ_D——订货提前期内，需求的标准差；δ_L——订货提前期的标准差。

【例 4.2】已知 A 公司某产品的市场需求是稳定的，每天为 130 个。针对该产品的订货提前期服从正态分布，其平均值为 5 天，标准差为 2 天。当服务水平为 98%时，求安全库存。

由题意可知 $d=130$，提前期均值 $L=5$，标准差 $\delta_L=2$，查表 4-2 可得 98%的服务水平所对应的 $z=2.05$，则在 98%服务水平下安全库存为

$$\mathrm{SS} = zd\delta_L = 2.05 \times 130 \times 2 = 533(个)$$

4.2.3 提前期确定需求随机的安全库存水平

假设单位时间内的产品市场需求服从均值为 d，标准差为 σ 的正态分布，订货至交货的提前期为 L，各个时期的市场需求是相互独立的，即协方差 $\text{cov}(i,j) = 0$。当 D 表示提前期内需求均值，标准差为 σ_D 时，则根据正态分布的性质，有 $D = Ld$，$\sigma_D = \sqrt{L\sigma^2}$。

通过服务水平，可以计算出订货至交货周期内需求低于再订货水平的概率，利用正态分布的特点计算安全库存量 SS 为

$$\text{SS} = z\sigma_D = z\sqrt{L\sigma^2} = z\sigma\sqrt{L} \tag{4.6}$$

式中，SS——安全库存量；L——订货至交货的提前期；z——服务水平 $P(z)$ 的标准正态分布系数，也称安全因子；σ_D——订货提前期内，需求的标准差。

【例 4.3】 根据历年资料，C 公司的 A 产品每天的需求服从均值为 320 台、标准差为 50 的正态分布。已知订货提前期为 4 天，公司所提供的服务水平为 95%，试确定该公司应当持有的安全库存量。

由题意可知 $d = 320$，$\sigma = 50$，$L = 4$，查表 4-2 可得 95% 的服务水平所对应的 $z = 1.65$，则 $\text{SS} = z\sigma\sqrt{L} = 1.65 \times 50 \times \sqrt{4} = 165$（台）。

由此可见，当市场需求具有不确定性，企业无法很好地进行准确预测时，为了能够实现一定的客户服务水平的目标，企业需要通过持有一定的安全库存来完成。从式(4.6)可以看出，需求的波动性越大，即需求偏离平均值越多，则需要的安全库存水平越高。然而，市场上各种产品的需求分布各不相同，有的产品需求比较稳定，有的波动比较大，有的季节性明显，此时企业就应当区别对待，设定合理的安全库存。

4.2.4 需求和提前期均随机的安全库存水平

前面讨论了提前期确定下需求为随机和需求确定下提前期随机的情况，但现实生活中企业面对的是提前期和需求均不确定的环境。接下来研究当提前期和需求均不确定的情况下，如何确定安全库存水平。

假设需求和提前期均服从正态分布，其中需求均值为 d，标准差为 σ；订货至交货的提前期平均值为 L，标准差为 σ_L；当 D 表示提前期内需求均值，标准差为 σ_D 时，安全库存可以表示为

$$\text{SS} = z\sigma_D = z\sqrt{L\sigma^2 + \delta_L^2 d^2} \tag{4.7}$$

式中，SS——安全库存量；d——单位时间内需求均值；σ——单位时间内需求标准差；δ_L——订货至交货提前期的标准差；L——订货至交货的提前期；σ_D——订货提前期内，需求的标准差；z——服务水平 $P(z)$ 的标准正态分布系数，也称安全因子。

【例 4.4】 已知某公司的 A 产品每天的需求服从均值为 400 台，其标准差为 30 台的正态分布。由于更换供应商或技术改进，提前期也服从均值为 7 天，标准差为 3 天的正态分布，要想保证 95% 的服务水平，需要设定什么样的订购策略？此时的安全库存水平为多少？

由题意可知 $d = 400$，$\sigma = 30$，$L = 7$，$\delta_L = 3$，查表 4-2 可得 95% 的服务水平所对应的 $z = 1.65$，则相应的安全库存为

$$\text{SS} = z\sigma_D = z\sqrt{L\sigma^2 + \delta_L^2 d^2} = 1.65 \times \sqrt{7 \times 30^2 + 3^2 \times 400^2} \approx 1\,985 \text{(台)}$$

4.3 需求不确定下的安全库存

当企业面对需求和提前期服从正态分布时,按照 4.2 节可以确定安全库存水平。但实际应用中,由于产品的特性、顾客的喜好、生产商的技术水平不同,不同产品的市场需求也是不同的,所呈现出来的分布也就各异。产品的需求具有明显的季节性特征时,应如何合理地确定安全库存水平,以及如何通过历史数据和预测的数据进行安全库存的设置将是本节要研究的问题。

4.3.1 季节性需求显著的产品的安全库存

一些产品的特性决定了市场对该产品的需求不是连续的,可能会出现在某个时期对该产品的需求多一些,订单急剧增加,而另一些时期需求很低,两种情况下的需求绝对值相差很多的现象。也就是说,这类产品具有明显的季节性特征,如时装、空调、冰箱等。对于此类产品,很难用正态分布来正确表示它的需求趋势。再者,随着营销手段、气候、竞争对手策略、新产品的出现等因素的不同,需求也会产生很大的差异。此时的临近月份的需求数据对未来的库存策略的制定具有相当重要的作用。

虽然前面的公式能够很好地表示出当需求和提前期均为随机的情况下安全库存的计算方法,但是却不能够表现出季节性需求下,安全库存的设定与邻近月份的需求之间的关系。为此,接下来将介绍季节性需求情况下的安全库存计算方法。

1. APICS 推荐的标准安全库存计算方法

美国生产与库存管理协会(American Production and Inventory Control Society,APICS)推荐了一种安全库存的计算方法。这种方法在 ERP 系统中被认为是标准的计算安全库存的方法,应用很广泛。该方法基于预计的客户服务水平和最近历史销售数据的预测误差的差距上计算出最小的安全库存量,满足在下一次补货到来之前的市场需求。当然,假定提前期是稳定的。该方法分为以下 4 个步骤。

(1) 计算出每个月的预测误差,衡量预测值与实际值的偏离程度。
(2) 为了准确地衡量预测准确程度,对步骤(1)的结果取平方并进行加总,记为总方差 D。
(3) 计算标准偏差,公式为

$$\sigma = \sqrt{\frac{D}{N-1}} \tag{4.8}$$

式中,D 为步骤(2)计算的方差结果;N 为所观察的月数。

(4) 利用式(4.6)计算安全库存。

下面用一个具体的例子来说明安全库存的计算方法。

【例 4.5】 T 公司的某种型号彩电的市场需求具有季节性,表 4-3 所示为 2021 年的市场实际需求数据和预测数据,由此数据计算安全库存。

表 4-3　T 公司某种型号彩电 2021 年的安全库存计算方法　　　　　　单位：台

月　份	实际销售数据	预测值	误　差	方　差	SS 占实际销售的比例/%
1	826	745	−81	6 561	106
2	415	295	−120	14 400	211
3	1 346	2 427	1 081	1 168 561	65
4	4 550	3 091	−1 459	2 128 681	19
5	4 558	3 773	−785	616 225	19
6	6 492	6 072	−420	176 400	13
7	6 026	8 058	2 032	4 129 024	15
8	1 437	1 756	319	101 761	61
9	340	342	2	4	257
10	287	512	225	50 625	304
11	324	367	43	1 849	270
12	631	501	−130	16 900	139
总计	27 232	27 939	—	8 410 991	—

根据步骤(1)计算预测误差(见表 4-3 的第 4 列)，并计算出方差。

根据式(4.8)，计算出标准偏差为

$$\sigma = \sqrt{\frac{D}{N-1}} = \sqrt{\frac{8\,410\,991}{12-1}} \approx 874$$

假定 T 公司根据需要把服务水平设定为 95%，即 $z = 1.65$，则所需设置的安全库存量为

$$SS = z\sigma\sqrt{L} = 1.65 \times 874 \times \sqrt{1} \approx 1\,443(台)$$

显然，表 4-3 中的数据说明了该型号的彩电具有显著的季节性特点，秋、冬两季市场需求相对较低，春、夏两季市场需求急剧上升。用这种方法计算出来的安全库存量显然在需求低迷的时候是过高估计了，如 10 月的市场实际需求是 287，而 874 的安全库存量则是实际需求的 3.04 倍，这对企业来讲是极大的成本浪费。

2. 改进的标准安全库存计算方法

前面介绍了 APICS 所推荐的标准的安全库存计算方法，该方法能够根据预测数据和实际的偏差，在一定的服务水平目标下确定安全库存量。然而，该方法也具有自身的缺陷，由于是根据一个预测周期(如例 4.5 中是 1 年)的预测数据来确定安全库存的，当市场需求比较稳定、波动不大时，此方法能够发挥很好的作用，安全库存的设置既能够保持一定的服务水平，又能够确保成本最小化。而当市场需求具有明显的季节性差别时，要做到准确的预测比较困难，需要根据产品特征、历史经验，尽可能获得最新的生产信息，整合利用恰当的预测方法缩小预测误差。然而，即便如此，由于安全库存的计算是在整合一个周期的预测误差的基础上获得的，产品的市场需求又存在淡季和旺季之分，就很容易出现这样一种现象：在淡季，由于市场需求比较小，相对的与预测值的偏差不大，而安全库存量远远大于所需商品而出现浪费；相反，在旺季，由于市场需求比较大，波动幅度也比较大，单

一的安全库存量或许对于淡季时大大剩余，在旺季时往往会出现加上安全库存也不能完全满足市场需求的状况。鉴于此，Richard Herrin 在 2005 年的一篇论文中针对高季节性产品的安全库存的计算进行了改进。

改进后的安全库存的计算思路是以更多以往的历史数据作为参考，放弃通过整年的预测误差来计算单一的安全库存量，而是在一个周期内，对每一时间段分别求出对应的安全库存量，其计算步骤如下。

(1) 在以往各年的销售数据和预测值的基础上，计算出相应月份的预测误差及平方值。
(2) 利用式(4.8)计算标准偏差。
(3) 利用式(4.6)计算一定服务水平下的安全库存。

下面用一个具体的例子来说明改进后的方法的应用。

【例4.6】T 公司的某种型号彩电的市场需求具有季节性，表 4-4 所示为 2019 年、2020 年和 2021 年的市场实际需求数据和预测数据，根据此数据计算 2022 年的安全库存。

表 4-4　T 公司某种型号彩电的各年数据

月 份	2019 年		2020 年		2021 年	
	销售数据	预测值	销售数据	预测值	销售数据	预测值
1	826	745	785	78	567	546
2	415	295	177	247	2 967	2 954
3	1 346	2 427	2 046	989	5 488	9 537
4	4 550	3 091	1 656	4 795	6 002	6 717
5	4 558	3 773	2 832	5 762	10 374	8 995
6	6 492	6 072	5 534	9 665	—	—
7	6 026	8 058	10 892	13 574	—	—
8	1 437	1 756	2 668	3 528	—	—
9	340	342	486	796	—	—
10	287	512	1 121	1 126	—	—
11	324	367	1 686	1 946	—	—
12	631	501	5 139	5 412	—	—

假设要求出 2022 年第 4 个月的安全库存量，令提前期为 1 个月，服务水平为 95%，即 $z=1.65$。首先计算各个年份 4 月的预测误差及平方值(见表 4-5)。

表 4-5　各个年份 4 月份的实际销售值和预测值　　　　　　　　　　　　　单位：台

年 份	实际销售值	预测值	预测误差	误差平方值
2019 年	4 550	3 091	−1 459	2 128 681
2020 年	1 656	4 795	3 139	9 853 321
2021 年	6 002	6 717	715	511 225
总计	12 208	14 603	—	12 493 227

$$\text{标准偏差 } \sigma = \sqrt{\frac{D}{N-1}} = \sqrt{\frac{12\,493\,227}{3-1}} \approx 2\,499$$

$$\text{SS} = z\sigma\sqrt{L} = 1.65 \times 2\,499 \times \sqrt{1} \approx 4\,124(\text{台})$$

4.3.2 基于时间的 MAD 安全库存计算方法

在市场需求不确定的条件下,安全库存只能根据由历史数据得出的预测值进行设置,由于所用的预测方法的局限性,常常使所设置的安全库存水平不恰当,要么安全库存过多而造成浪费,要么安全库存过少而发生缺货。此时就需要有一种能够随着时间的推移、需求的变化来进行安全库存水平的调整方法。

James A. G. Krupp 于 1997 年提出了基于时间的 MAD 安全库存计算方法,James 是 Echlin 公司负责原材料的副总裁,拥有超过 30 年的原材料管理系统设计和实现、质量保证、工业工程等领域的相关行业经验。

1. 平均绝对离差

平均绝对离差(Mean Absolute Deviation,MAD)为各个时期绝对离差的平均值,即各个时期预测值与实际值离差绝对值的平均值,具体表示为

$$\text{MAD}_n = \frac{\sum_{i=1}^{n}|F_i - A_i|}{n} \quad (i=1,2,\cdots,n) \tag{4.9}$$

式中,F_i——第 i 期的预测值;A_i——第 i 期的实际值;n——所考虑的总时期数。

当随机需求部分服从正态分布时,MAD 可以用来预测随机需求部分的标准差,此时平均绝对离差与标准差之间的关系为

$$1\text{倍标准差} = \sqrt{\frac{\pi}{2}}\text{MAD} \text{ 或 } \sigma \approx 1.25\text{MAD} \tag{4.10}$$

反之,有

$$1\text{MAD} = 0.8\text{倍标准差} \tag{4.11}$$

表 4-2 中已用标准方差来表示满足一定服务水平下所对应的安全系数,而在本方法中,将其转化为以 MAD 为标准的相关系数。表 4-6 列出了每个服务水平所对应的 MAD 系数和标准方差下的安全系数。

表 4-6 一定的服务水平所对应的 MAD 系数和安全系数

客户服务水平/%	MAD 系数	安全系数
50.00	0.00	0.00
75.00	0.84	0.68
80.00	1.05	0.84
85.00	1.30	1.04
90.00	1.60	1.28
95.00	2.06	1.65

续表

客户服务水平/%	MAD 系数	安全系数
96.00	2.19	1.75
97.00	2.35	1.88
98.00	2.56	2.05
99.00	2.91	2.33
99.50	3.20	2.57
99.90	3.76	3.01
99.99	3.85	3.08
100.00	3.86	3.09

2. 用 MAD 计算的安全库存

企业安全库存都是根据以历史销售数据为依据对未来周期的需求进行预测而确定的，此时，预测精度的大小影响到所持有的安全库存是否过多或不足的问题。前文介绍的改进的 APICS 的安全库存计算方法主要侧重于从预测标准差的角度来计算安全库存，这里将用 MAD 来计算安全库存。

用 k 表示以 MAD 计量的相应的服务水平系数，L 表示订货提前期，所需的安全库存量为

$$SS = k \cdot MAD \cdot \sqrt{L} \tag{4.12}$$

【例 4.7】 已知某公司生产的 B 产品具有明显的季节性需求，2021 年的销售和预测数据如表 4-7 所示。根据此数据计算安全库存。

表 4-7 某公司 2021 年 B 产品的相关数据

时间	预测值	销售值	绝对偏差	MAD	基于时间的绝对偏差	TBM
2021.01	850	808	42	—	0.049	—
2021.02	900	986	86	—	0.096	—
2021.03	920	864	56	—	0.061	—
2021.04	950	1 017	67	—	0.074	—
2021.05	990	882	108	—	0.109	—
2021.06	1 000	1 126	126	—	0.126	—
2021.07	1 020	1 104	84	—	0.082	—
2021.08	1 040	901	139	—	0.134	—
2021.09	1 050	1 064	14	—	0.013	—
2021.10	950	738	212	—	0.223	—
2021.11	1 080	947	133	—	0.123	—
2021.12	1 200	1 383	183	104.2	0.153	0.103

由表 4-7 中的数据可以计算出 2021 年 12 个月的 MAD(此数值是通过 12 个月的滚动数据计算得到的)值，为

$$\text{MAD} = \frac{42+86+56+67+108+126+84+139+14+212+133+183}{12} \approx 104.2$$

当该公司的采购提前期为 2 个月，公司所期望提供的客户服务水平为 95%时，则所需的安全库存量为

$$\text{SS} = k \cdot \text{MAD} \cdot \sqrt{L} = 2.06 \times 104.2 \times \sqrt{2} \approx 304(个)$$

由例 4.7 可知，通过使用 MAD 参数，企业可以对未来的销售周期制订安全库存计划，通过计算可以得到，当提前期为 2 个月时，在预设服务水平要求下，该公司 2022 年的安全库存水平设定为 304。

利用式(4.12)虽然可以通过根据历史数据所获得的 MAD 值来对未来销售周期内的库存做计划，特别是安全库存的设定，这有利于缓解由于预测数据的不准确而造成的企业损失，一定程度上可以帮助企业有效实现预定的客户服务水平。然而，管理者应当看到此种计算方法的不足之处，即在未来销售期内的安全库存是固定不变的，无法随着需求趋势的变化而变化，当产品具有明显的季节性需求时，就会造成在销售淡季所设的安全库存量过多，企业需要支付大量的库存成本；而当销售旺季到来时，原有的安全库存量无法弥补预测误差造成的企业实际生产量与市场需求量之间的差额，企业必须为此支付赔偿成本以至于导致销售损失。针对以上情况，可以采用 James 提出的基于时间的 MAD 安全库存计算方法。该方法可以随着销售趋势的变化调整所需的安全库存量，实现安全库存水平与实际市场需求相适应，尽量减少安全库存量过多或过少的现象。

3. 用 TBM 计算的安全库存

为了使利用 MAD 计算得到的安全库存量能够随着需求的波动而变化，对 MAD 参数进行修改，使其能够体现出时间的影响效果。为此 James 提出了基于时间的 MAD(Time-Based MAD，TBM)方法，计算公式为

$$\text{TBM}_n = \frac{\sum_{i=1}^{n}\left|1-\dfrac{A_i}{F_i}\right|}{n} \quad (i=1,2,\cdots,n) \tag{4.13}$$

式中，F_i——第 i 期的预测值；A_i——第 i 期的实际值；n——所考虑的总期数。

同 MAD 的计算方法类似，表 4-7 中的第 7 列的 TBM 值也是通过 12 个月的滚动数据计算得到的。例如，2021 年 12 月的 TBM 值 0.103 是累积了 2021 年 1—12 月的相关数据得到的。

此时，安全库存的计算公式为

$$\text{SS}_i = k \cdot \text{TBM}_n \cdot F_{i+1} \cdot \sqrt{L} \quad (i=1,2,\cdots,n) \tag{4.14}$$

式中，SS_i——第 i 期的安全库存量；TBM_n——累积到第 n 期的 TBM 值；F_{i+1}——预测第 $i+1$ 期的需求量；k——以 MAD 计量的相应的服务水平系数；L——订货提前期。

【例 4.8】 已知某公司生产的 B 产品具有明显的季节性需求，公司 2022 年 1—6 月的预测销售数据分别为 1 370、1 450、1 540、1 620、1 550、1 730。根据此数据计算安全库存。

根据表 4-7 中计算得到的 MAD 和 TBM 数据，当订货提前期为 1 个月，服务水平为 96% 时，分别利用 MAD 和 TBM 方法计算得到的安全库存量如表 4-8 所示。

表 4-8 MAD 与 TBM 对比

月　份	0	1	2	3	4	5	6
预测值	—	1 370	1 450	1 540	1 620	1 550	1 730
安全库存(MAD)	228	228	228	228	228	228	228
安全库存(TBM)	309	327	348	366	350	391	391

在表 4-8 中，所计算的安全库存是指为了满足下一期的市场需求，企业所持有的安全库存量。例如，月份 0 的 TBM 计算得到的安全库存 309 是指为了满足 2022 年 1 月的市场需求，根据 2022 年 1 月的预测数据计算得到的安全库存，查表 4-2 可得 96%的服务水平所对应的 $z = 2.19$，则相应的安全库存为

$$SS_0 = k \cdot TBM_{12} \cdot F_1 \cdot \sqrt{L} = 2.19 \times 0.103 \times 1370 \approx 309$$

对比表 4-8 的第 3 行、第 4 行可知，通过 MAD 参数得到的安全库存量在未来的销售周期内(如 2022 年 1—6 月)是固定不变的，不管市场实际的需求量如何变化，企业所持有的安全库存保持恒定不变。而由 TBM 参数得到的安全库存量比较灵活，能够根据预测的市场需求趋势的变化，对安全库存持有量做出相应的调整，能使企业的库存决策更适合市场的需求变化，对于提高企业的利润水平和快速响应市场需求具有很大的优势。

4.4　提前期不确定下的安全库存

4.4.1　提前期对安全库存的影响

1. 提前期变化对安全库存的影响

安全库存的存在一部分是由于订货提前期的不确定性，造成交货延迟，不能满足到达的订单需求，此时可以通过启用安全库存来缓解缺货现象。可见，提前期的变化与安全库存水平的设定存在着关联。

D 公司的直销模式使得它在同类行业中具有无法被模仿的竞争优势，而这种优势又以灵活的供应链管理为基础。D 公司采取推/拉式的供应链运作模式，即根据顾客的需求进行计算机装配，由顾客的需求来拉动生产，而在零部件层则采取推动的模式，即根据历史需求数据来预测各种型号的零部件的需求量，并存储在仓库中，这样，生产线可以在顾客订单到达时就开始进行装配。此时，D 公司就需要考虑需求的不确定性，然而，供应商可能由于产品质量问题或设备故障等原因不能将订单及时交付，因此在确定安全库存量时就必须考虑到提前期的不确定性。

在 4.3 节仅仅讨论了需求不确定情况下的安全库存计算，接下来将通过例 4.9 具体说明提前期不确定性在安全库存的设置方面所发挥的重要作用。

【例 4.9】假设 C 公司要生产产品 A 需要有某种型号的硬盘驱动器，已知 C 公司的产品 A 每天的需求服从均值为 320 台、标准差为 40 台的正态分布。由于更换供应商或技术改进，提前期也服从均值为 6 天、标准差为 3 天的正态分布。要想保证 95%的服务水平，需要设定什么样的订购策略？此时的安全库存水平为多少？

由题设条件可知以下结论：单位时间的市场需求量为 $d=320$；单位时间内的市场需求标准差为 $\sigma=40$；产品 A 的平均提前期为 $L=6$；提前期标准差为 $\delta_L=3$。

查表 4-2 可得 95%的服务水平所对应的 $z=1.65$，则相应的安全库存为

$$SS = z\sigma_D = z\sqrt{L\sigma^2 + \delta_L^2 d^2} = 1.65 \times \sqrt{6 \times 40^2 + 3^2 \times 320^2} \approx 1\,592(台)$$

当零部件供应商的交付提前期的标准差为 3 天时，C 公司必须保有 1 592 台硬盘驱动器的安全库存量，这相当于大约 5 天的硬盘驱动器市场需求量。

当 C 公司协助其硬盘驱动器的供应商共同努力将其交付提前期的标准差从 5 天降低到 0 天时，表 4-9 列出了各个阶段的安全库存量。

表 4-9 供应商提前期不确定下各个阶段的安全库存量

提前期标准差(δ_L)	提前期内需求的标准差(σ_D)	安全库存(SS)/台	平均提前期(L)/天
5	1 603	2 629	8.22
4	1 284	2 105	6.58
3	965	1 583	4.95
2	647	1 062	3.32
1	335	549	1.72
0	98	161	0.50

从表 4-9 可知，当供应商的交付提前期的不确定性下降时，C 公司的安全库存需求量也明显下降。随着交付提前期的标准差从 5 天降低到 0 天，安全库存量也相应地从可以满足约 8 天的市场需求量降为不到 1 天的市场需求量。

例 4.9 说明了供应商的交付提前期(无论从原材料、零部件等)的变化程度对安全库存的影响，同时也指出了通过降低交付提前期的不确定性或提高按时交货次数可获得绝对的潜在利润。通过减少提前期的不确定性，可以在不降低服务水平的基础上减少必备的安全库存量。

实践中，供应商的交付提前期的变动是由于供应商和接受订单的机构的运作行为造成的，供应商由于原材料、设备故障、运输延迟等原因而无法准时交付产品，使得对下游企业的交付提前期有波动。此时，下游企业可以通过协助供应商进行改造，如采用配套的信息系统进行订单信息的传递；帮助供应商改进生产技术；让供应商在下游企业的制造厂附近设厂，防止运输造成的延迟。随着信息系统的发展，以及先进的专业软件的应用，大多数供应链的计划体系都有良好的生产计划手段，允许供应商承诺可以确保的货物交付期，这也有助于降低货物交付提前期的变动性。在接受订单方面，通过将多次订购的货物平均分配在一周内，避免所有的订货在一周的同一天到达，给厂家的货物接收工作增加困难，造成虽然供应商已经把货物运达，但由于厂家未能把到货物及时入库导致无法立即使用，事实上等同于延长了交付提前期。

2. 提前期长度的影响

提前期的不确定程度对安全库存的确定存在着重大影响，提前期的长短影响着信息流的准确性。当供应商能够提供较短的提前期甚至提前期为零时，企业就可以根据实时的订

单状况安排生产，对市场需求做出准确的反应，这样就减少了不必要的产品库存。然而这只是一种理想的状况，现实中企业下订单给供应商能够马上交货的情况是不可能发生的，即使没有供应商的生产准备周期，也存在着运输时间，供应链中的上下游企业只能通过采用先进的信息系统或管理方法去最大限度地压缩提前期。

现实中，由于提前期的存在，企业为了能够达到高标准的服务水平，往往需要通过对市场需求进行预测来安排生产，储存一定的原材料、零部件、成品等。而提前期越短，企业就越能够把这些生产活动推迟至需求信息到达时开始，掌握的生产信息越多，越有利于企业安排生产，降低成本；反之，企业就必须付出库存过多或缺货的代价。

在复杂多变的市场环境下，对市场需求的预测来说，预测的时间跨度越大，预测的误差越大，压缩提前期缩短了事件跨度。因此，压缩供应链的提前期就成了降低不确定性的有效技术方法。根据美国最大的零售公司沃尔玛的调查，如果提前26周进货，则需求预测误差为40%；如果提前16周进货，则需求预测误差为20%；如果在销售时期初进货，则需求预测的误差为10%。通过压缩提前期，实现预测精度的提高，降低供应链中的不确定性，实现安全库存水平的下降。因此，压缩供应链的提前期可以提升供应链的利润，以及整个供应链的竞争力。

为了降低安全库存，企业就必须尽可能地缩短供应商的产品交付提前期。由公式 $SS = z\sigma_D = z\sqrt{L\sigma^2} = z\sigma\sqrt{L}$ 可知，如果交付提前期下降到 L，则必备的安全库存量就下降到 $\sqrt{L}$。然而，也必须看到要缩短交付提前期，需要供应商做出很大的努力，投入资金、人力等，而安全库存的降低所产生的效益则由下游企业获得。此时，就需要下游企业将一部分由此产生的利润与供应商分享，这一点很重要。沃尔玛、日本的7-11公司、戴尔等都对它们的供应商施加极大压力的同时给予支持，以缩短补给货物的提前期。

4.4.2 提前期均值和方差同时变化下的安全库存

前面几节从定性的角度分别讨论了提前期长度及其不确定性对安全库存的影响，然而，实际运作中，当企业处于随机的市场需求环境时，如何通过对提前期(均值和方差)的变化来有效控制安全库存是一个不得不重视的问题。

假定提前期和需求的分布相互独立，客户服务水平用订货周期内的缺货率来衡量。在公式 $SS = z\sigma_D = z\sqrt{L\sigma^2 + \delta_L^2 d^2}$ 中分别对 L 和 σ_L 求偏导，可得

$$\frac{\partial SS}{\partial L} = \frac{z\sigma^2}{2\sqrt{L\sigma^2 + \delta_L^2 d^2}} \tag{4.15}$$

$$\frac{\partial SS}{\partial \sigma_L} = \frac{z\delta_L d^2}{\sqrt{L\sigma^2 + \delta_L^2 d^2}} \tag{4.16}$$

显然，提前期变量对安全库存的影响受到几个参数的影响，随着提前期变量的增加，安全库存也增加(如果客户服务水平是用满足率来衡量，结果则是不一样的)。

令式(4.15)等于式(4.16)，则有 $\sigma = d\sqrt{2\delta_L}$，令

$$\beta_D = \sqrt{2\delta_L} \tag{4.17}$$

得到，$\beta_D = \dfrac{\sigma}{d}$ (需求方差系数)。

(1) 如果 $\beta_D = \sqrt{2\delta_L}$ 成立,在管理中企业就会面临这样进退两难的境地:一方面管理者可以降低平均提前期或提前期标准方差,由此企业可以通过缩短平均提前期(而不是提前期方差)来降低安全库存,因为提前期均值对安全库存的影响远远大于提前期标准方差对安全库存的影响;另一方面,如果企业不得不(或者只能)延迟平均提前期,企业也只能增加提前期的均值而不是方差来实现安全库存的变化,因为提供平均提前期对安全库存的副作用大于提前期方差的作用。

因此,在 $\beta_D = \sqrt{2\delta_L}$ 成立的情况下,企业在改变平均提前期和方差的时候就必须同等地进行变化,从而保证安全库存一直维持在最低的水平。

(2) 如果 $\beta_D = \sqrt{2\delta_L}$ 不成立,即 $\beta_D > \sqrt{2\delta_L}$ 或 $\beta_D < \sqrt{2\delta_L}$,则相应地有

$$\frac{\partial SS}{\partial L} > \frac{\partial SS}{\partial \delta_L} \text{ 或 } \frac{\partial SS}{\partial L} < \frac{\partial SS}{\partial \delta_L}$$

当 $\beta_D > \sqrt{2\delta_L}$ 时,一方面,要降低同等程度的安全库存水平,提前期标准方差的减少量就应该大于平均提前期的减少量,因此,在同等降低这两个变量的情况下,应该选择平均提前期的降低;另一方面,要增加同等程度的安全库存水平,提前期标准方差的增加量就应该小于平均提前期的增加量,在选择同等增加这两个变量的时候,就应该选择对提前期标准方差进行增加,直到 $\beta_D = \sqrt{2\delta_L}$。一旦达到这个点,增加平均提前期对安全库存增加的作用就会小于同等变化提前期方差所产生的作用,在这种情况下,就要选择增加平均提前期。

当 $\beta_D < \sqrt{2\delta_L}$ 时,情况正好相反。要降低同等程度的安全库存水平,平均提前期的减少量就应该大于提前期方差的减少量,在同等降低这两个变量的情况下,应该选择降低提前期方差直到 $\beta_D = \sqrt{2\delta_L}$。一旦达到这个点,平均提前期减少对降低安全库存水平的效果就会大于同等变化提前期方差所产生的效果,在这种情况下,就应该选择降低平均提前期。而对提前期标准方差的较小增加,对安全库存水平同等增加的效果强于平均提前期的增加,在选择同等增加两个变量的情况下,就应该选择增加平均提前期。以上决策规则的总结如表4-10所示。

表4-10 提前期对安全库存影响的决策规则

选择同等程度降低平均提前期和提前期方差的情况		选择同等程度增加平均提前期和提前期方差的情况	
条 件	决 策	条 件	决 策
$\beta_D > \sqrt{2\delta_L}$	降低平均提前期	$\beta_D > \sqrt{2\delta_L}$	增加提前期标准方差(直到 $\beta_D = \sqrt{2\delta_L}$)
$\beta_D = \sqrt{2\delta_L}$	降低平均提前期	$\beta_D = \sqrt{2\delta_L}$	增加平均提前期
$\beta_D < \sqrt{2\delta_L}$	降低提前期标准方差(直到 $\beta_D = \sqrt{2\delta_L}$)	$\beta_D < \sqrt{2\delta_L}$	增加平均提前期

前面仅仅讨论了提前期均值和方差同等变化下如何对安全库存进行管理,然而在实际操作中,企业可能考虑对提前期的均值和方差同时变化,甚至是按相反的方向变化的情况。

显然，如果其中的一个选择使得平均提前期和标准方差对安全库存的作用小于或等于另外一个选择，前一个选择无疑是最优的。但是，决策可能同时在降低平均提前期和降低提前期方差之间选择。例如，企业可能会有两个相对的选择：一方面，企业可以降低平均提前期一天而降低标准方差两天；另一方面，企业也可以降低平均提前期两天而降低标准方差一天。在这种情况下，两种选择对于使得安全库存最低的效果很不明显。

提前期对于最小化安全库存的效果可以用式(4.18)来表示。

$$\beta_D < \sqrt{\frac{(\delta_L + \lambda_2)^2 - (\delta_L + \lambda_1)^2}{(L + \Lambda_1) - (L + \Lambda_2)}} \tag{4.18}$$

式中，$(L+\Lambda_1) > (L+\Lambda_2)$；$\Lambda_i$——第$i$种选择下平均提前期的实际变化值；$\lambda_i$——第$i$种选择下提前期标准方差的实际变化值。

尽管平均提前期L可以从式(4.18)中省略，但是为了表示清楚而需要保留。

指定的第一种选择有更大的平均提前期，在式(4.18)中加入适当的参数值，如果不等式成立，选择第一种，否则选择第二种；如果使得式(4.18)成为等式，那么两种选择的作用是一样的，将会达到一样的安全库存水平，选择是任意的。如果其中一个选择的作用明显强于另外一个选择，那么就没有必要用式(4.18)来进行评价。

4.5 供应链安全库存与聚集效应

提高安全库存可以增加供应链中产品的供给能力，也可以增加供应链的库存成本。后者在高科技产业中的影响尤为显著，因为高科技产品生命周期短，且产品市场需求极其不稳定。库存过多可以抵挡需求狂潮，但如果新产品投放市场，那么在库存中的旧产品的市场需求就会萎缩，企业的利益就会受到损害。在这种情况下，现有库存就毫无价值了。所以，供应链管理成功的关键是在不损害产品供给水平的情况下，找到降低安全库存水平的有效途径。

在实践中，供应链上的库存有效地聚集是降低安全库存的重要途径。当做出库存聚集决策时，必须考虑在聚集效应下安全库存的减少量。如果聚集能使必备的安全库存下降很多，那么最好是设立一个中心仓库；如果聚集使某种产品的必备安全库存下降有限，那么最好是设立多个分散的库存点，从而减少对市场的反应时间和降低运输成本。

4.5.1 聚集效应对供应链安全库存的影响

1. 供应链同级库存的聚集效应对安全库存的影响

(1) 供应链同级库存的聚集效应。

分散式库存系统(见图4.3)中的库存点分布在靠近顾客的地方，对市场有快速反应能力和运输成本优势，但要保有很大的安全库存量。而基于分销中心的聚集式库存系统(见图4.4)是把供应链上同一级中多个库存点聚集成一个中心仓库(或分销中心)，大量的库存放在分销中心进行集中存储和配送，提高了需求预测的准确性，并有效地降低了安全库存量，相应也降低了库存成本和产品积压风险，增强了企业的竞争力。

(2) 聚集效应对安全库存的影响。

把多个库存点聚集成一个中心仓库的同时，把原库存点所在地区的市场需求在空间上聚集在一个分销中心。假设提前期不变，在需求不确定的条件下，安全库存量 SS 与提前期内需求的标准差 σ_D、安全库存因子 k 成正比(k 与提前期内产品现货供给水平有关)。

$$SS = k\sigma_D \tag{4.19}$$

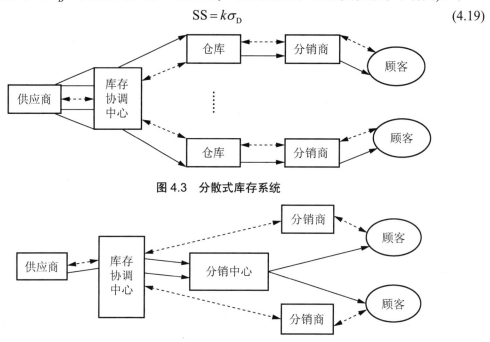

图 4.3 分散式库存系统

图 4.4 基于分销中心的聚集式库存系统

说明：——→表示物流；------→表示信息流。

因此，需求的空间聚集必然会对安全库存量产生影响。如果各个库存点产品的需求量都服从正态分布，那么聚集的总需求也服从正态分布，各个库存点均值、标准差与库存聚集后的均值、标准差的关系为

$$D = \sum_{i=1}^{n} D_i \quad (i = 1, 2, \cdots, n) \tag{4.20}$$

式中，D——库存聚集后的需求均值；D_i——各个库存需求均值。

$$\sigma_D = \sqrt{\sum_{i=1}^{n} \sigma_{D_i}^2 + 2\sum_{i \neq j} \mathrm{cov}(i,j)} \quad (i, j = 1, 2, \cdots, n) \tag{4.21}$$

式中，σ_D——库存聚集后的需求标准差；σ_{D_i}——各个库存需求标准差。

协方差公式可表示为

$$\mathrm{cov}(i,j) = \rho_{ij} \sigma_{D_i} \sigma_{D_j} \tag{4.22}$$

如果 $\rho_{ij} = 1$，则不同库存点市场需求呈完全正相关。

如果 $\rho_{ij} = 0$，则不同库存点市场需求不相关。

如果 $\rho_{ij} = -1$，则不同库存点市场需求呈完全负相关。

(1) 当 $\rho_{ij} = 1$ 时，$\sigma_D = \sqrt{\sum_{i=1}^{n} \sigma_{D_i}^2 + 2\sum_{i \neq j} \sigma_{D_i} \sigma_{D_j}}$，即 $\sigma_D = \sum_{i=1}^{n} \sigma_{D_i}$，表示不同库存点市场需求呈完全正相关时，聚集后的需求标准差等于单个库存点需求标准差之和，聚集后的安全库

存量等于单个库存点的安全库存量之和。

(2) 当 $\rho_{ij}<1$ 时，$\sigma_D = \sqrt{\sum_{i=1}^{n}\sigma_{D_i}^2 + 2\sum_{i\neq j}\rho_{ij}\sigma_{D_i}\sigma_{D_j}} < \sum_{i=1}^{n}\sigma_{D_i}$。

当聚集分布在不同库存点的需求量之间并不完全正相关时，聚集效应才会降低需求的标准差，并且需求的标准差随着不同库存点之间需求的相关度的减小而减小。由于必备的安全库存量与需求标准差之间成正比，因此，非完全正相关的需求量的聚集可以降低必备的安全库存量，又不损害产品的供给水平。

2. 供应链多级库存的聚集效应对安全库存的影响

(1) 供应链多级库存的聚集效应。

供应链上同级库存的聚集是对供应链的局部优化控制，而要进行供应链的全局优化与控制，必须采用多级库存优化与控制方法。供应链的层次从原材料供应商到最终用户可以分很多层，但并不是层次越多越好，而是聚集成为"供应—生产—分销"这样的典型三级库存模式。在多级库存系统中，应采用中心化库存控制策略，即把控制中心放在核心企业，各个库存点不再自己决定订货，而是聚集起来由核心企业统一做出决定。

(2) 聚集效应对安全库存的影响。

核心企业制定库存决策时，与同级库存的聚集效应不同的是，必须充分考虑各个节点提前期的聚集对安全库存的影响。假设各节点提前期也服从正态分布，且与需求相互独立，那么提前期聚集的计算方法和需求聚集的计算方法相同。其计算公式为

$$L = \sum_{i=1}^{n}L_i \quad (i=1,2,\cdots,n) \tag{4.23}$$

式中，L——库存聚集后的提前期均值；L_i——各个库存提前期均值。

$$\sigma_L = \sqrt{\sum_{i=1}^{n}\sigma_{L_i}^2 + 2\sum_{i\neq j}\rho_{ij}\sigma_{L_i}\sigma_{L_j}} \quad (i,j=1,2,\cdots,n) \tag{4.24}$$

式中，σ_L——库存聚集后的提前期标准差；σ_{L_i}——各个库存提前期标准差。

由式(4.24)可知，当 $\rho_{ij}\leq 1$ 时，$\sigma_L \leq \sum_{i=1}^{n}\sigma_{L_i}$。当需求和提前期都不确定时，安全库存可以定义为与提前期内客户服务水平及需求波动和提前期波动有关的函数关系式。

$$SS = k\sqrt{L\sigma_D^2 + \sigma_L^2 D^2} \tag{4.25}$$

由式(4.25)可知，提前期的聚集对安全库存量的影响与需求的聚集对安全库存量有相似的影响，即各级库存的提前期不完全正相关时，通过对提前期的聚集可以减少必备的安全库存量。

【例 4.10】 某公司通过 3 个库存点(分散库存)向西部地区分拨产品，每个库存点提前期内的需求量服从正态分布，各库存点的平均需求量分别为 210、300、280，需求的方差分别为 50、60、55。现在公司考虑在不降低产品原有供给水平(0.93)的前提下建立一个中心仓库(聚集库存)对产品进行集中储存和分拨。当相关系数在 0 和 1 之间变化时，分散库存和聚集库存所需的安全库存量如表 4-11 所示。从表 4-11 可知，不同库存点提前期内需求量的相关系数越小，聚集库存保有的安全库存量越少。即当需求不完全相关时，公司通过建立一个中心仓库可以减少总的安全库存量，从而增加企业利润。

表 4-11 分散库存和聚集库存的安全库存量

相关系数	分散库存的安全库存量	聚集库存的安全库存量
0	244.2	141.4
0.2	244.2	167.1
0.4	244.2	189.3
0.6	244.2	209.2
0.8	244.2	227.4
1	244.2	244.2

库存的聚集效应对安全库存的有利影响是显而易见的,但同时也存在不利之处,如延长了顾客对订单的反应时间,增加了顾客的出行成本。因此,在进行库存聚集时,中心仓库的选址和信息集中化就显得尤为重要。

4.5.2 供应链安全库存与信息集中化

美国麦克马斯特—卡尔公司是一家提供维护、修理和经营用产品的分销商,通过美国联合包裹递送公司将产品送到顾客手中。由于运费的高低取决于产品的产地与目的地,因此一个集中分布的仓库会增加平均运输成本和对顾客的响应时间。所以,麦克马斯特—卡尔公司设立了 5 个仓库,以确保向美国的大部分地区提供隔天送货服务。如果麦克马斯特—卡尔公司只设立一个供货仓库,那么通过美国联合包裹递送公司以合理的价格向全美提供隔天送货服务就不可能实现。聚集方式给安全库存带来的利益是显而易见的。但是如果通过运用信息集中化,它在实质上实现了所有库存的聚集。该公司建立了一个信息系统,从中能方便地了解各仓库当期的库存记录。例如,一张来自芝加哥的顾客订单订购了发动机和抽水机各一台。当顾客订单到达时,麦克马斯特—卡尔公司首先检查芝加哥的库存,确认那里的库存是否能够满足订单的全部要求。如果芝加哥的库存可以满足顾客的订单要求,那么顾客的订货就由芝加哥发出,从而使运输成本最小化;如果芝加哥的仓库只有发动机的现货,而抽水机缺货,麦克马斯特—卡尔公司就从有现货且距离最近的仓库中提取抽水机,再将抽水机运送到芝加哥,连同发动机一起交付给顾客。这样,不管仓库设在哪个地区,所有的订单都可以调用所有地区的库存商品。信息集中化使得麦克马斯特—卡尔公司通过实质上的库存聚集,既降低了必备安全库存水平,又确保了高水平的产品供给。

信息集中化的好处来自大多数的订单从顾客最近的仓库调出并满足顾客需求,从而使运输成本维持低水平。在库存缺货的情况下,由其他仓库来完成订单,从而提高了产品的供给水平。结果,麦克马斯特—卡尔公司可以在不削弱产品供给水平的情况下,降低安全库存水平。

零售商嘉普公司也采取信息集中化方式来管理库存。如果某一个商店没有顾客想要的规格或颜色的产品,店员就可以通过共享信息系统获得相关的信息,将拥有该产品的距离最近的商店信息告知顾客。那么顾客可以自己去有现货的商店购买,也可以让商店把所需产品送货上门。这样,嘉普公司通过信息集中化,实质上实现了所有零售商店的库存聚集,虽然各个库存在实体上是各自分开的。通过这种管理方法,嘉普公司在确保产品供给水平的同时降低了安全库存量。

沃尔玛公司拥有这样一个信息系统,它允许商店经理查看在其他商店过剩但在本店有可能热卖的产品。公司为各个商店之间调换产品提供运输服务,使产品在最需要的地方出售。因此，沃尔玛公司利用信息集中化和反应型运输系统，在确保高水平的产品供应的同时，降低了公司的安全库存量。

大多数供应链向顾客提供多种产品。当公司拥有多个库存点时，供应链管理者就会面临这样一个关键性决策：是否每个库存点都应该储存所有的产品(显然，一个地区的仓库或零售店不应保存在本地区销售不出去的产品)。

当企业做出库存决策时，必须考虑的一个重要因素是在聚集效应下安全库存量的减少。如果聚集使某种产品必备的安全库存下降很多，那么最好是设立一个中心仓库来储存该类产品。如果聚集使某种产品的必备安全库存量下降有限，那么最好是设立多个分散的库存点来存储该产品，从而降低反应时间和运输成本。

在聚集效应下安全库存量下降，受到需求变异系数的强烈影响。对于需求量变异系数很低的产品来说，可以准确预测其分散的需求，因而其聚集的效果非常小。对于需求变异系数较高的产品而言，很难预测其分散的需求。聚集对于预测精确度的提高作用十分明显，企业因此可以获得巨大利益。

【例 4.11】 格雷杰公司是一家提供维护、修理和经营用产品的供应商，拥有遍布全美的 1 600 家分店。假设有两种产品：大型发动机和工业用清洁剂。每台发动机的价格为 500 美元，每罐清洁剂的价格为 30 美元。每个商店每周的发动机需求量服从正态分布，均值为 20，标准差为 40。每个商店每周的清洁剂需求量也服从正态分布，均值为 1 000，标准差为 100。每个商店的需求量互不影响，发动机和清洁剂的货物供给交付期为 4 周。格雷杰公司的存储成本为 25%。假设立项的补给周期供给水平为 95%。当这两种产品的库存从各个零售店运到一个集中配送中心时，安全库存量下降了多少？

表 4-12 列出了两种产品的安全库存量的各项指标值以及聚集给两种产品所带来的价值收益。所有计算结果都是通过前文介绍的方法以及例 4.11 中的论述得出的。

表4-12 格雷杰公司产品的各项指标聚集的价值

各项指标	发动机	清洁剂
每个商店各自储备库存	10 台	32 罐
每个商店的每周需求量均值	20 台	1 000 罐
标准差	40 台	100 罐
变异系数	2.0	0.1
每个商店的安全库存量	132 台	329 罐
总安全库存量	211 200 台	526 400 罐
安全库存的价值	105 600 000 美元	15 792 000 美元
库存集中在配送中心	32 000 台	1 600 000 罐
每周聚集需求量的均值	1 600 台	4 000 罐
聚集需求的标准差变异系数	0.05	0.002 5
集中的安全库存量	5 264 台	13 159 罐
总安全库存量	211 200 台	526 400 罐
安全库存的价值	2 632 000 美元	394 770 美元
聚集的总安全库存节约	102 968 000 美元	15 397 230 美元
聚集的总库存成本节约	25 742 000 美元	3 849 308 美元
售出单位产品的仓储成本节约	7.74 美元	0.046 美元
节约所占产品成本的百分比	1.55%	0.15%

由表4-12可知，发动机集中储存所得的收益比清洁剂多得多。因此，可以建议格雷杰公司在零售店储存清洁剂，在配送中心储存发动机。假设清洁剂是高需求商品，那么顾客当天就可以在商店买到；假设发动机是低需求商品，那么顾客也许愿意多等一天，以获得所需商品，这一天是商家将货物从配送中心运送到顾客手里所必需的时间。

通常称需求量非常小的商品为滞销商品，该商品通常具有很高的变异系数；称需求量非常大的商品为畅销商品，该商品通常具有较低的变异系数。在许多供应链的专业化配送网络中，畅销商品储存在多个靠近顾客的分散库存点，滞销商品储存在一个集中仓储中心，这样既可以大幅度地降低整个系统所保有的安全库存量，又不损害对顾客的反应时间，也不增加商品的运输成本。

当然，决定产品库存位置时，还需考虑一些其他因素。一个因素是需求的紧迫性，如某种商品由于顾客急需而被认为是急需品，即使该商品具有较高的变异系数，也应该将其存储在零售店；另一个因素是商品的价格，高价商品采用聚集储存方式会比低价商品获益更多。

当一家公司制订电子商务战略时，采用专业化的经营理念非常重要。例如，一家图书连锁店，每个零售店的图书拥有量不超过十万种，其库存图书分为两大类，一是需求量大的畅销书，二是需求量很小的其他图书。因此该公司的电子商务战略设计如下。

零售书店的库存以存储畅销书为主，当然也可以保存其他图书，但每部图书仅保存1册，最多不超过2册，以方便顾客浏览。顾客可以通过书店的电子阅览室而不是实际书库来获得所有的书目，电子阅览室可以通过网站为顾客提供所有的库存图书，这种策略可以使顾客从书店接触到更多种类的图书。这样，顾客就可以在网上书店订购书店里存量少的图书，直接在书店购买存量大的图书。通过这种专业化分工策略将所有滞销图书集中储存，并在网上出售；将所有畅销书分散在各零售书店，使之更接近于读者，便于销售。

嘉普公司也采取了类似的库存策略，将网上销售与零售点结合起来。在零售店里为顾客提供终端设备，使顾客可以上网订购商品。零售店出售畅销商品，顾客可以上网订购颜色或规格滞销的商品。这样，嘉普公司就可以为顾客提供更多品种的商品，而供应链的库存水平也会持续下降。

这样，滞销商品的供应链以运输成本的少许提高为代价，降低了库存成本；而畅销商品通过将其储存于接近顾客的零售店而降低了运输成本，缩短了反应时间。

本 章 小 结

供应链库存管理是供应链管理的重要内容之一，而供应链安全库存是指为了防止由于不确定性因素(如突发性大量订货或供应商延期交货)影响订货需求而准备的缓冲库存，安全库存用于满足实际提前期超过期望提前期所产生的需求。服务水平是一个以顾客为导向的术语，指从订货到收到货物的提前期内，用库存来满足顾客需求所占的比率。这也反映一个公司的产品供给能力。其主要度量方法有补给周期供给水平、订单满足率和累计服务水平。然而在实践中，安全库存和服务水平的目标经常发生冲突：一方面，高客户服务水平要求保有大量的库存，而大量的库存往往会增加供应链总成本；另一方面，为降低供应链成本，尤其是库存成本，又要求减少库存，然而盲目地减少库存容易导致客户服务水平下降。

在确定性条件下，企业的库存决策问题比较简单，不确定条件下的随机库存问题却相对复杂，需要考虑到企业的安全库存。安全库存能够减少提前期内的缺货风险。因此，持有安全库存可以避免因不确定性因素而出现缺货导致供应不足。

 关键术语

安全库存	服务水平	订单满足率	补给周期供给水平
累计服务水平	平均绝对离差	安全因子	服务水平系数
提前期	分散式库存系统	聚集效应	

习 题

1. 选择题

(1) 采用安全库存的原因是_____。
   A. 需求量预测的不确定   B. 需求量预测的确定性
   C. 产品盈余   D. 产品的实际需求量小于预测值

(2) 下列关于安全库存的理解错误的是_____。
   A. 安全库存是指在给定时期，为了满足顾客需求而保有的超过预测数量的库存
   B. 采用安全库存的主要原因是需求预测不确定
   C. 供应链管理者在制订安全库存计划时必须进行收益和成本权衡比较
   D. 对企业来说安全库存越小越好

(3) 供应链的成本管理应该体现在_____。
   A. 供应链的资金流转过程   B. 供应链的资金分配过程
   C. 供应链的价值增值过程   D. 供应链的物流管理过程

(4) 下列关于服务水平的描述，正确的是_____。
   A. 如服务水平为95%，说明需求量的95%将得到满足，这时的缺货风险为5%
   B. 如服务水平为95%，表示提前期内需求以95%的概率不超过供给量，也就是满足需求的概率为95%
   C. 安全库存和服务水平成正比例关系
   D. 服务水平一般定义为在提前期内供给不超过需求的概率

(5) 既是安全库存水平的决定因素，又是自动确定每次订货批量基础的指标是_____。
   A. 订货周期   B. 订货点
   C. 产品需求量   D. 最大库存水平

(6) 订单满足率是指_____。
   A. 在所有的订单需求中，用库存来满足订单需求所占的比率
   B. 补给周期供给水平是指在所有的补给周期中，能满足顾客所有需求的补给周期所占的比率

C. 所有产品中能够满足所有需求的比例，也就是满足所有需求的概率
D. 企业从订货到收到货物的提前期内，用库存来满足顾客需求所占的比率

(7) 聚集效应体现的思想是_____。

A. 供应链库存分散化管理思想　　B. 供应链库存的集成化管理思想
C. 批量库存　　　　　　　　　　D. 循环库存

(8) 可以起到防止缺货，提高服务水平的库存，称为_____。

A. 安全库存　　　　　　　　　　B. 周转库存
C. 运输库存　　　　　　　　　　D. 预期库存

2. 简答题

(1) 安全库存的基本概念是什么？
(2) 简述服务水平的三种度量方法。
(3) 简述影响安全库存的因素。
(4) 如何理解安全库存与服务水平的关系？
(5) 简述聚集效应对安全库存的作用。

3. 判断题

(1) 安全库存量越小越好。　　　　　　　　　　　　　　　　　　　　　　（　）
(2) 利用安全库存作为缓冲，吸收供应链中需求和供应的不确定性。　　　　（　）
(3) 影响安全库存的因素只有服务水平。　　　　　　　　　　　　　　　　（　）
(4) 在服务水平较低时，稍稍增加一点安全库存，服务水平提高的效果不会明显。（　）
(5) 对于需求是确定的，即库存需求率不发生变化，订货提前期也是确定的，订货点就等于订货提前期与需求率之积。　　　　　　　　　　　　　　　　　　（　）
(6) 计算安全库存的 TBM 方法能够体现出时间的影响效果。　　　　　　　（　）
(7) 市场需求具有明显的季节性差别时，可利用改进的标准安全库存计算方法。（　）
(8) 聚集效应下安全库存量不会受到需求变异系数的影响。　　　　　　　　（　）

4. 计算题

(1) 某超市婴儿奶粉日需求量为 65 罐，标准差为 12 罐/天，平均提前期为 3 天，标准差为 1 天。如果客户服务水平不低于 97.7%，若需求量、提前期均服从正态分布，则该超市婴儿奶粉的安全库存量是多少？(安全系数为 2)。

(2) 某超市的某种食用油平均日需求量为 1 000 瓶，并且食用油的需求情况服从标准差为 20 瓶/天的正态分布，提前期固定为 5 天，如果该超市确定的客户服务水平不低于 95%，结合所提供的客户服务水平与安全系数对应关系的常数数据，计算出该食用油的安全库存量是多少？(安全系数为 1.65)

(3) 某汽车制造厂汽车装配生产的速度均匀稳定，平均每天生产 100 辆，发动机的订货进货提前期均值为 10 天，标准差为 1 天，客户服务水平不低于 96%。如果不允许缺货，则其订货点和批量应取多少最合适？(安全系数为 1.75)

5. 思考题

(1) 利用本章理论,解释为什么货物交付期的缩短,在降低产品服务水平的同时,有助于安全库存量的减少。

(2) 企业应如何确定自身的安全库存水平和服务水平?

(3) 讨论安全库存对供应链的作用。

案例分析

通过改善库存管理提高敏捷性

为改善存货管理和采购预测,增加盈利能力,许多合同设备制造商(Contract Equipment Manufacturer, CEM)或原始设备制造商(Original Equipment Manufacturer, OEM)等厂家正通过构造新的业务模式,重新定义它们同分销商的关系。

思科、惠普和 Artesyn 等公司正进行战略转变,以确保它们的准时交货和按订单生产不会因最终产品销售或关键零部件采购而失灵。CEM 正越来越多地扮演库存管理者的角色。它们用于原材料、零部件以及成品的库存达数十亿美元或更多。这些公司已经深入 OEM 的库存管理业务中。而一些顶级分销商也将从库存管理中解放出来,更专注于销售和技术支持业务。

1. 思科公司增加库存数量

思科公司正在酝酿关键元件采购方式的重大转变。这个通信业巨头已经开始自己采购更多的元件。

思科公司现有的采购模式对分销商(主要是安富利和艾睿两家)有严重的依赖。思科公司正在考虑一种纯粹的"交钥匙"模式,在这种模式中 CEM(如 Solectron 或 Celestica 等)可以自行采购关键元件并制造单板级产品。思科公司承认它们已经积累了一些库存,提高了库存量,以更好地适应市场变化。思科公司目前仍然从供应商、两个主要的分销商以及外包厂家那里采购物料。

分销商行业中的有些公司正采用一种较新的财务核算方法,即"流动资金回报"核算法。这种核算方法可提供一种指引,判断对于一种业务模式,分销商可以投入多少流动资金来进行冒险。有人提出与库存管理相关的风险正在增加。

许多复杂的供应链战略需要更多的库存投入,比分销商以前投入的还要多,为了做到这一点,计算投资回报时需要考虑总体情况。

2. 惠普公司集中管理后端库存

惠普公司开始探索一种零库存业务体系,并且从此改变了它们的二级分销渠道模式。在北美,惠普公司实施了其集成伙伴计划以改进与二级分销商的关系。

根据该计划,惠普公司同安富利公司的电脑市场部和艾睿公司的电脑产品分部合作,惠普公司提供 UNIX 服务器以及存储系统等产品的库存及后勤支持,而分销商则负责市场销售、财务及技术服务等业务。

通过集中管理库存并承诺物流服务,惠普公司改善了库存周转率。安富利公司计划以每年 4 千万美元的服务投入取代每年 4 亿美元的库存投入。惠普公司这样做的驱动力来自该行业产品生命周期较短以及库存问题,如某一分销商备有库存而另一分销商需要销售,或者库存在分销商手里而销售是直接进行的。

集成伙伴计划是一种新型模式,分销商与惠普公司是一种服务的关系,而不是传统的充当库存管理者的角色。安富利公司和艾睿公司只是在提供它们的传统业务。有所改变的是,实际的产品直接从惠普公司发运到二级分销商那里。

可以预见,无库存业务虽然处在初探阶段,但由于其巨大的效益,这一模式很可能成为行业未来的发展趋势。

3. Artesyn 公司借助分销商管理库存

因为产品制造的低效率和原材料成本增加等原因，Artesyn 公司被迫调整 2003 年第一季度的财政盈利预测，从原来的 8.55 亿美元降到 7.80 亿美元，降幅达 9%。

为了应付钽电容以及磁性元件在 2003 年度的预期短缺，这家电源产品制造商转向同安富利公司的集成材料业务分部合作。安富利公司的集成材料业务分部准备在中国、欧洲和美国的 Artesyn 生产厂开设 6 个厂内仓库。通过这种合作，Artesyn 公司希望最终能够将运营和物料采购成本降低 20% 以上。通过合理预测，安富利公司能够将交货期由几周降至一到两天。

安富利公司的集成材料业务分部将与 Artesyn 公司的 MRP 系统相连接，监视物料需求情况，自动补充库存。该分销商还将承担将物料从仓库发送到 OEM 的生产厂之间的运输费用。厂内库存以及库存积压所占用的资金由分销商承担，并且由安富利公司对存货进行管理。

艾睿公司也为用户管理着几十个厂内仓库。该公司在 2003 年前三季度，通过厂内库存的销售额增长了 50%。不过，尽管分销商提供的增值业务有所提升，但其核心竞争力还在于管理库存的能力。

事实上，安富利公司过去认为厂内库存业务在其总体业务中的比例将缩小，因为涉及初始成本的增加。但是，现在的情况正好相反。这部分业务在安富利公司总体业务中所占的比例正在增加，因为最终用户意识到，分销是处理物料问题和提高库存反应速度的最好途径，从长远来看还能降低成本。

讨论题

(1) 思科公司为摆脱对分销商的依赖采用了哪些方法？
(2) 惠普公司是怎样集中管理后端库存的？
(3) Artesyn 公司是怎样借助分销商管理库存的？

资料来源：蒋长兵，白丽君，2009. 供应链理论技术与建模[M]. 北京：中国物资出版社.

第5章 库存控制的基本模型

【本章教学要点】

知识要点	掌握程度	相关知识	应用方向
单周期库存需求的概念	熟悉	单周期需求常见的两种情况,订货量和实际需求量的关系	运用单周期库存需求的知识对易腐品以及有效期短的产品可确定最佳订货量
确定最佳订货量的方法	熟悉	期望损失最小法、期望利润最大法和边际分析法	
与库存有关的费用	熟悉	随库存量增加而增加(减少)的费用	
基本经济订货批量模型	掌握	模型的假设、构建、公式	库存决策中最重要的是确定最佳订货量,掌握这几个模型能够很好地解决库存决策问题
经济生产批量模型	掌握	模型的假设、构建、公式	
有数量折扣的经济订货批量模型	掌握	模型的假设、构建、公式	
允许缺货的经济订货批量模型	掌握	模型的假设、构建、公式	
确定性非均匀需求库存问题的基本模型	了解	W-W法	

导入案例

X公司的库存管理和库存控制案例分析

许多CEO们在制定当年的战术目标时都希望将企业的库存降低作为一个非常重要的关键绩效指标，而库存居高不下也经常困扰CEO们。X公司是一家全球化电子消费品公司。该公司在全世界设立了150多个分支机构。在激烈的市场竞争中，管理层逐渐意识到控制公司的库存水平在电子消费品行业中的重要性。因此制定了对供应链进行整合的战术目标。

X公司通过对需求变动原因的收集和分析，制订高精度的销售计划，同时通过缩短计划和周期，尤其是销售计划和生产周期来达到削减库存的目的；通过基于客观指标的需求预测模型，依靠统计手法所得的需求预测和反映销售意图的销售计划分离的机制来使库存风险的明细化；同时通过系统引入，预测销售计划业务的效率化，各业务单位的生产销售计划标准化、共享化来订未来销售拓展计划，进而达到生产销售计划周期的降低。

在完成了上述设计之后，更关键的是在组织和流程方面进行全面的重新确定。在组织方面，重新设计和计划决策部门的职能，划分了需求预测和销售计划的职能；在业务流程设计方面，设计能实现每周计划的业务流程，建立了以统计的预测手段为前提的需求预测流程、独立的需求预测流程和销售计划流程。有了组织和流程的保证，整体的设计得以顺利实现。

有了以上的准备工作，就可以为X公司在系统中构筑新的生产销售流程。公司基于零售实际业绩的预测模型和产品竞争力、季节性、因果要素(需求变动要素)等的统计性预测这两方面的因素，设计了新的预测模型，进而在此基础上，在系统中构筑了新的生产销售流程。这一流程主要基于统计性预测的需求预测系统，实现了需求变动信息的累积功能，以及月、周生产销售精细计划的功能，并可以对需求预测和销售计划之间的差异进行管理，还可以实现批量处理的需求预测、销售计划、生产计划等方案的优化，以上手段结合起来，可以确保新的生产销售流程的顺利推行。

销售计划的预测模型在X公司的推行取得了积极的成效：在管理咨询公司的帮助下，X公司可以依靠系统制订出综合多方因素的销售计划，并且，通过生产、销售计划的编制精度的提高，使得原材料等物料的采购提前期从4天减少到2天。

讨论题：
(1) X公司供应链整合的战术目标是什么？
(2) X公司的供应链整合有哪些具体措施？
(3) 结合本案例，谈谈库存管理和控制对供应链管理的意义。

资料来源：百度文库. 有改编.

【拓展视频】

库存管理是企业生产过程中的重要组成部分，其主要功能是在供需之间建立缓冲区。合理的库存可以满足不确定的顾客需求，调节对生产能力的需求，缓解运营过程中不可预测的问题，降低单位订购费用和生产准备费用。但是，过多的库存会占用企业大量的资金，使企业的资金周转受到限制，降低企业的市场运作能力。因此，库存管理与控制的目的是，既要维持适量的库存，又能合理运用资金，即订货点、订货量及订货提前期的确定。下面将进行详细介绍。

5.1 单周期库存的基本模型

5.1.1 单周期库存问题的描述

单周期订货模型也称单一订货库存模型,主要用于对容易腐烂的物品以及有效期短的产品的订货。这些产品的库存存储问题称为单周期库存问题。

单周期库存控制的关键是要妥善地管理单周期需求。单周期需求也称一次性订货,是指仅仅发生在短时间内或库存较少的需求。单周期需求在企业中一般出现在两种情况:一是"报童问题",指经常发生的某种生命周期短、易过时的、需求不定量的商品的需求,如易腐物品中的水果、蔬菜、水产、鲜花等;二是"圣诞树问题",指偶尔发生的某种物品的需求,如圣诞卡、结婚纪念卡、生日卡等。这些未售出或未使用的单周期需求的产品,过期后其残余价值极小,处置单周期需求的产品会发生一定的费用,甚至是数额不小的费用。

单周期库存问题决策侧重于订货量,没有订货时间决策问题,订货量等于需求预测量。库存控制的关键是确定或预测需求量。

对单周期库存来说,订货量和实际需求量的关系有两种。

(1) 根据预测确定的订货量和实际需求量一致(理想的巧合状态)。

(2) 根据预测确定的订货量和实际需求量不一致(预测误差的客观存在)。

① 如果需求量大于订货量,就会失去潜在的销售机会,形成机会成本(缺货成本)。

② 如果需求量小于订货量,所有未销售出去的物品可能以低于成本的价格出售,甚至可能报损时还需要另外支付处理费用形成陈旧成本(超储成本)。

为了确定最佳的订货量,需要考虑由订货引起的各种费用。因为单周期需求物品的现实需求无法准确预测,而且只能通过一次性订货满足,即使有库存,其费用的变化也不会很大。也正是由于仅发出一次订货和只发生一次性订货费用,因此订货费用可以视为一种沉没成本,与决策无关。因此对最佳订货量的确定起决定性作用的是机会成本和陈旧成本。

确定最佳订货量可采用期望损失最小法、期望利润最大法和边际分析法。这3种方法都是以具备较为完整的历史记录为前提的。因而,在单周期库存模型中,对历史数据的收集、保存和整理具有非常重要的意义。

5.1.2 单周期库存基本模型的计算方法

1. 期望损失最小法

期望损失最小法就是比较不同订货量下的期望损失,取期望损失最小的订货量作为最佳订货量。期望损失的计算公式为

$$期望损失=超储损失之和+缺货损失之和$$

已知库存物品的单位成本为 C,单位售价为 P。若在预定的时间内卖不出去,则单价只能降低至 S ($S<C$) 卖出,若为负表示剩余物品处置需要的费用,单位超储损失为 $C_o = C - S$;若需求超过存货,则单位缺货损失为 $C_u = P - C$。设订货量为 Q 时的期望损失为 $E_L(Q)$,则取使 $E_L(Q)$ 最小的 Q 作为最佳订货量。

$$E_L(Q) = \sum_{d>Q} C_u(d-Q)P(d) + \sum_{d<Q} C_0(Q-d)P(d) \tag{5.1}$$

式中，$P(d)$——需求量为 d 时的概率。

【例 5.1】 按过去的记录，新年期间对某商店挂历的需求分布如表 5-1 所示。已知每份挂历的进价 $C = 50$ 元，售价 $P = 80$ 元。若在 1 个月内卖不出去，则每份挂历只能按 $S = 30$ 元卖出。该商店应该进多少挂历为好？

表 5-1 某商店挂历的需求分布

需求 d/份	0	10	20	30	40	50
概率 $P(d)$	0.05	0.15	0.20	0.25	0.20	0.15

设该商店买进挂历的数量为 Q，当实际需求 $d < Q$ 时，将有一部分挂历卖不出去，每份超储损失为

$$C_0 = C - S = 50 - 30 = 20 \,(\text{元})$$

当实际需求 $d > Q$ 时，将有机会损失，每份欠储损失为

$$C_u = P - C = 80 - 50 = 30 \,(\text{元})$$

当 $Q = 30$ 时，则

$$E_L(Q) = [30 \times (40-30) \times 0.20 + 30 \times (50-30) \times 0.15] +$$
$$[20 \times (30-0) \times 0.05 + 20 \times (30-10) \times 0.15 + 20 \times (30-20) \times 0.20]$$
$$= 280 \,(\text{元})$$

当 Q 取其他值时，可按同样方法计算出 $E_L(Q)$，结果如表 5-2 所示。

表 5-2 期望损失计算结果

订货量 Q/份	实际需求 d/份						期望损失 $E_L(Q)$/元
	0	10	20	30	40	50	
	$P(D=d)$						
	0.05	0.15	0.20	0.25	0.20	0.15	
0	0	300	600	900	1 200	1 500	855
10	200	0	300	600	900	1 200	580
20	400	200	0	300	600	900	380
30	600	400	200	0	300	600	280
40	800	600	400	200	0	300	305
50	1 000	800	600	400	200	0	430

由表 5-2 可以得出期望损失最小的订货量为 30 份，即 30 份为最佳订货量。

2. 期望利润最大法

期望利润最大法就是比较不同订货量下的期望利润，取期望利润最大的订货量作为最佳订货量。设订货量为 Q 时的期望利润为 $E_P(Q)$，则

$$E_P(Q) = \sum_{d<Q}[C_u d - C_0(Q-d)]P(d) + \sum_{d\geq Q} C_u Q P(d) \tag{5.2}$$

以例 5.1 的数据为资料，用期望利润最大法求最佳订货量。

当 $Q = 30$ 时，则

$$E_p(30) = [30 \times 0 - 20 \times (30-0)] \times 0.05 + [30 \times 10 - 20 \times (30-10)] \times 0.15 +$$
$$[30 \times 20 - 20 \times (30-20)] \times 0.20 + 30 \times 30 \times 0.25 + 30 \times 30 \times 0.20 +$$
$$30 \times 30 \times 0.15$$
$$= 575 (元)$$

当 Q 取其他值时，可按同样方法计算出 $E_p(Q)$，结果如表 5-3 所示。

表 5-3 期望利润计算结果

订货量 Q/份	实际需求 d/份						期望利润 $E_p(Q)$/元
	0	10	20	30	40	50	
	P(D=d)						
	0.05	0.15	0.20	0.25	0.20	0.15	
0	0	0	0	0	0	0	0
10	−200	300	300	300	300	300	275
20	−400	100	600	600	600	600	475
30	−600	−100	400	900	900	900	575
40	−800	−300	200	700	1 200	1 200	550
50	−1 000	−500	0	500	1 000	1 500	425

由表 5-3 可以得出期望利润最大的订货量为 30 份，即 30 份为最佳订货量。这与期望损失最小法得出的结果相同。

3. 边际分析法

对于单周期库存决策问题，除了可采用上述基于概率决策准则的期望损失最小法和期望利润最大法来求解最佳订货量，还可以采用边际分析法。

边际分析法的主要着眼点是如果增加一个单位订货(多生产或多购买一个单位)，那么此单位订货最后只有两种可能：卖出或不能卖出。增加的这一单位订货何时能够售出由市场需求决定。在无法确定的情况下，市场需求仅能以销售概率来表示。于是考虑是否要增加这一单位订货，应评估该单位订货可能售出的概率。若其能售出的概率高，则可增加此单位订货，否则不宜增加该单位订货。

增加一个单位的订货，其出售所得的利润称为边际利润(Marginal Profit，MP)，边际利润乘以该增加单位订货售出的概率，则为期望边际利润；其未能售出所受的损失称为边际损失(Marginal Loss，ML)，边际损失乘以该增加单位订货不能售出的概率，则为期望边际损失。

可用边际分析法进行库存决策，计算出最佳订货量。最佳订货量是指当订货量再增加一个单位时，该单位订货的期望边际利润小于其期望边际损失，或者说销售最后一件商品所得的期望利润大于或等于最后一件商品未被售出时所带来的期望损失。这一条件可用式(5.3)表示。

$$P \times MP \geqslant (1-P) \times ML \tag{5.3}$$

式中，P——该件产品售出的概率。

按式(5.3)求解 P 可得

$$P \geqslant ML/(MP+ML) \tag{5.4}$$

式(5.4)表明订货量应当增加到最后一件商品的售出概率等于或大于比值 $ML/(MP+ML)$。未出售商品的处理收益作为残值，可用于抵扣边际损失。

【例 5.2】 某超市销售某种品牌的月饼，每盒进价 70 元，零售价为 100 元，过了中秋节，未售出的月饼以每盒 20 元的价格退回生产厂家。最后两天的需求量估计为 35～40 盒，35 盒肯定能够售出，40 盒以上一定卖不出去。需求概率以及相关的累积概率分布如表 5-4 所示。该超市应该订购多少盒月饼？

表 5-4 需求概率与累积概率分布

需求件数	需求的概率分布	第几盒	售出的概率
35	0.10	1～35	1.00
36	0.15	36	0.90
37	0.25	37	0.75
38	0.25	38	0.50
39	0.15	39	0.25
40	0.10	40	0.10
41	0	41 或更多	0

每盒月饼的边际利润等于售价减去成本，即

$$MP = 100 - 70 = 30(元)$$

月饼未售出时每盒的边际损失等于单位成本减去残值，即

$$ML = 70 - 20 = 50(元)$$

因此，最后一盒月饼的售出概率 P 应满足以下关系

$$P \geqslant ML/(MP+ML) = 50/(30+50) = 0.625$$

由累积概率表可知，月饼售出概率大于或等于 0.625 时应该订购 37 盒。第 37 盒月饼售出的概率是 0.75。订购第 37 盒月饼的净利润等于期望边际利润减去相应的期望边际损失。

表 5-5 列出了所有决策方案的情况，从该表的最后一列可知，最佳订货量是 37 盒。

表 5-5 含残值的边际存储分析

需求件数 (N)	需求的概率分布	第 N 盒售出的概率(P)	第 N 盒的期望边际利润($P \times MP$)	第 N 盒的期望边际损失$[(1-P) \times ML]$	第 N 盒的净利润 $MP-ML$
35	0.10	1.00	30	0	30
36	0.15	0.90	27	5	22
37	0.25	0.75	22.5	12.5	10
38	0.25	0.50	15	25	-10
39	0.15	0.25	7.5	37.5	-30
40	0.10	0.10	3	45	-42
41	0	0	0	50	-50

5.2 确定性均匀需求库存问题的基本模型

多周期需求指在足够长的时间里对某种物品的重复的、连续的需求，其库存需要不断地补充。与单周期需求相比，多周期需求问题比较普遍，人们研究得也比较多。

需求率(单位时间内的需求量)和订货提前期(发出订货与订货到达之间的时间)是影响订货系统的重要变量。在现实生活中，这两个变量都是随机变量。这里讨论的重点是需求率与订货提前期不相关，并且都是确定的情况，即确定性问题。

对于确定性多周期库存模型，可分为均匀需求情况下的经济订货批量模型、经济生产批量模型和价格折扣模型以及非均匀需求情况下的动态批量模型。本节讨论均匀需求情况下的库存批量优化问题。

5.2.1 与库存有关的费用

与库存有关的费用分为两类：一类是随着库存量的增加而增加的费用；另一类是随着库存量的增加而减少的费用。正是因为这两类库存费用相互作用，才会产生经济订货批量。

随库存量增加而增加的费用包括以下几项。

(1) 资金的成本。库存的资源本身是有价值的，占用了资金。这些资金本可以用于其他活动以创造新的价值，库存使这部分资金闲置起来，造成机会损失。资金成本是维持库存物品本身所必需的花费。

(2) 仓储空间费用。要维持库存必须建造仓库、配备设备，还有供暖、照明、修理、保管等开支。仓储空间费用是维持仓储空间的费用。

(3) 物品变质和陈旧。在闲置过程中，物品会变得陈旧或发生变质，如金属生锈、药品过期、油漆褪色、鲜货变质等，这又会造成一部分的损失。

(4) 税收和保险。

以上费用都随库存量增加而增加。如果只有随着库存费用增加而增加的费用，则库存量越少越好。但也有随着库存量增加而减少的费用，使得库存量既不能太低，也不能太高。

随库存量增加而减少的费用包括以下几项。

(1) 订货费。订购货物在整个订货过程中发生的全部费用，包括差旅费、通信费、各种手续费、招待费以及因为订货而支付给订货人员的费用等。它一般与订货次数有关，而与一次订货量无关。一次订货量大，分摊在每项物资上的订货费就少。

(2) 调整准备费。在生产过程中，工人加工零件，一般需要准备图纸、工艺和工具，需要调整机床、安装工艺装备，这些活动都需要时间和费用。如果花费一次调整准备费，多加工一些零件，则分摊到每个零件上的调整准备费就少。

(3) 购买费和加工费。采购或加工的批量大，可能会有价格折扣。

(4) 生产管理费。加工批量大，为每批工件安排的工作量就会少。

(5) 缺货损失成本。批量大则发生缺货的情况就少，缺货损失就少。

计算库存总费用，一般以年为时间单位。归纳起来，年库存总费用(Total Cost，TC)包括以下 4 项。

(1) 年库存维持费用(holding cost)，以 C_h 表示，是维持库存所必需的费用，包括资金成本、仓库及设备折旧、税金、保险、陈旧化损失等。这部分费用与物品平均价值和平均库存量有关。

(2) 年订货费用(ordering cost)，以 C_r 表示，与全年发生的订货次数有关，一般与一次订货多少无关。

(3) 年购买费用(加工费)(purchasing cost)，以 C_p 表示，与价格和订货数量有关。

(4) 年缺货损失费(shortage cost)，以 C_s 表示，反映失去销售机会带来的损失、信誉损失以及影响生产造成的损失。它与缺货多少、缺货次数有关。

所以，年库存总费用可表示为

$$TC = C_h + C_r + C_p + C_s \tag{5.5}$$

5.2.2 基本经济订货批量模型

在了解了与库存有关的费用之后，首先要研究基本经济订货批量(Economic Order Quantity，EOQ)模型。早在 1915 年，哈里斯(Harris)对银行货币的储备进行了详细的研究，建立了一个确定性的库存费用模型，并确定了最优解，即最佳批量。1934 年，威尔逊(Wilson)重新得出了哈里斯的公式，即经济订货批量公式或称威尔逊公式。经济订货批量模型研究了如何从经济的角度确定最佳库存数量，从根本上改变了人们对库存决策问题的传统认识，是对库存理论研究的一个重大突破。

基本经济订货批量模型假设如下。

(1) 只涉及一种产品。

(2) 需求是已知的常数，即需求是均匀的。年需求率以 D 表示，单位时间需求率以 d 表示。

(3) 不允许发生缺货，即当库存量降为零时，就应进行货物补充。

(4) 订货提前期是已知的，且为常量。

(5) 交货提前期为零，即发出补货请求后货物补充到位。

(6) 一次订货量无最大最小限制。

(7) 订货费与订货批量无关。

(8) 产品成本不随批量而变化，即没有数量折扣。

在以上假设下，经济订货批量图解模型如图 5.1 所示。系统的最大库存量为 Q，最小库存量为 0，不发生缺货，库存按固定需求率 D 减少。当库存降低到订货点 R 时，就发出订货 Q，经过一个固定的订货提前期 L_T，新的一批订货 Q 到达(订货刚好在库存变为 0 时到达)，库存量立即达到 Q。显然，平均库存量为 $\dfrac{Q}{2}$。

为简单起见，考虑一个年度内的库存总费用，其基本公式为

$$TC = C_h + C_r + C_p$$

其中，库存维持费用(库存保管费用)是维持一定数量的库存所需支付的管理人员工资、场地租金、保险费、利息等的总和。其计算公式为

$$C_h = \frac{1}{2}QH \tag{5.6}$$

式中，Q——订货量；H——单位库存维持费用。

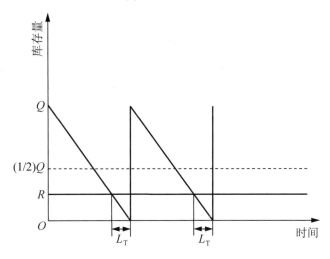

图 5.1　经济订货批量图解模型下的库存量变化

订货费用是订购一批货物所必须支出的费用，如与供应商的信函联系费用、采购人员的差旅费等。设年需求量为 D，每次订货的费用为 S，则每年的订货费用为

$$C_r = \frac{DS}{Q} \tag{5.7}$$

购买费用为

$$C_p = CD \tag{5.8}$$

所以年库存总费用为

$$\text{TC} = \frac{1}{2}QH + \frac{DS}{Q} + CD \tag{5.9}$$

图 5.2 所示为库存总费用随订货量的变化情况。

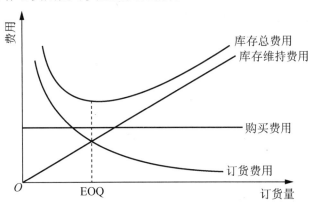

图 5.2　库存成本曲线

库存总费用曲线为库存维持费用曲线、订货费用曲线、购买费用曲线的叠加。库存维持费用曲线与订货费用曲线有一个交点，其对应的订货量就是经济订货批量。为了求出使得年库存总费用最小的订货量，将式(5.9)对 Q 求导，并令其一阶导数等于零，即

$$\frac{d\text{TC}}{dQ} = \frac{1}{2}H - \frac{DS}{Q^2} = 0 \tag{5.10}$$

由式(5.10)可得经济订货批量为

$$Q^* = \sqrt{\frac{2DS}{H}} \tag{5.11}$$

最优订货周期为

$$T^* = \frac{Q^*}{D} \tag{5.12}$$

在经济订货批量为 Q^* 时的年订货次数为

$$n = \frac{D}{Q^*} \tag{5.13}$$

将式(5.11)代入式(5.9)，得年库存总费用的最优值为

$$TC^* = \sqrt{2DSH} + CD \tag{5.14}$$

订货点为

$$R = dL_T \tag{5.15}$$

【例 5.3】 某企业因生产需要，每年都会以 20 元的单价购入一种零件 6 000 件。每次订货费用为 60 元，资金年利率为 6%，单位库存维持费按库存物价值的 4%计算。若每次订货的提前期为 2 周，试求经济订货批量、最低年库存总费用、年订购次数和订货点。

由题意可知，$C = 20$ 元/件，$D = 6\,000$ 件/年，$S = 60$ 元，$L_T = 2$ 周，$H =$ 资金利息+仓储费用，即

$$H = 20 \times 6\% + 20 \times 4\% = 2\,[元/(件 \cdot 年)]$$

因此经济订货批量为

$$Q^* = \sqrt{\frac{2DS}{H}} = \sqrt{\frac{2 \times 6\,000 \times 60}{2}} = 600\,(件)$$

最低年库存总费用为

$$TC^* = \frac{1}{2}Q^*H + \frac{DS}{Q^*} + CD = \frac{600}{2} \times 2 + \frac{6\,000}{600} \times 60 + 6\,000 \times 20 = 121\,200\,(元)$$

年订购次数为

$$n = \frac{D}{Q^*} = \frac{6\,000}{600} = 10\,(次)$$

订货点为

$$R = dL_T = \frac{D}{52} \times 2 = \frac{6\,000}{52} \times 2 \approx 230\,(件)$$

5.2.3 经济生产批量模型

经济订货批量模型假设库存的补货是瞬时到货，这种假设不符合企业生产过程的实际，显然是一种理想状态。一般来说，在进行某种产品生产时，成品是逐渐生产出来的。也就是说，当生产率大于需求率时，库存是逐渐增加的，不是一瞬间补上去的。要使库存不致无限增加，当库存达到一定量时，应该停止生产一段时间。由于生产系统调整准备时间的存在，在补充成品库存的生产中，也有一个一次生产多少的最经济的问题，这就是经济生产批量问题。经济生产批量(Economic Production Lot，EPL)模型又称经济生产量(Economic

Production Quantity,EPQ)模型。

图 5.3 描述了在经济生产批量模型下库存量随时间变化的过程。

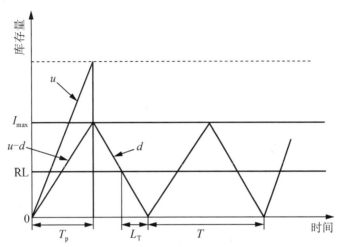

图 5.3 经济生产批量模型下的库存量变化

生产在库存为 0 时开始进行,由于生产率 u 大于需求率 d,库存将以 $u-d$ 的速率上升。经过时间 T_p,库存达到最大(I_{max})。生产停止后,库存按需求率 d 下降,经过时间 T 库存减少到 0,生产重新开始,就这样周而复始地循环变化。

经济生产批量模型与经济订货批量模型的不同之处在于:①产品是逐渐生产出来的,所以不是瞬时交货而是连续补充库存;②在生产过程中用生产准备费用替代采购中的订货费用。其他假设条件与经济订货批量模型相同。模型用到的部分符号及其含义如表 5-6 所示,其余符号同经济订货批量模型。

表 5-6 经济生产批量模型的符号及其含义

符号	含义	符号	含义
Q	生产批量	T	生产间隔期
I_{max}	生产结束时的实际库存量	R_L	订货点
u	生产率	L_T	订货提前期
d	需求率	S	每次生产的调整准备费用
T_p	每周期生产时间		

若不允许缺货,参照对 EOQ 模型的分析,年库存总费用可表示为
$$TC = C_h + C_r + C_p$$
其中
$$C_r = \frac{DS}{Q}, \quad C_p = CD \tag{5.16}$$

EPQ 模型与 EOQ 模型的不同之处是,由于补货率不是无限大,平均库存量不是 $\frac{Q}{2}$,而

是 $\dfrac{I_{\max}}{2}$。由图 5.3 可以看出

$$I_{\max} = T_p(u-d) \tag{5.17}$$

又因为 $Q = uT_p$，所以 $T_p = \dfrac{Q}{u}$。

因此年库存总费用为

$$TC = C_h + C_r + C_p = \dfrac{HQ}{2}\left(1-\dfrac{d}{u}\right) + \dfrac{DS}{Q} + CD \tag{5.18}$$

将式(5.18)对 Q 求导，并令其一阶导数等于零，即

$$\dfrac{dTC}{dQ} = \dfrac{u-d}{2u}H - \dfrac{DS}{Q^2} = 0 \tag{5.19}$$

解式(5.19)，可得经济生产批量 Q^* 为

$$Q^* = \sqrt{\dfrac{2DS}{H\left(1-\dfrac{d}{u}\right)}} \tag{5.20}$$

经济生产批量下订货间隔时间是关于订货量与需求率的函数。

$$\text{订货间隔时间} = \dfrac{Q^*}{d} \tag{5.21}$$

生产时间是关于订货量与生产率的函数。

$$\text{生产时间} = \dfrac{Q^*}{u} \tag{5.22}$$

由式(5.20)可得，当生产率 u 趋于无穷大时，EPQ 模型与 EOQ 模型是一样的，所以可以将 EOQ 模型看成 EPQ 模型的特例。另外也可将 EPQ 模型应用到以一定速率连续补货与消耗的库存模型中。

【例 5.4】 一家玩具制造厂每年使用 48 000 个橡胶轮子制造深受大众喜爱的自动装卸卡车系列玩具。这家工厂自己制造轮子，以每天 800 个的速度生产。玩具卡车一律都是全年生产。每个轮子的年库存成本为 1 美元，每一次生产运作的备货成本是 45 美元。工厂每年运营 240 天，试求：①经济生产批量；②最大库存水平；③订货间隔时间；④生产时间。

已知 $D = 48\,000$ 个/年，$S = 45$ 美元/次，$H = 1$ 美元/(个·年)，$u = 800$ 个/天，$d = 48\,000/240 = 200$ 个/天。

① 经济生产批量为

$$Q^* = \sqrt{\dfrac{2DS}{H\left(1-\dfrac{d}{u}\right)}} = \sqrt{\dfrac{2 \times 48\,000 \times 45}{1 \times \left(1-\dfrac{200}{800}\right)}} = 2\,400\,(\text{个})$$

② 最大库存水平为

$$I_{\max} = Q^*(u-d)/u = 2\,400 \times (800-200)/800 = 1\,800\,(\text{个})$$

③ 订货间隔时间为

$$T = \dfrac{Q^*}{d} = \dfrac{2\,400}{200} = 12\,(\text{天})$$

④ 生产时间为

$$T_p = \frac{Q^*}{u} = \frac{2\,400}{800} = 3\,(\text{天})$$

5.2.4 有数量折扣的经济订货批量模型

在经典的经济订货批量模型中，第 8 条假设是，产品成本不随批量而变化，即没有数量折扣。但在现实生活中，数量折扣是司空见惯的事情。为了诱发更大的购买行为，供应商往往在订购数量大于某个固定值时提供价格优惠。例如，芝加哥的一家手术用品公司印发的绷带价目表如表 5-7 所示，每箱绷带的价格随着订货数量的增加而降低。

表 5-7　绷带价目表

订货数量/箱	每箱价格/美元
1～44	2.00
45～69	1.70
70 以上	1.40

价格折扣对于供应商是有利的。因为生产批量越大，生产成本越低，扩大销售可以占领市场，获取更大利润。价格对于客户是否有利，要做具体分析。

如果订购量大于供应商规定的折扣数量，购货厂家自然会愿意接受优惠价格，但当订货量小于这一订货量时，就要分析购买者是否愿意接受这一价格优惠。因为购货厂家争取数量折扣时，一方面可以使库存的单位成本下降，订货费用减少，运输费用降低，缺货损失减少，抵御涨价的能力增强；但在另一方面又使库存量增大，库存管理费也可能因此上升，流动资金的周转减慢，库存货物可能老化、陈旧。因此，问题的关键在于增加订货后是否有净收益，若接受折扣所产生的费用小于订购经济订货批量所产生的总费用，就应该增加订货而接受价格折扣。

由于有价格折扣，物资的单价不再固定，因而传统的经济订货批量公式不能简单地套用。年订货费用与价格折扣无关，其费用曲线与经济订货批量模型的费用曲线相同。由于库存维持费用和购买费用与物品的单位价格有关，所以不同价格水平的库存维持费用和购买费用不同，导致年库存总费用也不同，如图 5.4 所示。年库存总费用是一条不连续的曲线，但是无论怎样变化，最经济的订货批量仍然是年库存总费用曲线上最低点所对应的数量。由于价格折扣模型的年库存总费用曲线不连续，因此成本最低点是一阶导数为零的点(切线水平的点)或是曲线的间断点。

整个经济订货批量的确定过程根据库存维持费用的不同形式而确定。

1. 库存维持费用为常数

经济订货批量的确定步骤如下。

(1) 计算经典的经济订货批量。
(2) 每个单位价格只在各自的可行范围内有一个经济订货批量，因为各范围不重叠。

如果可行经济订货批量在最低价格范围内，即为最优订货批量；如果可行经济订货批量在其他范围内，为各最低单位价格的价格间断计算经济订货批量总费用，其中最低总费用对应的数量(经济订货批量或价格间断)便是最优订货批量。

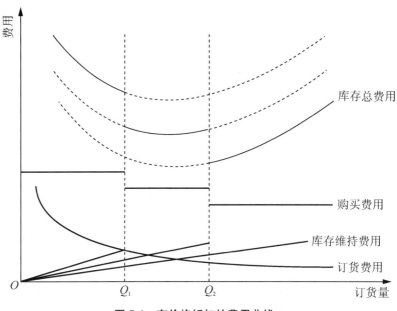

图 5.4 有价格折扣的费用曲线

【例 5.5】 一家大医院的维修部每年使用大约 816 箱液体清洁剂,每次订货的费用是 12 美元,单位库存维持费用是每年每箱 4 美元,清洗剂价目表如表 5-8 所示。试确定最优订货量与总成本。

表 5-8 清洁剂价目表

订货数量/箱	单价/(美元/箱)
1~49	20
50~79	18
80~99	17
100 以上	16

总成本曲线如图 5.5 所示。

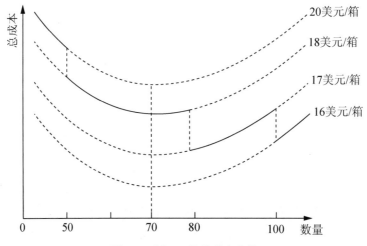

图 5.5 例 5.5 的总成本曲线

由题意可知，$D = 816$ 箱/年，$S = 12$ 美元，$H = 4$ 美元/(箱·年)。

(1) 经典的经济订货批量为

$$\text{EOQ} = \sqrt{\frac{2DS}{H}} = \sqrt{\frac{2 \times 816 \times 12}{4}} \approx 70(\text{箱})$$

(2) 由于 70 箱落在 50～79 的范围之内，70 箱商品应以 18 美元/箱的价格购买。一年购买 816 箱的总成本以每批 70 箱计算，应该是

$$\begin{aligned}\text{TC}_{70} &= \text{库存维持费用} + \text{订货费用} + \text{购买费用} \\ &= \frac{1}{2}QH + \frac{DS}{Q} + CD \\ &= (70/2) \times 4 + (816/70) \times 12 + 18 \times 816 \\ &\approx 14\,968(\text{美元})\end{aligned}$$

由于寻找更低的成本范围，应该再检查一下是否还有比每箱 18 美元、每批 70 箱成本更低的订货方式存在。为了以 17 美元/箱的成本购买，至少需要每批 80 箱。因为总成本曲线是上升的，80 箱在其相应范围内应存在最低总成本。80 箱的总成本为

$$\text{TC}_{80} = (80/2) \times 4 + (816/80) \times 12 + 17 \times 816 \approx 14\,154(\text{美元})$$

为得到 16 美元每箱的成本，每批至少需要 100 箱，总成本为

$$\text{TC}_{100} = (100/2) \times 4 + (816/100) \times 12 + 16 \times 816 \approx 13\,354(\text{美元})$$

综合上面分析可知，每批 100 箱时的总成本最低，100 箱是整个可行范围内的最优订货批量。

2. 库存维持费用以价格百分比形式表达

经济订货批量的确定步骤如下。

(1) 取最低价格代入 EOQ 模型公式，求出最优订货批量 Q^*，若 Q^* 可行(所求点在曲线上)，Q^* 即为最优订货批量，否则转步骤(2)。

(2) 取次低价格代入 EOQ 模型公式，求出最优订货批量 Q^*，若 Q^* 可行，计算订货量为 Q^* 时的库存总费用，并与价格更低范围的间断点的库存总费用进行比较，取其最低费用对应的数值，便是最优订货批量。

(3) 如果 Q^* 不可行，重复步骤(2)。

【例 5.6】 某电器公司每年需要 4 000 只开关。开关的价格为：购买数量为 1～499 个，每个开关 0.90 元；购买数量为 500～999 个，每个开关 0.85 元；购买数量在 1 000 个及以上，每个开关 0.82 元。每次订货的费用为 18 元，库存维持费用率为 18%，求经济订货批量和年库存总费用。

由题意可知，$D = 4\,000$ 只/年，$S = 18$ 元/次，$I = 18\%$，单位库存维持费随其单价而变，具体结果如表 5-9 所示。

表 5-9　开关的价目表和库存维持费用

订货数量/只	单价/(元/只)	单位库存维持费用/元
1～499	0.90	0.18×0.90=0.162
500～999	0.85	0.18×0.85=0.153
1 000 及以上	0.82	0.18×0.82=0.147 6

(1) 从最低价格开始，为各种价格寻找经济订货批量，直到确定出可行的经济订货批量为止。

$$EOQ_{0.82} = \sqrt{\frac{2DS}{H}} = \sqrt{\frac{2 \times 4\,000 \times 18}{0.147\,6}} \approx 988(个)$$

因为 $EOQ_{0.82} = 988$ 落在 500~999 区间内，不在每只 0.82 元的优惠范围(1 000 个及以上)，所以不是可行解，再取单价为 0.85 元进行计算。

$$EOQ_{0.85} = \sqrt{\frac{2DS}{H}} = \sqrt{\frac{2 \times 4\,000 \times 18}{0.153}} \approx 970(个)$$

$EOQ_{0.85} = 970$ 落在 500~999 区间内，是可行解。

(2) 计算 $EOQ_{0.85} = 970$ 的库存总费用，并且与取得最低价格折扣的最小数量的库存总费用进行比较。

$$TC_{970} = \frac{1}{2}QH + \frac{DS}{Q} + CD$$
$$= (1/2) \times 970 \times 0.153 + (4\,000/970) \times 18 + 0.85 \times 4\,000$$
$$\approx 3\,548(元)$$

$$TC_{1\,000} = \frac{1}{2}QH + \frac{DS}{Q} + CD$$
$$= (1/2) \times 1\,000 \times 0.147\,6 + (4\,000/1\,000) \times 18 + 0.85 \times 4\,000$$
$$\approx 3\,426(元)$$

因为 $TC_{1\,000} < TC_{970}$，所以库存总费用最低的经济订货批量为 1 000 只开关。

5.2.5 允许缺货的经济订货批量模型

在某种情况下，只要不影响到企业的信誉，可以允许缺货现象存在。允许缺货比不允许缺货时的库存量要小，且保管费要少。但是，由于缺货要支付一定的缺货损失费，当缺货损失费太大而使缺货不合算时，此模型为不允许缺货的经典的经济订货批量模型。

图 5.6 给出了允许缺货的经济订货批量模型中库存量与时间的关系，其中 Q_s 为一周期内的最大缺货量。每批的订货量为

$$Q = Q_1 + Q_s \tag{5.23}$$

【拓展视频】

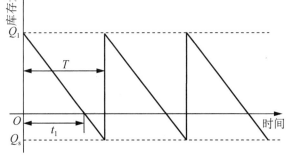

图 5.6 库存量与时间的关系

假定采用"缺货预约"的方法,即将未能满足的需求量作为缺货予以登记,待进货后立即进行补偿。由图 5.6 可知,在 $[0,T]$ 时间内的平均库存量为 $\dfrac{Q_1 t_1}{2T}$,平均缺货量为 $Q_s(T-t_1)/2T$,所以在 $[0,T]$ 时间内,

$$\text{库存维持费用} = \frac{1}{2}HQ_1 t_1 \tag{5.24}$$

$$\text{缺货损失费} = \frac{1}{2}C_{\text{lost}}Q_s(T-t_1) = \frac{1}{2}C_{\text{lost}}(Q-Q_1)(T-t_1) \tag{5.25}$$

式中,C_{lost} ——单位时间单位缺货损失。

设订货费用为 S,生产成本为 CQ,则

$$\text{TC} = \frac{1}{2}HQ_1 t_1 + \frac{1}{2}C_{\text{lost}}(Q-Q_1)(T-t_1) + S + CQ \tag{5.26}$$

于是单位时间内存储货物所需总费用的平均值为

$$\overline{\text{TC}} = \frac{HQ_1 t_1}{2T} + \frac{C_{\text{lost}}(Q-Q_1)(T-t_1)}{2T} + \frac{S}{T} + \frac{CQ}{T} \tag{5.27}$$

其中,Q、Q_1、T、t_1 为决策变量,且满足

$$Q = DT, \quad Q_1 = Dt_1 \tag{5.28}$$

于是库存总费用的模型为

$$\min \overline{\text{TC}} = \frac{HQ_1 t_1}{2T} + \frac{C_{\text{lost}}(Q-Q_1)(T-t_1)}{2T} + \frac{S}{T} + \frac{CQ}{T}$$

$$s.t. \quad Q = DT, \ Q_1 = Dt_1, \ Q \geqslant 0, \ Q_1 \geqslant 0, \ T \geqslant 0, \ t_1 \geqslant 0 \tag{5.29}$$

由式(5.28)可得

$$T = \frac{Q}{D}, \quad t_1 = \frac{Q_1}{D} \tag{5.30}$$

将式(5.30)代入式(5.27)得

$$\overline{\text{TC}} = \frac{HQ_1^2}{2Q} + \frac{C_{\text{lost}}(Q-Q_1)^2}{2Q} + \frac{DS}{Q} + CD \tag{5.31}$$

式(5.31)中关于 Q 和 Q_1 的偏导数分别为

$$\frac{\partial \overline{\text{TC}}}{\partial Q} = \frac{C_{\text{lost}}}{2} - \frac{(H+C_{\text{lost}})Q_1^2}{2Q^2} - \frac{DS}{Q^2} \tag{5.32}$$

$$\frac{\partial \overline{\text{TC}}}{\partial Q_1} = \frac{(H+C_{\text{lost}})Q_1}{Q} - C_{\text{lost}} \tag{5.33}$$

由方程组

$$\begin{cases} \dfrac{\partial \overline{\text{TC}}}{\partial Q} = 0 \\ \dfrac{\partial \overline{\text{TC}}}{\partial Q_1} = 0 \end{cases}$$

可解得模型的最优解为

$$Q^* = \sqrt{\frac{2DS(H+C_{\text{lost}})}{HC_{\text{lost}}}} \tag{5.34}$$

$$Q_1^* = \frac{C_{\text{lost}}Q^*}{H+C_{\text{lost}}} = \sqrt{\frac{2DSC_{\text{lost}}}{H(H+C_{\text{lost}})}} \tag{5.35}$$

$$T^* = \frac{Q^*}{D} = \sqrt{\frac{2S(H+C_{\text{lost}})}{HC_{\text{lost}}D}} \tag{5.36}$$

$$t_1^* = \frac{Q_1^*}{D} = \sqrt{\frac{2C_{\text{lost}}S}{HD(H+C_{\text{lost}})}} \tag{5.37}$$

最优值为

$$TC^* = \sqrt{\frac{2SHC_{\text{lost}}D}{H+C_{\text{lost}}}} + CD \tag{5.38}$$

最大缺货量为

$$Q_s^* = Q^* - Q_1^* = \frac{H}{H+C_{\text{lost}}} \cdot Q^* = \sqrt{\frac{2SHD}{C_{\text{lost}}(H+C_{\text{lost}})}} \tag{5.39}$$

当 $C_{\text{lost}} \to +\infty$（不允许缺货）时，$\dfrac{C_{\text{lost}}}{H+C_{\text{lost}}} \to 1$，故有

$$Q^* \to \sqrt{\frac{2DS}{H}} \tag{5.40}$$

$$Q_1^* \to \sqrt{\frac{2DS}{H}} \tag{5.41}$$

$$T^* \to \sqrt{\frac{2S}{HD}} \tag{5.42}$$

$$t_1^* \to \sqrt{\frac{2S}{HD}} \tag{5.43}$$

该结果与 5.2.2 节中的经典经济订货批量模型的结果是一致的。

又已知，在经典经济订货批量模型中，平均库存量为

$$\frac{1}{2}Q^* = \frac{1}{2}\sqrt{\frac{2DS}{H}} \tag{5.44}$$

现在考虑允许缺货后，平均库存量为

$$\frac{Q_1^* t_1^*}{2T^*} = \frac{1}{2}\sqrt{\frac{2DS}{H}}\left(\frac{C_{\text{lost}}}{H+C_{\text{lost}}}\right)^{\frac{3}{2}} < \frac{1}{2}\sqrt{\frac{2DS}{H}} \tag{5.45}$$

因此，考虑缺货后平均存储量得到降低，从而减少了库存维持费用。

允许缺货时，订货周期为

$$\sqrt{\frac{2S(H+C_{\text{lost}})}{HC_{\text{lost}}D}} = \sqrt{\frac{2S}{HD}} \cdot \sqrt{\frac{H+C_{\text{lost}}}{C_{\text{lost}}}} > \sqrt{\frac{2S}{HD}} \tag{5.46}$$

因此，允许缺货时，订货周期延长了。

【例 5.7】 某厂对某种材料的全年需要量为 1 040 吨，其单价为 1 200 元/吨。每次采购该种材料的订货费为 2 040 元，每年保管费为 170 元/吨，考虑缺货，并且缺货损失为每年

每吨 500 元。求每次最优订货批量为多少？每年应订货多少次？每年库存总费用为多少？

由题意可知，$D = 1\,040$ 吨/年，$H = 170$ 元/(吨·年)，$S = 2\,040$ 元，$C = 1\,200$ 元/吨，$C_{\text{lost}} = 500$ 元/(吨·年)。

由式(5.34)~式(5.39)可得

$$Q^* = \sqrt{\frac{2 \times 1\,040 \times 2\,040 \times (170 + 500)}{170 \times 500}} \approx 183 \text{ (吨)}$$

$$Q_1^* = \frac{500}{170 + 500} \times 183 \approx 137 \text{ (吨)}$$

$$Q_s^* = 183 - 137 = 46 \text{ (吨)}$$

$$T^* = \frac{183}{1\,040} \approx 0.176 \text{ (年)}$$

$$t_1^* = \frac{137}{1\,040} \approx 0.132 \text{ (年)}$$

$$TC^* = \sqrt{\frac{2 \times 2\,040 \times 170 \times 500 \times 1\,040}{170 \times 500}} + 1\,200 \times 1\,040$$

$$\approx 23\,202 + 1\,248\,000$$

$$= 1\,271\,202 \text{ (元)}$$

每年订货次数为

$$n^* = \frac{1\,040}{183} \approx 5.68 \text{ (次)}$$

由于订货次数应为正整数，故可分别比较订货次数为 5 次和 6 次的费用。若每年订货 6 次，则订货周期和订货量分别为

$$T = \frac{1}{6} \text{ (年)}, \quad Q = \frac{1\,040}{6} \text{ (吨)}$$

由式(5.31)可知，当 Q 为常数时，$\overline{TC}$ 是 Q_1 的一元函数。这时式(5.33)的偏导数 $\frac{\partial \overline{TC}}{\partial Q_1}$ 即为导数 $\frac{d\overline{TC}}{dQ_1}$。

由方程 $\frac{d\overline{TC}}{dQ_1} = 0$，可解得 $Q_1 = \frac{C_{\text{lost}} Q}{H + C_{\text{lost}}} = \frac{500}{170 + 500} \times \frac{1\,040}{6} \approx 129 \text{ (吨)}$

代入式(5.31)，可得 $\overline{TC} = 23\,235 + 1\,248\,000 = 1\,271\,235$ (元)。

若每年订货 5 次，则订货周期和订货量分别为

$$T = \frac{1}{5} \text{ (年)}, \quad Q = \frac{1\,040}{5} \text{ (吨)}$$

同样可得 $Q_1 = \frac{C_{\text{lost}} Q}{H + C_{\text{lost}}} = \frac{500}{170 + 500} \times \frac{1\,040}{5} \approx 155 \text{ (吨)}$

代入式(5.31)，可得 $\overline{TC} = 23\,394 + 1\,248\,000 = 1\,271\,394$ (元)。

所以选择每年订货 6 次，每次订货 $1\,040/6$ 吨，每年的库存总费用为 $1\,271\,235$ 元。

5.3 确定性非均匀需求库存问题的基本模型

以上所讨论的都是库存管理中均匀需求的订货批量问题。然而，在现实生产中遇到更多的是非均匀需求问题，即需求率随时间的变化而改变。如果需求是已知的并且是确定的，就是确定性非均匀需求。如表 5-10 所示的例子，全年 12 个月的需求都是已知的，但每个月的需求量不同，在这种情况下，如何确定使库存总费用最低的订货批量，是非均匀需求问题要解决的订货批量问题。由于需求率随时间而变，因此不能简单地像处理 EOQ 模型那样按平均成本和库存量来解决非均匀需求的订货批量问题。

表 5-10 产品各月需求情况

月 份	1	2	3	4	5	6	7	8	9	10	11	12
需求量/箱	10	62	12	130	154	129	88	52	124	160	238	41

国内外的许多学者在这个问题上进行了卓有成效的研究，其中美国的 Wagner-Whitin 提出的方法(简称 W-W 法)最具有代表性，为解决非均匀需求问题提供了新的思路。

W-W 法的出发点是在库存总费用最低的情况下，确定各个时期的订货批量。以表 5-10 中的数据为例，管理者可以分月订货，每次只订本月需要量，则全年要订货 12 次。由于 W-W 法假设当月消耗掉的产品不计算库存维持费用，所以只发生订货费用；管理者也可以一次订购满足几个月需要量的物品，这样全年订货次数少了，订货费用就降低了，但当月未消耗完的产品又增加了库存维持费用。W-W 法就是在两者之间寻求平衡，找出最佳订货量。

W-W 法中的符号及含义如下。

$(r_1, r_2, \cdots, r_n)$——n 个时段的需求量。

$(y_1, y_2, \cdots, y_n)$——n 个时段的订货量。

$x_t = \sum(y_t - r_t)$——时段 t 的期末库存量。

$h(x_t)$——时段 t 上的库存维持费用。

$c(y_t)$——时段 t 上的订货费用。

$F(t)$——时段 t 上的库存总费用。

目标函数为

$$\min \sum_{t=1}^{n} [c(y_t) + h(x_t)]$$

$$s.t. \quad x_t = \sum_{j=1}^{t}(y_j - r_j), \quad x_t \geq 0, \quad x_0 = 0, \quad t = 1, 2, \cdots, n$$

(5.47)

这里不加证明地引用 W-W 法的最优订货策略。当满足式(5.48)时，在时段 t 发生一次批量为 y_t 的订货，即

$$y_t \cdot x_{t-1} = 0 \quad (t = 1, 2, \cdots, n)$$

(5.48)

因为 y_t 不为 0，否则没有订货量，这就意味着只有 $x_{t-1} = 0$ 且 $y_t > 0$，即当时段 t 的期初

库存控制的基本模型 第5章

库存为0时，才在第 t 期发生订货。下面结合算例将其基本思想进行简要介绍。

【例5.8】 一公司全年12个月对某产品的需求如表5-10所示。已知订货费用 $S=54$ 元/次，$h = 0.02$ 元/月，该产品的单位成本 $C=20$ 元/箱。求经济订货批量策略。

设 $F(t)$ 为时段 t 上的库存总费用，期初库存等于零，本期消耗掉的库存不计算库存维持费用。假定1月的期初库存等于零，本月需要10箱的货物，首先在1月初订购10箱货物，则1月的库存总费用 $F(1)$ 只与订货费用有关，即 $F(1) = 0 + S = 54 (元)$。

满足2月需求的方案有两种。

方案1：1月初订10箱，1月用完；2月初订62箱，2月用完。

方案2：1月初订72箱，包括1月的10箱和2月的62箱。

方案1的库存总费用为 $C_1 = F(1) + S = 54 + 54 = 108 (元)$

方案2的库存总费用为 $C_2 = 54 + 62 \times 0.02 \times 20 \times 1 = 78.8 (元)$

因为 $C_2 < C_1$，所以最佳选择应是方案2，即一次订购满足1月、2月的需求量，此时 $F(2) = 78.8 (元)$。

满足3月需求的方案有三种。

方案1：2月底3月初订12箱，3月用完。

方案2：2月初订74箱，包括2月的62箱和3月的12箱。

方案3：1月初订84箱，包括1月的10箱、2月的62箱和3月的12箱。

方案1的库存总费用为 $C_1 = F(2) + S = 78.8 + 54 = 132.8 (元)$

方案2的库存总费用为 $C_2 = 54 + 54 + (12 \times 0.02 \times 20 \times 1) = 112.8 (元)$

方案3的库存总费用为 $C_3 = 54 + (62 \times 0.02 \times 20 \times 1) + (12 \times 0.02 \times 20 \times 2) = 88.4 (元)$

因为 $C_3 < C_2 < C_1$，所以最佳选择应是方案3，即一次订购满足1—3月的需求量，此时 $F(3) = 88.4 (元)$。

如此继续进行下去，直到12个月全部计算完毕。从以上计算过程可以看出，对任意第 t 个月，都有 t 个方案。最后结果如表5-11和图5.7所示。

表5-11 W-W法求出的最佳订货批量策略

月份	1	2	3	4	5	6	7	8	9	10	11	12	总计
期初库存	0	74	12	0	0	129	0	52	0	0	0	41	—
进货量	84	0	0	130	283	0	140	0	124	160	279	0	1 200
需求量	10	62	12	130	154	129	88	52	124	160	238	41	1 200
期末库存	74	12	0	0	129	0	52	0	0	0	41	0	308

总订货费用=7×54=378(元)

总库存维持费用=308×20×0.02=123.2(元)

库存总费用=378+123.2=501.2(元)

由图5.7可以看出，分别在1月初、4月初、5月初、7月初、9月初、10月初、11月初发生订货。订货量如图中的垂线所示，需求量变化如图中的斜线(均匀需求率)所示。例如，1月订货84箱，这84箱货物在1月、2月、3月三个月均匀消耗，到3月底正好用完；4月初补充订货130箱，到4月底用完；然后在5月初订货283箱，到6月底用完……以此类推。

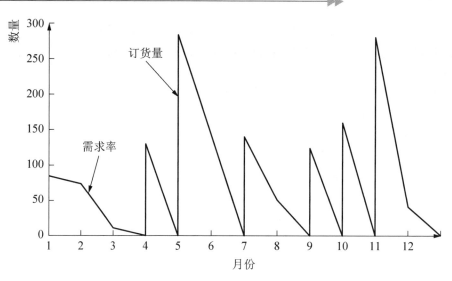

图 5.7　利用 W-W 法求出最佳订货量策略

本 章 小 结

本章分析了库存问题的基本模型，分别从单周期模型、多周期模型方面进行了讨论。

单周期库存的基本模型主要有 3 种：期望损失最小法、期望利润最大法和边际分析法。多周期库存模型根据需求率和订货提前期是否为随机变量分为确定性和不确定性库存问题。对确定性问题，本章从均匀需求和非均匀需求两个方面进行分析。确定性均匀需求的库存问题着重分析了基本的经济订货批量模型、经济生产批量模型、有数量折扣的经济订货批量模型和允许缺货的经济订货批量模型。虽然根据不同的条件，经济订货批量的模型有所不同，但它们的分析原理和方法基本相似。对非均匀需求库存问题的解决方法，本章主要介绍了 W-W 法。

关键术语

| 缺货成本 | 过期成本 | 经济订货批量 | 经济生产批量 |
| 提前期 | 订货点 | 库存维持费用 | 数量折扣 |

习　题

1. 选择题

(1) ＿＿＿＿＿不属于有价格折扣的 EOQ 模型的假设条件。
　　A. 每天的需求量为常数

B. 已知不变的补给完成周期

C. 购买单价或运输价格与订货数量无关

D. 不限制可得资本

(2) 与库存相关的费用中，随订货批量的增加而增加，包括资金占用、货物保管、仓库建设等费用的是_____。

　　A. 订货费用　　　B. 采购成本　　　C. 运输成本　　　D. 库存维持费用

(3) 资金占用成本、存储空间成本、库存服务成本和库存风险成本属于_____。

　　A. 库存成本　　　B. 固定成本　　　C. 变动成本　　　D. 订购成本

(4) _____属于经济订货批量模型考虑的成本。

　　A. 库存维持成本　　　　　　　B. 补货成本

　　C. 运输成本　　　　　　　　　D. 缺货成本

(5) 企业为了应对一些不确定性情况而有意识储备的库存，一般称为_____。

　　A. 原材料库存　　　　　　　　B. 在制品库存

　　C. 周转库存　　　　　　　　　D. 安全库存

(6) 按经济订购批量确定订货批量时，应按照_____。

　　A. 库存总费用最小的原则　　　B. 订货费用最小的原则

　　C. 储存费用最小的原则　　　　D. 缺货费用最小的原则

2. 简答题

(1) 基本的 EOQ 模型有哪些假设条件？

(2) 对单周期需求来说，库存决策的关键是什么？这个关键可通过哪些方法实现？

(3) 什么是多周期库存？

(4) 数量折扣对订货量有什么影响？为什么？

3. 判断题

(1) 确定订货点实际上就是确定订货提前期内的需求。　　　　　　　　　　(　　)

(2) 对单周期需求来说，只有机会成本和陈旧成本对最佳订货量的确定起决定作用。

(　　)

(3) 经典的 EOQ 模型中货物的价值越高，经济订货批量就越大，订货频率也会越低。

(　　)

(4) 过期成本属于期末剩余物品发生的成本，是单位销售额与单位成本之差。(　　)

(5) 库存总成本最小的订购量称为经济订货批量，简称 EOQ。　　　　　　(　　)

(6) 使用经济订货批量模型时必须满足的假设条件是允许缺货。　　　　　(　　)

(7) 平均库存量和每年订货次数成反比。　　　　　　　　　　　　　　　(　　)

(8) 库存管理的任务就是将库存储备控制为零。　　　　　　　　　　　　(　　)

(9) 对于价格折扣模型，计算出来的经济批量如果可行，则一定是最佳订货批量(库存总费用最低)。

(　　)

4. 计算题

(1) 某超市在采购灭蚊器时，统计了以前灭蚊器的销售情况，并且了解了其需求的概率分布，如表 5-12 所示。

表 5-12 灭蚊器需求的概率分布

需求(d)	0	15	30	45	60	75
概率 $P(d)$	0.05	0.15	0.20	0.30	0.20	0.10

已知每个灭蚊器的进价 $C=15$ 元，售价 $P=20$ 元。若在夏秋季未能销完，则需将剩余的灭蚊器退回经销商，退回运费每个 2 元由超市承担。求该超市应该采购多少灭蚊器合适？

(2) 某单位 2021 年某物资的单位价格为 100 元，单位物资产生的年持有成本为其价格的 25%，单位订货费用为 100 元，通过预测，预计 2022 年该物资的总需求量为 1 800 个单位。若 2022 年单位物资的价格、持有成本和单次订货费用维持在 2021 年的水平。求 2022 年的经济订货批量、订货周期和年库存总费用。

(3) 根据预测，市场每年对某公司生产的产品的需求量为 9 000 台，一年按 300 个工作日计算。生产率为每天 50 台，生产提前期为 4 天。单位产品的生产成本为 60 元，单位产品的年库存维持费用为 30 元，每次生产的生产准备费用为 40 元。试求经济生产批量、年生产次数、订货点和最低年库存总费用。

(4) 某车间每年能生产本厂日常所需的某种零件 80 000 个，全厂每年均匀地需要这种零件 20 000 个。已知每个零件储存一个月所需的库存维持费是 0.1 元，每批零件生产前所需的安装费是 350 元，当供货不足时，每个零件缺货的损失费为 0.2 元/月。所缺的货到货后要补足。问采取怎样的库存策略最合适？

(5) 某企业每年需要耗用物资 14 400 件，该物资的单价为 0.4 元，库存维持费率为 25%，每次的订货成本为 20 元。本题中一年工作时间按 350 天计算，订货提前期为 7 天。求经济订货批量是多少？一年应订几次货？订货点的库存储备量为多少？

5. 思考题

(1) 哪些费用随库存量增加而增加，哪些费用随库存量增加而减少？
(2) 从本质上说，库存控制的基本决策包括哪些内容？
(3) 单周期库存的基本模型有哪些？特点是什么？

和瑞公司实施库存控制分析

1. 库存控制方法的定义

库存控制是对制造业或服务业生产、经营全过程的各种物品、产成品及其他资源进行管理和控制，使其储备能保持在经济合理的水平上。库存控制是仓储管理的一个重要组成部门。它是在满足客户服务要求的前提下通过对企业的库存水平调整，力求尽可能降低库存水平、提高物流系统的效率，以提高企业的市场竞争力。

2. 和瑞公司简介

和瑞公司系于1999年组建的股份制企业,是当地最大的面粉企业之一。公司年加工小麦42万吨,拥有员工500余人,总资产3.5亿元。年产优质小麦专用粉和高等级面粉10万吨、食用油3 000吨、豆粕1.2万吨。2000年实现销售收入1.848亿元,创利税2 846万元。面粉厂新上优质小麦专用面粉生产线,总投资5 000万元,被全国光彩事业促进会和省人民政府列为"全国光彩事业重点企业"和省重点扶持建设小麦加工转化龙头企业,现已达到日处理小麦600吨的水平,可生产蛋糕粉、面包粉、方便面专用粉、水饺、馒头专用粉、拉面、烩面专用粉7个种类产品,年可实现销售收入1.3亿元,创利税2 920万元。

3. 和瑞公司实施库存管理技术之前的状况

随着企业逐步发展壮大,原材料和备品备件的采购资金占公司总体成本的70%以上。生产规模的不断扩大,经济形势的变化,原辅材料的价格频繁调高,存货积压不断上升,使产品成本有了较大的增长。但是对于公司原材料仓库的管理方法一直很落后。因此,公司内物品超储、积压现象严重,资金占用多、周转速度慢等情况已成为存货管理中相当严重的问题。公司物品品种成百计,其重要程度、消耗数量、资金占用等各不相同。

4. 和瑞公司实施库存管理技术后的状况

(1) 优化存货管理流程。利用物流的先进管理理论和管理方法,对公司存货管理的全过程进行优化组合和合理配置,使存货管理活动中的订单流、物流和资金流处于最佳状态,以最少的投入获得最大的产出,这是现代存货管理的趋势和重点。加强存货管理的所有资源,通过业务流程重组,增强物流信息系统自动处理功能,进而缩短存货周期,提高管理效率,使存货管理各业务环节真正实现其控制作用,促进存货管理目标的实现。

(2) 存货管理流程设计。

① 产品入库验收控制。这主要是指产品入库的数量和质量,一定要做到准确、安全入库,并标明库位号,因为这直接关系到存货产品的警戒线和生产数量的实施。

② 建立严格发货制度。发货是公司的主旋律,产品只有发出去,才能变现,才是真正的"流动资产"。仓库保管人员要核查发货单。无论是何种形式的发货单,均要有营销业务经手人签字和部门负责人批准签字,储运人员仔细验单、核发数量,并在实物出库凭证上签字。存货发出后,仓库保管人员及时登记存货记录卡片,计算结余数,并与存货产品警戒线对照,以便及时、准确地掌握存货的数量。

③ 退货的控制。收到退回的产品时,要仔细检验产品的质量是否合格,数量是否与对方的退货单相符,能继续销售的可填制销售退回入库单。如果客户退货损坏严重或不及时,业务员要告知客户,并采取一定的措施。若退回产品的数量少,则提示对方,下不为例;若退回产品的数量多,或可让对方按一定比例承担等,否则公司损失更大。

④ 存货的盘点制度。将定期盘点与不定期盘点相结合。清查盘点时,由3人以上组成盘点小组,且应有财务人员参加,防止错盘、重盘、漏盘,既要查清数量,又要检查质量,根据盘点结果,如实填写存货盘点报告单。对积压、残损的存货单独写清查报告和处理意见,并同仓库保管员共同调整存货账务,确保账实相符,以保证会计存货核算资料的真实可靠。

(3) 建立存货最佳存货量。

① 加强市场调查和市场预测。首先,必须分清公司的主要竞争对手,确认竞争对手的实力,潜在的竞争者是谁;其次,根据有关市场信息资料,运用一定的方法和数学模型,预测未来一定时期内市场发展的方向,为公司制定发展战略和市场营销策略提供科学依据。

② 科学确定存货量。结合公司自身的实际模式,对历史销售情况详细统计,客观分析,除去偶然因素的影响,确定每种存货产品的警戒线,尤其是对畅销产品、常销产品。存货产品数一旦低于此数,就要着手生产事宜。因为从生产开始到成品入库,通常需要一段时间,而此期间产品的存货在不断减少。一定要杜绝客户已将款项汇入公司账户,却无货可发,又不能给客户一个满意的交代的情况,因为这直接影响

公司的声誉。

③ 企业实施库存管理过程。从目前情况来看，和瑞公司在存货管理方面仍然存在一些问题，这些问题不但影响公司资产的流动能力、资产管理的效率和盈利能力，从长远来看，也不同程度地制约着公司的健康发展。

5. 存货管理信息系统存在问题分析

公司目前已使用 ERP 管理信息系统，但还存在不能完全满足管理需要的问题。

(1) 存货管理信息系统与其他管理信息系统不能充分共享。

公司现有的 ERP 管理信息系统包括存货系统、财务系统、销售系统、生产系统等多个子系统，但各个系统的信息不能充分共享，一方面导致信息浪费，另一方面也造成"信息孤岛"大量存在，难以实现信息共享，阻碍了管理效率的提高。例如，存货管理信息系统不能及时从其他信息系统获取必要的信息，其他信息系统亦不能完全及时从存货管理信息系统获取信息。造成产品存货信息与销售、生产、采购等部门严重脱节，生产部门不能及时了解已生产产品的销售与发货情况，销售部门不能及时掌握新产品生产情况，不清楚现有产品的储备情况，物流(储运)部门不了解产品生产计划，不掌握市场部门与客户之间签订的合同条款的相关内容，导致各部门各行其是，产品无计划生产，某些产品在尚有大批量存货的情况下继续生产的现象时有发生，由此不仅严重影响了产品销售，而且也造成了公司资源的极大浪费，导致了产品存货的急剧膨胀。

(2) 存货管理成本问题分析。

① 产品生产数量管理不当。产品生产数量制定是生产管理部门人员经常面临的一个问题，公司长期以来忽视这个问题，所以造成存货产品积压、资金周转不畅等一系列问题，最终影响产品的经济效益和公司的良好运行。在传统做法上，生产数量由公司主管一人敲定，这种"闭门造车"的做法很不妥。生产数量大小，主要取决于市场需求大小。这样对市场很难有深入了解，极易出现生产数量制定的盲目性，导致生产决策与现实市场的脱节。

② 未能充分利用第三方的物流管理。目前，物流管理水平已成为降低成本、追求利润最大化的重要竞争途径。从我国的产业结构看，我国自营物流最为普遍，第三方物流发展滞缓。和瑞公司有自己的小而全的物流，而不愿将物流交给第三方，这不仅仅是价格问题，更重要的是其商业秘密不可为他人所知。由此，第三方物流服务市场十分有限。

(3) 存货管理流程存在的问题分析。

公司现在的组织结构不能很好地适应存货管理，表现有以下两点。

① 局部利益与整体利益冲突。公司目前每一项业务都由一个专门的部门负责，资源分散在各个部门，各部门员工的工作内容仅仅局限于那些直接与本部门特性相关的业务，如生产人员大多只关注如何加工好产品，很少了解产品的销售、退货及存货情况；而销售人员更多地关心产品的销售，很少了解产品本身的质量。各部门目标利益是相互冲突的，他们所关心的只是局部利益而不是公司的整体利益。

② 信息不能充分共享。现在的组织结构是典型的直线职能制，条块分割相当严重，公司的信息不能充分共享。主要有以下表现。

a. 牵扯到存货的部门多并且业务处理和操作工序繁杂，统计汇总工作量大、信息可靠程度不高。

b. 各部门之间信息交换缓慢、信息传递失真等。

c. 各种经营决策所需的数据采集困难、很难及时获取所需数据。

讨论题

(1) 库存会导致哪些成本？

(2) 和瑞公司实施库存管理有哪些成效？对你有哪些启示？

(3) 如何科学确定存货量？

资料来源：http://wenku.baidu.com/link?url=dUowqOdc3pMM0prGQraUBwYlFWrb4lGhzJ_bqhh3Fzs1LTxezy6o4ZsD1x6HgVNMzU_DRNKtOMFUj9rIiLmJ1Bvb8Uz7ctWCS7Py8JpwnlO. [2022-9-15].

第 6 章　基于供应链提前期的库存管理

【本章教学要点】

知识要点	掌握程度	相关知识	应用方向
供应链提前期的构成	熟悉	提前期的定义和两种分类	供应链提前期的基本知识是基于提前期库存模型建立的基础
供应链提前期的压缩	掌握	提前期压缩的意义、突破口、4 项措施以及额外赶工成本的构成	
供应链提前期的不确定性管理	熟悉	提前期与安全库存之间的关系，提前期不确定性管理的两个关键问题	
延迟制造	掌握	延迟制造的定义、延迟分界点的确定和实施延迟制造的前提	延迟制造结合了推动和拉动式供应链，能够有效压缩提前期
基于可控提前期的库存模型	掌握	提前期是唯一决策变量以及提前期和订货量均为决策变量的库存模型	通过数学模型能够定量地给出库存策略，提高供应链在最终用户市场上的竞争力
基于随机提前期的 (Q,r) 库存模型	掌握	订货量和再订货点均为决策变量时的库存模型	

 导入案例

上海通用汽车公司的困境

上海通用汽车(SGM)公司是一家中美合资的汽车公司，拥有世界上最先进的弹性生产线，能在一条流水线上同时生产不同型号、不同颜色的车辆，每小时可生产 27 辆汽车，在国内首创订单生产模式，即根据市场需求控制产量；同时生产供应采用 JIT 运作模式。为此该公司需实行零库存管理，所有汽车零部件的库存在运输途中，不占用大型仓库，仅在生产线旁设立小型配送中心，维持最低安全库存。这就要求公司在采购、包装、海运、港口报关、检疫、陆路运输等一系列操作之间的衔接必须十分密切，不能有丝毫差错。

在实际执行过程中，SGM 公司的市场计划为一周，而运输周期为 4 个月。这样一来，市场计划无法知道运输的安排，为了确保生产的连续性，该公司只能扩大其零配件的储备量，此举势必造成大量到港的集装箱积压。结果形成以下状态：加大库存量，不得不另租用集装箱场地；为解决部分零部件的供应，在库存饱和状态下，只能采取人工拆箱，工人们 24 小时拆箱仍跟不上生产计划的进度；由于拆箱次数的增加，SGM 公司的信息管理系统混乱，无法确定集装箱的实际状态，造成了该公司物流总成本的增加。

讨论题

(1) SGM 公司的瓶颈是什么？

(2) 你认为如何才能解决 SGM 公司的困境？

资料来源：金圣才，2009. 物流管理(中级)过关必做习题集[M]. 北京：中国石化出版社.

自 20 世纪 80 年代以来，企业竞争和经营环境的变化，促使竞争模式从基于价格的竞争向基于质量、品种的竞争转移，现在又进一步转移到基于时间的竞争，时间成为竞争优势最有力的资源。基于时间的竞争是一种获取竞争优势的战略，其竞争重点是压缩产品研发、生产和销售在内的整个生产运作中每个环节的时间，以获取竞争优势。在市场竞争日益激烈的今天，产品生命周期越来越短，顾客要求的响应速度越来越快，企业供应链提前期的管理也就变得尤为重要。因此，企业必须从整个供应链的角度出发研究缩短提前期的库存管理模式，建立有效的库存管理和决策支持模型，真正提高供应链在最终用户市场上的竞争力。

6.1 供应链提前期管理

6.1.1 供应链提前期的构成

供应链提前期是指供应链的供需环节中，下游企业需要某种项目时，需上游供应商提前准备该项目的时间。提前期包括准备时间、加工时间、排队时间、运输时间、等待时间等，项目包括产品、零件、原材料和服务等。

1. 按流程分类

一般来说，供应链提前期按流程被分成了采购提前期、制造提前期、发运提前期和交货提前期这几个部分，如图 6.1 所示。

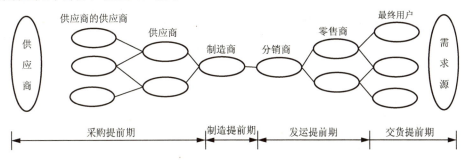

图 6.1 供应链提前期的构成

(1) 采购提前期。采购提前期一般由采购预处理提前期、采购处理提前期、采购后处理提前期构成。采购预处理提前期是在采购订单发出之前处理订单消耗的时间，包括报价、确定供应商、商务谈判、签订订单、审批合同等过程。采购处理提前期是从供应商接受订单及发货到指定地点的时间，一般包括采购、制造、发运等过程。采购后处理提前期是从接收地收货、点数、检验到入库的时间。

(2) 制造提前期。制造提前期一般由制造预处理提前期、制造处理提前期和制造后处理提前期构成。制造预处理提前期一般由库存时间、备料时间等构成。就一个工序或工位而言，制造处理提前期是在某个工序或工位上开始装夹、加工完成及拆卸下来的时间。就一批产品而言，制造处理提前期是指从开始加工该批产品到最后一件产品卸下加工设备的时间。制造后处理提前期是指检验、搬运等时间。

(3) 发运提前期。发运提前期是指从产品装车至运到目的地的时间。

(4) 交货提前期。交货提前期是指从客户订货到获得商品的时间。

从供应链提前期的构成中可以看到，在具体的每个提前期部分，又包括两种提前期：物流提前期和信息提前期。从整个供应链的角度来看，物流提前期表现为从原材料到产成品并流向最终用户的时间，而信息提前期表现为向供应链上游反向传递信息的时间。

2. 按生产方式分类

在不同的生产方式下，供应链提前期的构成又有所不同，具体阐述如下。

(1) 按存货生产方式。按存货生产方式(Make To Stocks，MTS)就是按照预测量进行生产。在供应链管理中，交货提前期非常短，客户可以直接从商场或仓库中及时得到货物，可以说，交货提前期趋于零。零售商、分销商、制造商按最大—最小库存进行库存商品的控制和采购，提前期与采购、制造和发运有关，并影响库存成本。这种方式的客户服务水平与安全库存的设置有关。

(2) 按订单装配生产方式。按订单装配生产方式(Assemble To Order，ATO)就是根据客户订单进行装配生产。产品的零部件中的标准件、通用件和专用件的生产和采购按预测库存生产方式进行。产品的交货提前期取决于最终装配件的制造提前期和发运提前期。

(3) 按订单配置生产方式。按订单配置生产方式(Configure To Order，CTO)与按订单装配生产方式相似，它为客户在零部件方面提供了多种选择的组合。

(4) 按订单制造生产方式。按订单制造生产方式(Make To Order，MTO)就是根据客户订单进行制造和装配，一般是设计工作已经完成，原材料尚未采购，交货提前期比较长。商品的交货提前期取决于原材料的采购提前期、零件制造提前期、零件装配提前期和发运提前期。这种方式的库存费用较低，客户服务水平取决于产品的交货提前期、质量和价格。

(5) 按工程订单生产方式。按工程订单生产方式(Engineering To Order，ETO)就是根据客户要求进行产品设计、制造和装配。交货提前期包括设计提前期、原材料采购提前期、制造提前期和发运提前期。

6.1.2 供应链运作中提前期的压缩

在当今的市场竞争中，时间已经成为影响企业竞争成败最重要的要素之一，提前期的压缩已经成为成功获取订单的主要因素。当今的市场竞争是供应链之间的竞争。从某种意义上来说，供应链之间的竞争实质上是时间的竞争，即必须实现快速有效的客户反应，最大限度地缩短从客户发出订单到获得满意交货的整个供应链的总时间周期。通过压缩订单提前期可以减少供应链的反应时间。压缩订单提前期是一项重要的措施，也是企业获得竞争优势的主要源泉，可直接提高客户满意度。因此，供应链中的时间策略对许多企业来说都是战略性的问题，有效解决供应链提前期压缩问题具有重要的战略意义。

1. 供应链提前期压缩的意义

供应链提前期的压缩有着巨大的潜在价值和实际价值，可以带来供应链绩效的全面提高。供应链提前期压缩带来的效益主要体现在以下几个方面。

(1) 更好地实现供应链管理。

供应链管理的目标是提高客户服务水平和降低总的交易成本，并且寻求两者之间的平衡。但现实的情况是这两个目标经常发生冲突：一方面，供应商为了保证在客户要求的时间内完成交货，不得不维持大量的库存，占用庞大的资金，一旦产品过时，又面临削价的损失，从而加大了供应链的成本；另一方面，企业为了降低成本，尤其是库存成本，被迫释放库存占用的资金，降低库存水平，这给准时交货带来了很大风险，容易发生缺货损失，甚至会失去客户。

图 6.2 表示了提前期缩短一半后库存水平的变化。从图中可以看出，提前期压缩一半后，平均库存水平也降低了一半，即库存持有成本降低一半，在降低库存成本的同时也提高了客户服务水平。

因此，通过压缩供应链提前期来提高整个供应链的反应能力可以打破服务与成本之间的传统平衡，摆脱两难境地。这样，不仅能够更快地为客户服务，而且由于时间的压缩，物流渠道长度也跟着缩短，从而降低成本。

(2) 提高供应链预测的准确性。

一般来讲，距离销售的时间越近，对市场需求量的预测就越准确。因此，如果整个供应链从最上端到最下端的流通周期越短，距离销售时间越近，对市场需求量的预测就会越准确。按照需求预测精度漏斗理论，如果供应链的提前期为 40 周，需求误差可能高达 42%；

如果供应链的提前期为30周，需求误差可能达18%；如果供应链的提前期为20周，需求误差可能达12%。因此，缩短供应链提前期，可以有效地提高需求预测精度。这样，整个供应链上的企业就可以根据对实际需求的预测进行生产，从而一方面可以减少库存积压，另一方面可以减少销售损失，降低机会成本。

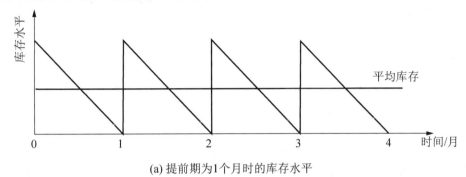

(a) 提前期为1个月时的库存水平

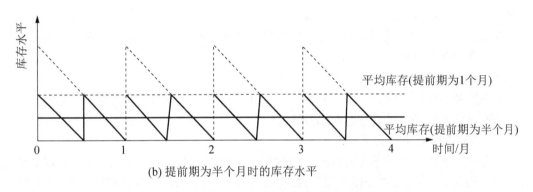

(b) 提前期为半个月时的库存水平

图 6.2　提前期缩短一半对库存水平的影响

(3) 减轻供应链中的"牛鞭效应"。

由于提前期对安全库存水平和订货点有着很重要的影响，提前期的长短会直接影响订货量的变化，而且提前期的微小变化会带来订货量较大幅度的变化。所以，提前期也是导致"牛鞭效应"的因素之一。在实际运作中，供应链上各成员企业由于对交货期不能保证，都希望有一定的缓冲余地，因此逐渐拉长了整个提前期，同时也逐级放大了需求信息，从而造成了"牛鞭效应"。而缩短提前期可以有效地提高预测的准确度，使得订货量更加准确，也会减少各阶段的需求变动，这不仅可以降低安全库存水平，提高客户服务水平，同时还可以减轻"牛鞭效应"，降低成本，达到供应链管理的目标。

(4) 减少供应链中的非增值过程。

供应链从原材料到产品的转换、销售过程中，有些是增值过程，有些是非增值过程。时间的压缩就意味着尽可能减少供应链整个活动中的非增值过程。波士顿咨询集团(Boston Consultancy Group，BCG)的一项调查表明：如果供应链物资流动的周期时间为71天，则其中只有19天为增值过程。这意味着供应链中的时间压缩余地很大。在这项研究中，采用一系列的技术和方法改造流程后，提前期压缩了38天。38天非增值过程的压缩，不仅体现了时间压缩的巨大潜力，更重要的是节约了物资、时间、资金，极大地提高了客户满意度，也增强了供应链的敏捷性。

2. 供应链提前期压缩的突破口

供应链是由各自利益独立的企业组成的联合体，对供应链提前期的压缩包括对各个节点企业内部物资流动时间的压缩和对两个企业交界处时间的压缩。所以，供应链提前期的压缩应该从以下 4 个方面考虑。

(1) 各节点企业内部的时间压缩。

在每个企业中，虽然物资状态、物资应用特点和流动方式都不相同，但是有一个普遍适用的压缩时间的方法——准时制，其管理思想是减少浪费，减少不增加价值的活动。实施准时制可以在节点企业内部各个环节压缩时间。

(2) 生产时间的压缩。

生产时间压缩的起点是产品设计，即产品在最初设计时就应该考虑多种产品在物流管理、生产、分销、实际使用中的优化问题。产品的优化设计能有效地促进供应链中的时间压缩，如产品标准化设计可以大量减少生产过程中的改动。对于生产时间的压缩，生产过程中时间的压缩是最关键的。在生产过程中，压缩时间可以从以下 4 个方面考虑：①消除物流中无用的工序；②压缩工序中冗余的时间；③实行并行的运行流程；④在连续的流程中再造工序的连接过程。

(3) 节点企业交界处的时间压缩。

企业所处的位置不同，在物资的交接、储存、运输上耗费的时间也不同，建立一个合理的物流网络系统是压缩这种时间的方法之一。

(4) 信息流提前期的压缩。

信息流不仅包括订货的定量信息，也包括反映顾客需求的定性信息。由于信息流的延迟而导致的信息失真(如"牛鞭效应")是典型的例子。信息流传递时间的压缩可以保持信息传递的及时性，使信息在各个层次得到合理正确的理解。从理论上讲，运用合适的信息技术，信息流动可以即刻从供应链的一端流向另一端，因此信息流的压缩有极大的空间。造成信息流传递时间过长的原因是信息一层层地逐层传递。信息流时间压缩的理想化结果是：建立一个信息通道，在这个通道中，所有供应链前端顾客信息同时流向供应链各节点企业，这样每一个节点企业都可以根据顾客信息进行决策。

建立这样一个信息通道需要的主要技术目前仍然是 EDI 系统。EDI 系统不仅能够提供快速、准确的信息共享，而且能够提供比较高的信息保密水平，是目前比较合适的信息技术。

但是，在信息流提前期压缩过程中，会存在以下障碍。

(1) 信息技术的建设投入大。

(2) 各节点企业间对于信息共享的意识淡薄，各个企业从自己的投入产出出发，缺乏系统、整体性的思考，对于建立信息流时间压缩的价值缺乏认识。

3. 压缩供应链提前期的措施

供应链提前期的压缩就是针对物流提前期和信息提前期所进行的时间压缩，但这两者并不是孤立进行的，而是相互交织在一起所采取的综合措施。常见的有效的供应链提前期的压缩措施有以下几种。

(1) 改善业务流程。

物流提前期和信息提前期与业务流程密切相关，改善业务流程可以大大压缩提前期。例如，利用"交叉理货"和"定时货运班车"的物流流程取代传统"运输+仓储+配送"的物流流程，可实现在较低的库存水平下满足小批量、快捷、准时的货物供应需求，从而大大压缩物流时间。

改善业务流程常常遵循的一些原则包括并行处理、分批处理、交叉处理、删除非增值工序、减少等待、在瓶颈处添加额外资源等。该方法不仅简单易学，而且对于缩短订货处理周期效果显著。

(2) 运用各种物流供应链管理模式。

随着供应链管理理论的发展与实践的深入，以及信息技术的广泛应用，具有整合性和全局色彩的各种供应链管理模式，如快速响应，合作计划、预测与补给等应运而生。通过实施快速响应建立起按供应链上下游企业之间垂直型的合作机制，可以大大压缩整个供应链的运作时间(从原材料、产品至销售)。实证研究结果表明，利用快速响应系统，零售商可以把 8 个月的订货时间压缩至 4 个月，使 65%的预测误差减少至 35%。而通过实施合作计划、预测与补给，能够使合作伙伴之间的功能密切合作，显著改善预测准确度，使合作伙伴都能做好充分的准备，赢得主动，争取时间。美国的 Kurt Salmon 公司通过调查、研究和分析认为，通过实施合作计划、预测与补给，可以把新产品开发的前导时间减少 2/3。

(3) 利用并行工程技术。

供应链是一个由多个节点企业构成的网链结构，各阶段节点企业间的同步运作必然影响供应链整体的市场响应周期。从系统论的角度来看，供应链整体响应周期是由各阶段节点企业构成的一个非线性系统，受供应链每个企业的响应周期、企业间的协调以及供应链的同步运作机制这 3 个因素的影响。因此，实现和谐的同步运作能带来供应链多阶段响应周期的有效降低，从而达到压缩提前期的目的。为此，供应链各阶段节点企业可以利用先进的并行工程技术，把项目分解成若干个模块，再根据各企业技术优势来承担相应的研制、开发工作。模块的研制、开发、运行在"任务—时间—空间"各位置上是三维并行和同步的，改善了传统上按时间先后顺序串行研制、开发的方式，大大缩短了研制、开发(或生产服务)时间，从而压缩了提前期。

(4) 充分利用信息技术。

到目前为止，减少供应链的响应周期主要集中在大量缩减物流提前期方面。缩短物流提前期和减少信息提前期是减少响应周期的两个必要条件。理论上，通过信息技术，需求信息可即刻从供应链的一端流向另一端，没有提前期，但实际上由于主观原因常常出现信息滞后，从而产生信息提前期。这种信息提前期可能导致信息的过时失效，而过时失效的信息不仅对任何成员没有多大价值，而且还会进一步扭曲供应链上的需求，使库存增加，产生不必要的损失。因此压缩信息提前期的有效方法之一就是充分利用 POS 系统、EDI 系统以及条形码、RFID 系统等信息技术将市场销售数据、订单、货物等信息实时提供给供应链上的每一个成员，确保供应链中信息的真实性、及时性和有用性，实现供应链上各成员间的信息共享。

【拓展案例】

【拓展视频】

4. 压缩提前期的额外赶工成本的构成

压缩提前期的额外赶工成本包括以下 3 个部分。

(1) 管理成本。管理成本通常包括与压缩订货准备时间相关的成本。例如,企业可以通过让工人加班或聘用临时工来缩短这些管理时间,那么工人的加工工资或支付给临时工的报酬就属于管理成本的范畴。

(2) 运送成本。运送成本是指为缩短订单传输时间和货物运送时间而增加的额外成本。货物运送时间是提前期的主要组成部分。一般来说,采取不同的运送方式所需要的运送时间是不同的,当然费用也不同。较快的运输方式所需的成本往往比较慢的运输方式所需的成本要高。例如,美国西海岸的某公司向费城的一个公司订购机器部件,可以采用水运、公路运输、铁路运输或者联合运输的方式。采用公路运输大约需要 11 天,而采用水运却需要 20 多天,但是水运的费率仅为公路运输的 20%～50%。因此,可以通过控制运输成本的投入来控制货物的运输时间。

(3) 供应商加速成本。供应商加速成本是指为缩短供应商提前期而增加的额外成本。对于大部分订单来说,产品的生产加工时间实际上只是供应商提前期的一小部分,而用于非制造过程的等待时间才是最主要的。等待有多种形式,如等待具有更高优先权的订单处理完毕,等待类似产品的订单形成批量,等待生产所需的原材料或零部件的到达,等等。从供应商的立场来看,缩短其提前期必然需要加大对原材料、零部件的投资及增加其库存成本;如果购买者需要缩短等待时间,获得较短的提前期,那么就必须支付更高的购买费用,从而分担供应商的加速成本。例如,供应商可以通过支付较高的价格来换取更高的优先权从而减少等待时间。因此,对供应商的提前期的控制也可以通过控制供应商加速成本来实现。

当然,这里虽然将额外的赶工成本分为以上 3 个部分,但是根据实际情况的不同还可以将每一部分继续划分成更小的部分,每个小部分又都有着不同的成本描述。值得注意的是,通过上面的分析描述可知,提前期的压缩可以通过对赶工成本的额外投入进行控制来实现,通过与供应商的谈判协商,提前期可以在一定的范围内变化。对于供应商来说,提前期的压缩使其具有更大的竞争优势;而对于购买者来说,提前期的压缩可以使其获得更好的服务,从而形成双赢。

6.1.3 提前期的不确定性管理

与提前期压缩不同,提前期的可靠性管理给企业带来的好处往往容易被企业忽视。要理解提前期可靠性对企业的意义,需要了解提前期与安全库存的关系。

企业的原材料库存中,安全库存是重要的组成部分,能够预防需求不准确和上游企业不能严格按照提前期交付物料两种情况。安全库存的计算公式可以帮助理解安全库存的大小同提前期可靠性之间的关系。

$$安全库存 = 日平均消耗量 \times 一定服务水平下的前置期标准差$$

按照这个公式,既可以计算预防不确定需要的安全库存,也可以计算提前期不准确时的安全库存。这个公式中,"一定服务水平下"应理解为上游企业按照提前期交付物流的可靠性指数,"前置期标准差"可以理解为上游企业供应某物流的时间超过提前期的时间的标准差。这里不对公式的具体计算做分析，但给出一个结论可以解释提前期和安全库存之间的关系："其他条件不变，上游企业每年延迟交货时间的标准差达到提前期的10%时，企业预备的永不短缺物流的安全库存比一年允许4次物料短缺所需要的库存大7倍。"由此可见，提前期不可靠所导致的安全库存投入是巨大的。

做好提前期不确定性管理需要注意以下两个关键问题。

(1) 采购提前期作为供应商的主要报价参数，享有和成本、质量同等重要的位置，是采购部门选择供应商的重要参数。

(2) 将提前期纳入供应商的考核指标体系，每个对供应商考核的时段里，都应有供应商准时交货的考核结果，并将与结果考核相关的条款一并约定在合同中。

为了更好地加强提前期管理，企业在寻找供应商时应该尽量与其建立长期的合作伙伴关系，以便在较长的一段时间里与供应商约定固定的提前期，避免每个订单约定的提前期不同导致安全库存不稳定。由于约定的提前期和实际的提前期存在一定的误差，对于必须备货的企业来说，寻求长期的物流供应伙伴是非常重要的。

提前期管理作为企业运营周期管理的重要部分，应该被企业所重视。提前期的优化也必将给企业带来竞争优势，使企业维持更低的成本和更高的运作效率。下一节介绍优化提前期的延迟制造策略。

6.2 延迟制造

6.2.1 延迟制造的概念

延迟制造的核心思想是制造商只生产通用化、模块化的产品，尽量使产品保持中间状态以实现规模化生产，并且通过集中库存减少库存成本，从而缩短提前期，使得客户需求的最终实现更接近最终消费者，增强企业满足个性化需求的能力。其目标是使恰当的产品在恰当的时间到达正确的位置。具体而言，延迟制造是指制造商事先只生产中间产品或模块化部件，等最终客户对产品功能、外观和数量等特征提出具体要求后才完成生产与包装的最后环节。例如，IBM公司事先产出不同型号的硬盘、键盘等电脑配件，在接到订单后再按照客户的要求进行装配。很多企业最终的制造活动被放在离客户需求很近的地方进行，如由配送中心或第三方物流中心完成配送和最终加工任务，在时间和地点上都与大规模的中间产品或部件生产分离，这样企业就能以最快的响应速度满足客户的需求。

延迟制造可以分为成长延迟、时间延迟和地点延迟。成长延迟是指推迟形成最终产品的过程，在获知客户的购买意向之前，仅制造基础产品或模块化的部件，在收到客户的订单后，才按照客户的具体要求从事具体产品的生产。时间延迟是指组装制造和处理过程被推迟到收到客户订单后进行。地点推迟是指推迟产品向供应链下游的位置移动，接到订单后再以供应链的操作中心为起点进行下一步的位移和加工处理。延迟制造是3种延迟的综合运用。

6.2.2 延迟分界点

通常将供应链结构划分为推动式和拉动式两种。推动式供应链企业先根据对客户需求的预测生产，然后将产品推向下游经销商，再由经销商逐级推向市场。在推动式供应链中，分销商和零售商处于被动接受的地位，企业间信息沟通少，协调性差，提前期长，快速响应市场需求的能力弱，库存量大，且往往会产生供应链中存货数量逐级放大的"牛鞭效应"，但推动式供应链能利用制造和运输的规模效应为供应链上的企业获得经济效益，还能利用库存来平衡供需之间的不平衡现象。

拉动式供应链模式通常按照订单进行生产，由客户需求来激发最终产品的供给，制造部门可以根据客户时间需求来生产定制化产品，有助于企业降低库存量、缩短提前期和满足客户的个性化需求，能够有效提高服务水平和市场占有率。其缺点是生产批量小、作业更换频繁、设备利用率不高、管理复杂度高和难以获得规模经济。

延迟制造是上述两种供应链模式的整合，通过两种模式的综合运用，达到扬长避短的效果。运用延迟订购的生产过程可分为推动阶段和拉动阶段，通过对产品的设计与生产采用标准化、模块化和通用化的技术，产品能够由具备兼用性和同一性的不同模块组合而成。在推动阶段，制造商根据需求预测大规模生产半成品或通用化的各种产品模块，获得大量生产的规模效应。在拉动阶段，产品才实现差别化，制造商根据订单需要，将各种模块进行有效组合，或将通用化的半成品根据需求进行下一步的加工或包装，从而实现定制化服务。通常将推动阶段和拉动阶段的分界点作为客户需求切入点，如图 6.3 所示。在客户需求切入点之前，供应链企业主要以需求预测为驱动进行大规模生产，产品标准化、中性化，生产效率高。切入点之后的活动则由客户驱动，一般面向地区性市场，此时产品具有个性化和柔性化的特点，企业实行小批量加工处理，单位产品的加工成本较高。

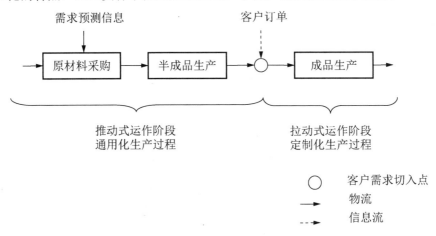

图 6.3　延迟制造下的生产模式

切入点的位置与延迟活动的规模、延迟类型、客户个性化需求的方式密切关联，切入点的位置越靠近客户，延迟活动规模越小，客户活动复杂程度越低，因而快速响应能力越高，缺点是规模化程度低，产品品种较少，即企业柔性低。企业柔性是决定企业生存和发展的关键因素，因此在制定切入点及延迟制造策略时，还必须把企业柔性放在极其重要的位置。

6.2.3　延迟制造实施的前提

延迟制造可以将供应链上的产品生产过程分为"不变"和"变"两个阶段。将"不变"

的通用化生产过程最大化，生产具有通用型标准的标准部件，当接到客户订单后，企业就能够以最快的速度完成产品的差异化过程与交付过程，以"不变"应万变，从而缩短产品的交货提前期并降低供应链运作的不确定性，是对供应链业务流程的创新。但并非所有的产品生产过程都可以采用延迟制造策略。延迟制造策略的实施应具备以下4个条件。

(1) 产品可模块化生产。产品在设计时，可分为几个较大的模块，这几个模块经过组合或加工便能形成多样化的最终产品，这是延迟制造实施的重要前提。

(2) 零部件可标准化和通用化。产品可模块化只是一个先决条件，更重要的是零部件具有标准化和通用化的特性，这样才能彻底从时间上和空间上将产品的生产过程分解为通用化阶段和差异化阶段，并保证最终产品的完整。同时，由于各模块产品具有标准化和通用化的特性，企业可以将一些技术含量低、增值能力弱的模块外包出去，自己只生产技术含量高、增值能力强的核心产品。

(3) 具备经济上的可行性。实施延迟制造一般会增加产品的制造成本，除非延迟制造策略的实施带来的收益大于成本，否则没有执行该策略的必要。如果最终产品的制造在重量、体积和品种上的变化很大，推迟最终产品的加工成型工作能够节省大量的运输成本，减少库存产品的成本，并简化管理工作，那么延迟制造策略的实施会带来巨大的经济效益。

(4) 具备适当的交货提前期。通常来说，过短的交货提前期不利于延迟制造的实施，因为它要求给最终的生产和加工过程留有一定的时间余地，若具有较长的提前期则无须实施延迟制造策略。

6.2.4 延迟制造的优势

在库存管理中，通过批量定制生产方式实施延迟制造策略在库存管理等方面的优势有以下3点。

(1) 消除成品库存，缩短交货提前期和整个供应链的响应时间。

(2) 尽管一些零部件的生产和存储可能仍存在风险，但可以消除过剩成品，而成品的库存管理成本往往较高，这样可减少库存资金的占用。

(3) 客户获得更个性化的服务。

6.3 基于可控提前期的基本库存模型

提前期的控制，特别是采购提前期的控制，在生产企业库存管理中有着不可忽视的作用。众所周知，日本的生产企业通过与其供应商建立稳固持久的合作伙伴关系来实现对提前期的有效控制，从而保证了其准时制思想的实施。日本企业采用准时制生产方式的成功经验表明，压缩提前期将会给企业带来巨大的好处和强有力的竞争优势。因此，在企业的库存管理决策中，对提前期的研究越来越受到重视。

在6.1.1节中曾提到，提前期一般由采购提前期、制造提前期、发运提前期和交货提前期4部分组成，压缩提前期可以减少安全库存量和库存占用资金，提高企业的服务水平和企业的竞争力，但是会增大订货频率，从而增加设置成本，所以应该权衡考虑。在最近的有关库存模型的研究中，大多数将提前期视为不可控的常数或随机变量，然而在实际生产活动中，提前期可以通过追加额外的赶工成本来压缩和控制。通过对提前期的控制，可以提高客户服务水平，降低安全库存，改进对生产计划变动的响应能力。

6.3.1 提前期是唯一决策变量的库存模型

本节模型用到的符号及其含义如表 6-1 所示。

表 6-1 模型的符号及含义

符 号	含 义	符 号	含 义
r	再订货点	a_i	提前期的第 i 个成分充分赶工下的最短作业时间
Q	订货量	c_i	单位赶工成本
SS	安全库存	L	提前期的长度
k	安全库存因子	L_i	有 i 个成分充分赶工时的提前期的长度
D	每年的平均需求	A	每次订货的固定成本
μ	单位时间内的平均需求	π	每单位产品的缺货成本
σ	单位时间内的需求的标准差	π_0	每单位产品的销售损失
h	每年每单位产品的库存成本	β	缺货期间缺货量允许欠拨比例
q	提前期内允许缺货的概率	X	提前期内的需求量
b_i	提前期的第 i 个成分正常作业的时间		

1. 模型假设

(1) 假设每天的需求服从均值为 μ、标准差为 σ 的正态分布，那么对于确定的提前期 L 内的需求 X 应服从均值为 μL、标准差为 $\sigma\sqrt{L}$ 的正态分布。

(2) 以连续检查的方式监控库存水平，当库存降至再订货点 r 时则立即发出订货，且补货能力没有限制。

(3) 再订货点 $r = \mu L + k\sigma\sqrt{L}$。其中，$\mu L$ 为提前期内的需求期望，$k\sigma\sqrt{L}$ 为安全库存，即 SS，k 为安全库存因子，且满足 $P(X>r) = P(Z>k) = q$（Z 为标准正态分布随机变量，k 可以由标准正态分布表直接求得）。

(4) 提前期内的作业由 n 个相互独立的成分组成。第 i 个成分在充分赶工下的最短作业时间为 a_i，所需正常作业时间为 b_i，单位产品的赶工成本为 c_i。为便于讨论，进一步假定 $c_1 \leqslant c_2 \leqslant \cdots \leqslant c_n$，赶工时，首先考虑第 1 个成分(有最小单位时间赶工成本的成分)，其次是第 2 个成分……以此类推。

令 $L_0 = \sum_{j=1}^{n} b_j$，并以 L_i 表示有 i 个成分在充分赶工的情形下提前期的长度，因此可以表示为 $L_i = \sum_{j=1}^{n} b_j - \sum_{j=1}^{i}(b_j - a_j)$ $(i=1,2,\cdots,n)$，且在已知提前期 $L \in [L_i, L_{i-1}]$ 下，一个周期的总赶

工成本 $C(L) = c_i(L_{i-1} - L) + \sum_{j=1}^{i-1} c_j(b_j - a_j)$；当 $L = L_0$ 时，所需花费的提前期总赶工成本为 $C(L_0) = 0$。

(5) 不考虑缺货成本的发生，即不考虑欠拨和失销的情况。

(6) 订货量是预先确定的。

2. 模型构成

根据以上假设，可以构建出如下的总成本函数。

全年期望总成本=全年订货成本+全年库存持有成本+全年提前期赶工成本

即

$$\begin{aligned} \text{EAC}(L) &= A\frac{D}{Q} + h\left(\frac{Q}{2} + r - \mu L\right) + \frac{D}{Q}C(L) \\ &= A\frac{D}{Q} + h\left(\frac{Q}{2} + k\sigma\sqrt{L}\right) + \frac{D}{Q}\left[c_i(L_{i-1} - L) + \sum_{j=1}^{i-1} c_j(b_j - a_j)\right] \end{aligned} \tag{6.1}$$

式中，$L \in [L_i, L_{i-1}]$。

3. 模型求解

对于一个企业来说，压缩提前期虽然会产生赶工成本，但是也能够使期望总成本得到降低，因此，采取多长时间的提前期才能使期望总成本最小，是模型要解决的关键问题。

对式(6.1)中的 L 分别求一阶导数和二阶导数。

$$\frac{\text{dEAC}(L)}{\text{d}L} = \frac{1}{2}hk\sigma L^{-\frac{1}{2}} - \frac{D}{Q}c_i \tag{6.2}$$

$$\frac{\text{d}^2\text{EAC}(L)}{\text{d}L^2} = -\frac{1}{4}hk\sigma L^{-\frac{3}{2}} < 0 \tag{6.3}$$

由式(6.1)可知，在每个 $[L_i, L_{i-1}]$ 区间内，全年的期望总成本 EAC(L) 为凹函数，这就意味着目标的最优值只可能在 $n+1$ 个区间的端点处取得。下面将模型的解法归纳如下。

(1) 将所有的 $L_0, L_1, L_2, \cdots, L_n$ 分别代入式(6.1)，算出相对应的全年期望总成本 EAC(L_i)，$i = 0, 1, 2, \cdots, n$。

(2) 比较这 $n+1$ 个 EAC(L_i)，则最小的全年期望总成本为 EAC(L^*) = min EAC(L_i)，$i = 0, 1, 2, \cdots, n$，且相应的 L^* 为最优提前期。

【例 6.1】一个制造企业的平均年需求 $D = 600$ 件，每次订货成本 $A = 200$ 元，$h = 20$ 元，$\sigma = 6$ 件/周，$k = 2.3$，每次订货量 $Q = 100$ 件，提前期由 3 个独立的作业成分构成，如表 6-2 所示。试求使得企业全年期望总成本最小的提前期和订货量组合。

表 6-2 提前期数据

提前期的成分 i	正常作业时间 b_i/天	充分赶工时作业时间 a_i/天	单位赶工成本 c_i/元
1	16	2	0.40
2	16	2	1.20
3	10	3	5.00

根据求解步骤，有

$$L_0 = b_1 + b_2 + b_3 = 16 + 16 + 10 = 42 \text{ (天)}$$

$$L_1 = \sum_{j=1}^{3} b_j - (b_1 - a_1) = 42 - 14 = 28 \text{ (天)}$$

$$L_2 = 42 - 14 - 14 = 14 \text{ (天)}$$

$$L_3 = 7 \text{ (天)}$$

然后代入式(6.1)，求解结果如表 6-3 所示。

表 6-3　求解结果

赶工 i 个成分	L_i/周	$C(L_i)$/元	Q_i/件	$EAC(Q_i, L_i)$/元
0	6	0	100	2 875.92
1	4	5.6	100	2 785.60
2	2	22.4	100	2 724.66
3	1	57.4	100	2 820.40

由表 6-3 可知，最小的全年期望平均总成本为 2 724.66 元，最优提前期为 2 周。

6.3.2　提前期和订货量同时为决策变量的库存模型

1. 模型假设

如果把 6.3.1 节的假设(6)中的订货量 Q 视为决策变量，而不是固定值，其他假设仍成立，那么原模型就变成了将提前期和订货量同时视为决策变量的可控提前期库存模型。此模型更为普遍，但是求解更为复杂。

2. 模型构成

用 $EAC(Q,L)$ 表示此模型中全年的期望总成本，则总成本函数为

全年期望总成本=全年订货成本+全年库存持有成本+全年提前期赶工成本

即

$$\begin{aligned} EAC(Q,L) &= A\frac{D}{Q} + h\left(\frac{Q}{2} + r - \mu L\right) + \frac{D}{Q}C(L) \\ &= A\frac{D}{Q} + h\left(\frac{Q}{2} + k\sigma\sqrt{L}\right) + \frac{D}{Q}\left[c_i(L_{i-1} - L) + \sum_{j=1}^{i-1} c_j(b_j - a_j)\right] \end{aligned} \tag{6.4}$$

式中，$L \in [L_i, L_{i-1}]$。

3. 模型求解

根据式(6.4)中的 Q 分别求一阶偏导数和二阶偏导数

$$\frac{\partial EAC(Q,L)}{\partial Q} = -\frac{AD}{Q^2} + \frac{h}{2} - \frac{DC(L)}{Q^2} \tag{6.5}$$

$$\frac{\partial^2 \text{EAC}(Q,L)}{\partial Q^2} = \frac{2AD}{Q^3} + \frac{2DC(L)}{Q^3} > 0 \tag{6.6}$$

令 $\dfrac{\partial \text{EAC}(Q,L)}{\partial Q} = 0$，可得

$$Q = \sqrt{\frac{2D[A+C(L)]}{h}} \tag{6.7}$$

本模型的求解方法归纳如下。

(1) 将所有的 $[L_i, L_{i-1}]$ 区间的端点 $L_0, L_1, L_2, \cdots, L_n$ 分别代入式(6.7)，算出相对应的 Q_i $(i = 0,1,2,\cdots,n)$。

(2) 将每对 (Q_i, L_i) $(i = 0,1,2,\cdots,n)$ 组合代入式(6.4)，计算出相应的全年期望总成本 $\text{EAC}(Q_i, L_i)$ $(i = 0,1,2,\cdots,n)$。

(3) 比较这 $n+1$ 个全年期望总成本 $\text{EAC}(Q_i, L_i)$ $(i = 0,1,2,\cdots,n)$，则最小的全年期望总成本为 $\text{EAC}(Q^*, L^*) = \min \text{EAC}(Q_i, L_i)$ $(i = 0,1,2,\cdots,n)$，其中 Q^*、L^* 为最优的订货量、提前期。

【例 6.2】一个制造企业的平均年需求 $D = 600$ 件，每次订货成本 $A = 200$ 元，$h = 20$ 元，$\sigma = 6$ 件/周，$k = 2.3$，提前期由 3 个独立的作业成分构成，如表 6-4 所示。试求使得企业全年期望总成本最小的提前期和订货量组合。

表 6-4 提前期数据

提前期的成分 i	正常作业时间 b_i/天	充分赶工时作业时间 a_i/天	单位赶工成本 c_i/元
1	16	2	0.40
2	16	2	1.20
3	10	3	5.00

根据求解方法，可依次算出每个 $[L_i, L_{i-1}]$ 区间的端点处的订货量和期望总成本，如表 6-5 所示。

表 6-5 求解结果

赶工 i 个成分	L_i/周	$C(L_i)$/元	Q_i/件	$\text{EAC}(Q_i, L_i)$/元
0	6	0	110	2 866.95
1	4	5.6	111	2 773.35
2	2	22.4	116	2 700.65
3	1	57.4	125	2 761.48

由表 6-5 可以明显地看出，最小全年期望总成本为 2 700.65 元，所对应的最优策略 Q^* 为 116 件，L^* 为 2 周。最优策略下的总成本比完全不赶工时减少了 116.30 元。

6.4 基于随机提前期的(Q, r)库存模型

在供应链中,商品在系统中流动并在不同的阶段改变它的形式,这些阶段一般包括原材料供应、生产、分销、零售和消费等。但是,机器故障、工人罢工、自然灾害和其他突发事件等环境的变化常常给供应链带来不同程度的扰动,导致提前期随机。本节介绍提前期随机条件下的库存模型。

下面建立一个两级供应链库存模型来研究基于随机提前期的(Q, r)库存模型,在此基础上可以扩展到多级的库存模型。考虑的是连续检查型库存控制决策,决策变量是订货批量和再订货点。

在供应链中分销商向上层的供应商采购产品,在(Q, r)库存控制策略下,产品库存量随时间的变化趋势如图6.4所示,当库存水平降到r(再订货点)时,分销商进行订货,订货量为Q。在本模型研究中,首先假定需求率是一个常量,把提前期L_T(订货与到货之间的时间间隔)作为一个随机变量来处理。

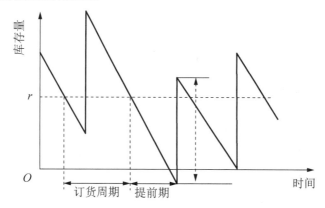

图6.4 (Q, r)库存模型

(Q, r)库存模型(见图6.4)包括以下假设。

(1) 假定在一个批量Q到达仓库后,现有库存水平总是高于再订货点r,因此在一个提前期内只会有一个订货,即不会发生合同交叉的问题。

(2) 连续的随机提前期是相互独立的,订货合同之间不发生交叉。

(3) 需求率是一个常量。

(4) 再订货点是非负的,即$r > 0$。

本模型中常用的符号及含义如下。

h——单位库存维持费用。

c_0——固定订货费用。

c_s——单位缺货损失费。

本模型的目标是确定最优订货量Q和再订货点r。

假定提前期需求密度函数为 $f(x)$，分布函数为 $F(x)$，根据图 6.4 可知，从订货点 t 到到货点 $t+L$ 这个时间段内，期望库存维持费用和缺货损失费为

$$E(C_{h+c_s}) = h\int_0^r \frac{r^2-(r-x)^2}{2}f(x)\mathrm{d}x + \int_r^{+\infty}\left[\frac{hr^2}{2}+\frac{c_s(x-r)^2}{2}\right]f(x)\mathrm{d}x +$$

$$h\int_0^{+\infty}\frac{(r-x+Q)^2}{2}f(x)\mathrm{d}x - \frac{hr^2}{2}$$

$$= -h\int_0^r \frac{(r-x)^2}{2}f(x)\mathrm{d}x + c_s\int_r^{+\infty}\frac{(x-r)^2}{2}f(x)\mathrm{d}x +$$

$$h\int_0^{+\infty}\frac{(r-x+Q)^2}{2}f(x)\mathrm{d}x \tag{6.8}$$

由式(6.8)可得单位时间的期望成本

$$E[C(Q,r)] = \frac{1}{Q}\left[c_0 - h\int_0^r \frac{(r-x)^2}{2}f(x)\mathrm{d}x + c_s\int_r^{+\infty}\frac{(x-r)^2}{2}f(x)\mathrm{d}x + h\int_0^{+\infty}\frac{(r-x+Q)^2}{2}f(x)\mathrm{d}x\right]$$

$$= \frac{c_0}{Q} + (h+c_s)\int_r^{+\infty}\frac{(x-r)^2}{2Q}f(x)\mathrm{d}x + h\int_0^{+\infty}\left[r-x+\frac{Q}{2}\right]f(x)\mathrm{d}x \tag{6.9}$$

设 $x' = x+t_0$，有 $r' = r-t_0$，式(6-9)可以转换为

$$E[C(Q,r)] = \frac{c_0}{Q} + (h+c_s)\int_{r'}^{+\infty}\frac{(x-r')^2}{2Q}f(x)\mathrm{d}x + h\int_0^{+\infty}\left[r'-x+\frac{Q}{2}\right]f(x)\mathrm{d}x \tag{6.10}$$

对式(6.10)，固定 Q，可以求解最优再订货点 r，满足

$$\int_r^{+\infty}[1-F(x)]\mathrm{d}x = \frac{Qh}{h+c_s} \tag{6.11}$$

式(6.11)的左边可以看作是一个周期内的期望缺货量，两边同时除以 Q 可以得到单位时间的缺货率为 $\frac{h}{h+c_s}$。

同样地，固定 r，可以求解最优订货量 Q，满足

$$Q^* = \sqrt{\frac{2c_0 + (h+c_s)\int_r^{+\infty}(x-r)^2 f(x)\mathrm{d}x}{h}} \tag{6.12}$$

如果 $\dfrac{h}{c_s}$ 很小，式(6.11)和式(6.12)就变成了典型的 (Q,r) 库存模型(随机需求，固定提前期)的最优解。

【例 6.3】假定 $D=600$ 单位/年，$c_0=200$ 元/订单，$h=20$ 元/单位，$\delta=7$ 单位/周，$c_s=50$ 元/单位，根据式(6.10)和式(6.12)进行计算，其结果如表 6-6 所示。

表 6-6 中，成本节约是与 EOQ 模型求解结果相比较得到的结果，其中 EOQ=16，TC=37 660。从表中可以清楚地看到，在考虑到提前期的情况下，可以更加清楚地定义最优订货量和再订货点，并且保证了成本的优化，更经济。

表6-6 计算结果

L	Q	r	$E[C(Q,r)]$	成本节约/%
8	41	120	985.6	—
	45	117	962.1	—
	52	114	956.2	97.46
	66	110	1 025.2	—
	128	95	1 298.4	—
	168	90	1 582.4	—
4	83	50	987.1	—
	43	60	815.5	—
	39	61	801.2	97.87
	32	65	812.9	—
	24	70	854.5	—
	101	80	1 736.5	—
2	92	20	873.7	—
	42	30	603.5	—
	32	33	584.0	98.45
	25	37	621.8	—
	22	40	652.8	—
	80	50	1 341.7	—

本 章 小 结

在强调基于时间的竞争的供应链环境中,尽量缩短提前期并快速响应客户已经成为增强企业竞争力的关键因素。本章首先介绍了提前期的构成、压缩提前期的措施和意义以及提前期不确定性的管理,然后介绍了能够有效压缩提前期的延迟制造策略,最后介绍了两类考虑提前期的模型,分别是基于可控提前期的库存模型和基于随机提前期的库存模型。这两类模型侧重不同,均对企业的库存管理实践有重要的指导意义。

 关键术语

提前期　　　　延迟制造　　　　赶工成本　　　　订货量
再订货点　　　(Q,r) 模型

习 题

1. 选择题

(1) 下列关于缺货损失费的理解，正确的是_____。
  A. 缺货损失费是指在订货过程中所发生的各项费用
  B. 缺货损失费指发生缺货时所带来的销售损失及顾客的良好愿望损失
  C. 缺货损失费用单位产品的订货费用乘以订货批量来表示
  D. 缺货损失费是克服空间距离所产生的一种成本

(2) 从供应商接受订单及发货到指定地点的时间是_____。
  A. 采购处理提前期　　　　　　　B. 交货提前期
  C. 发运提前期　　　　　　　　　D. 采购后处理提前期

(3) 下面关于供应链提前期压缩带来的效益的描述，错误的是_____。
  A. 可以更好地实现供应链管理
  B. 可以提高供应链预测的准确性
  C. 可以有效减轻供应链中的"牛鞭效应"
  D. 可以增加供应链非增值过程

(4) 下列不属于压缩提前期的额外赶工成本的是_____。
  A. 管理成本　　　　　　　　　　B. 运送成本
  C. 缺货成本　　　　　　　　　　D. 供应商加速成本

2. 简答题

(1) 简述供应链提前期压缩的意义。
(2) 简述供应链提前期压缩的措施。
(3) 简述实施延迟制造策略的前提。

3. 判断题

(1) 物流提前期是指从接受客户订单，到信息向上传递并被各级企业接收、理解和处理所耗费的时间。（　）
(2) 采购提前期一般由采购处理提前期和采购后处理提前期两部分组成。（　）
(3) 按订单装配生产方式就是根据客户订单进行装配生产。（　）
(4) 想要缩短响应周期，缩短物流提前期是唯一的方法。（　）
(5) 按工程订单生产方式就是根据客户要求进行产品设计、制造和装配。（　）
(6) 客户需求切入点的位置越靠近客户，延迟活动规模越小，客户活动复杂程度越低，因而快速响应能力越高，缺点是规模化程度低，产品品种较少，即企业柔性低。（　）

4. 计算题

(1) 将 6.3.1 节【例题 6.1】中的提前期是唯一决策变量的模型扩展至考虑缺货的库存决策模型。单位产品的缺货成本为 π，缺货期间的订单损失比例为 β，满足 $0 \leqslant \beta \leqslant 1$，其他参数不变。试求使得企业全年期望总成本最小的提前期和订货量组合。

(2) 将 6.3.2 节【例题 6.2】中的提前期随机且需求率为常数的模型扩展至需求和提前期均随机下的库存模型。假设需求率是服从期望为 D、标准差为 δ 的正态分布,其他参数不变。试求使得企业全年期望总成本最小的提前期和订货量组合。

ZARA 压缩提前期的措施

ZARA 是西班牙 Inditex 集团(股票代码 ITX)旗下的一个子公司,它既是服装品牌,也是专营 ZARA 品牌服装的连锁零售品牌。ZARA 深受全球时尚青年的喜爱,其品牌的设计师设计优异,价格低廉,简单来说就是让平民拥抱时尚。

ZARA 在供应链运作过程和创新的市场营销策略方面的竞争优势表现在:可以减少预测失误,降低库存量和减少打折商品量,缩短提前期,增加产品销售量。

长期以来存在这种假设:为了向消费者交付所需要的产品,需要更安全的库存量来平衡更短的提前期,而这样做的结果则会导致生产成本增加。1995 年的研究发现说明对于一般公司而言的确如此。但是一些同等级较好的公司却不需要这种提前期和安全库存之间的平衡。事实上,ZARA 的案例正好说明了这一点。2000 年财务报表可以看出,ZARA 库存量与销售量的比率是 7,H&M 和 GAP 分别是 12 和 14。ZARA 通过各种手段,缩短了提前期。事实证明提前期越短,所需预测时间也越短,反应灵敏度也随之提高。

ZARA 从以下 3 个方面入手缩短了提前期。

1. 信息流

在一个典型的纺织制衣供应链中,如果一种货品因畅销断货而需要仓库重新补货,供求信息录入需要 4 个不同的步骤:①专卖店向总部发送供货请求;②总部检查仓库库存量,假如还有存货,货品将被运往专卖店;③假如仓库没有存货,向制衣厂发送生产要求;④制衣厂向原料厂发送供应原料要求。

而在 ZARA 中的信息流则简单得多,销售点数据每周被送往公司总部,公司总部发现畅销断货现象后会直接通知配送中心、制衣厂和原料厂(在此并不称配送中心为仓库,因为 ZARA 将配送中心作为制衣厂和专卖店间的平衡点而不是用作储存货品)。信息流的压缩大大地缩短了 ZARA 的提前期。

2. 设计

在时尚界预测商品销售量是非常困难的,因为顾客的需求变化太快,并且很多因素都会对流行趋势产生影响,ZARA 采用的不是预测时尚的方法而是提高对潮流的反应灵敏度。

ZARA 的设计师们有另一个更合适的名字:潮流发现者,因为他们在世界各地不停地旅行来发现新的流行趋势。这些潜在的设计理念信息被送往公司总部,在那里 400 多名设计师和生产经理每天在一起工作讨论决定哪种款式特别吸引顾客。

许多零售商都在销售季将预计销售量的 60%投入供应链,而 ZARA 却只投入生产预计销售量的 15%。虽然其他销售商正在从每年传统的四季新品发行逐步转变(如 H&M 除了日常的新品滚动介绍外每年推出两次新品,Benetton 在销售季节发布几场新品介绍),但它们都无法与 ZARA 每年推出超过 10 000 款不同的设计样式,平均每年有 12~16 场新品发布相比。而快速的设计也缩短了提前期。

3. 生产和运输

ZARA 的原料团队从它在北京的采购办事处进口布料,该队伍还保留一些生产能力以便于保留生产的弹性。当布料到达西班牙,将在 ZARA 自己的工厂进行裁剪和染色。ZARA 拥有高度自动化的裁剪设备,在电脑里输入服装样式数据后,仅几名技术人员就可以操作机器进行自动裁剪。

裁剪后的布料将运往 400 个当地的合资工厂进行缝制，这些工厂通常是小到中等规模的制衣厂，因为它们有足够的灵活度对 ZARA 的需求做出反应。每隔 2~3 天，小型卡车从 ZARA 的裁剪染色工厂和当地的生产车间之间运输裁剪好的布料。

提前期减少能使需求预测的方差大大降低。压缩提前期带来了以下两点好处。

(1) 因为离市场更近，布料染色延迟也尽可能紧随市场潮流。

(2) 预测失误率降低了，同时减少不良库存商品和降低商品季末打折商品数量。这也帮助 ZARA 大幅度提高了企业利润。

虽然 ZARA 公司在供应链提前期压缩方面的做法使其在服装行业深受顾客的喜爱，但也由此带来以下一些问题。

(1) 主打女装的 ZARA 为了满足顾客的需求而不停地推出新款式，这造成了款多量小的订货要求。这些订单让 ZARA 的供应商数量众多且更换频繁。对于服装企业而言，频繁的更换面料供应商是大忌，因为在服装行业，稳定的供应链意味着稳定的面料质量。所以 ZARA 很难保证新加入的供应链面料全部过关，导致面料质量检测的投入很高。

(2) ZARA 产品上架速度非常快，从服装设计、下单到上架只需要两周的时间，由此带来服装面料检测不充分而带来的质量隐患。

讨论题

(1) 从物流提前期和信息流提前期两个方面分析 ZARA 压缩提前期的措施。

(2) 针对 ZARA 提前期压缩带来的问题，给出相应的建议。

【拓展视频】

资料来源：藤蔓，2013. ZARA "快速时尚" 的奥秘：ZARA 快速高效的供应链运作体系[J]. 商场现代化(13)：32-33.

压缩时间：宝洁公司供应链优化

宝洁供应链优化总体思路就是通过压缩供应链时间、提高供应链反应速度来降低运作成本，最终提高企业竞争能力。从宝洁供应链上下游之间的紧密配合方式进行分析，寻找可以压缩时间的改进点，从细节入手，以时间的压缩换取市场更大的空间。

1. 供应商管理时间的压缩

供应链合作伙伴关系不应该仅仅考虑企业之间的交易价格本身，还有很多方面值得关注，如完善服务、技术创新、产品的优化设计等。宝洁和供应商一起探讨供应链中非价值增值点以及改进的机会，压缩材料采购提前期，开发供应商伙伴关系，建立相互信任关系。压缩供应商时间管理分为以下 4 点。

(1) 材料不同，提前期不同。

香波生产原材料供应最长时间 105 天，最短 7 天，平均 68 天。根据原材料的特点，宝洁将其分为 A、B、C 三类分别进行管理：A 类品种占总数的 5%~20%，资金占 60%~70%；C 类品种占总数的 60%~70%，资金占 15%；B 类介于两者之间。对不同的材料管理策略分为全面合作、压缩时间和库存管理 3 类。

对材料供应部分的供应链进行优化，将时间减少和库存管理结合起来。例如，原材料 A 供应提前期为 105 天，但是订货价值只占总价值的 0.07%，不值得花费很多精力讨论缩短提前期。而原材料 B 虽然提前期只有 50 天，但是年用量却高达总价值的 24%，因此对这样的材料应该重点考虑。

(2) 原材料的库存由供应商管理。

宝洁的材料库存管理策略是供应商管理库存。对于价值低、用量大、占用存储空间不大的材料，在供应链中时间减少的机会很少，这类材料占香波材料的 80%，它们适合采用供应商管理库存的方式来下达采购订单和管理库存。库存状态的透明性是实施供应商管理库存的关键。首先，双方一起确定供应商订单业务处理过程所需要的信息和库存控制参数；其次，改变订单处理方式，建立基于标准的托付订单处理模式；最后，把订货交货和票据处理各个业务处理功能集成在供应商一边。

以广州黄埔工厂为例。黄埔工厂将后面 6 个月的销售预测和生产计划周期性地和供应商分享。供应商根据宝洁的计划制订自己的材料采购计划，并根据宝洁生产计划要求提前 12 天送到宝洁工厂，宝洁使用材料之后付款。对供应商来说，不必为宝洁生产多余的安全库存，自己内部计划安排更有灵活性；对宝洁来说，节省了材料的下单和采购成本。实际的材料采购提前期只是检测周期，至于原材料 A，采购提前期由 81 天缩短到 11 天，库存由 30 天减少到 0。

(3) 压缩材料库存的时间。

对于价值不高、用量大且占用存储空间很大的材料，适合采用压缩供应链时间的方法来管理。这类材料大概占所有材料的 15%。对这类材料，不能只采取传统的库存方法，因为高频率、小批量、多变的生产方式对材料供应的要求更高。如果供应时间长，则要求工厂备有很大的安全库存。只有通过压缩时间的方法，才能保持材料的及时供应和库存不变或降低。

对香波材料进行分析，原材料 B 属于 A 类材料，用量大，但是存储空间不是很大，适宜采取压缩供应时间的管理方式。对无价值时间消除，对有价值时间改进。材料 AE03 由国外供应商提供，在北京生产，再运到广州，采购提前期为 72 天。供应链活动可以分为 5 类，分别为：T—运输；S—存储；P—生产；I—检测；D—延迟。AE03 这 5 类活动的总时间分别为 34.9 天、12.5 天、2.0 天、7.8 天、14.6 天。真正有价值的时间只有生产和运输两种，检测、存储及延迟都是无价值时间。

通过考察供应商的质量方面的日常表现，对材料实施免检放行。结合对存储时间和运输时间的有效改变，以及延迟时间和检测时间的减少，总体时间最后减少了 18 天。材料库存从 30 天减少到 20 天，库存价值每个月减少了 2 万美元。

(4) 与供应商进行全面合作。

在香波供应链中，总会有一两类供应商提供应用量大、材料占据空间大、价值高的 A 类材料，如在黄埔工厂主要是香波瓶供应商。这类供应商的供应提前期很短，已经找不到时间压缩空间，所以宝洁和供应商一起同步进行供应链优化，寻找在操作和管理系统中存在的机会。

首先是供应商的内部改进。瓶形之间转产时间为 1 小时，为不同品种的香波瓶制定不同的生产周期。对于个别品种，以建立少量库存的方式保证供货，在生产能力有闲暇的时候生产这些品种补充库存。

其次是供应商和宝洁的合作改进。将 100 多种包装印刷版面合并成 80 多种，减少了转产频率。在材料送货方面，为适应多品种小批量的要求，宝洁雇用专门的运输商每天将同一区域的材料收集运送到宝洁。与供应商各自做运输相比，运输成本明显降低，更好地满足了客户要求。

2. 内部供应链时间压缩

除了加强与供应商之间的紧密合作和共享信息，宝洁还对企业内部供应链时间压缩进行了改进。

(1) 用产品标准化设计压缩时间。

摒弃原来不同品牌香波使用不同形状的包装设计，改为所有香波品牌对于同一种规格采用性质完全一样的瓶盖，不同的产品由不同的瓶盖颜色和印刷图案区分。这样一来，减少了包装车间转产次数。例如，旧的设计方案，海飞丝 200 毫升转产到飘柔 200 毫升，转线操作需要 25 分钟。统一包装设计之后，包装车间无须机器转线，只需要进行 5 分钟的包装材料清理转换即可。这项改进减少了包装车间 20% 的转线操作，从原来的每月 112 小时减少到每月 90 小时。

(2) 用日计划来缩短计划时间。

宝洁的香波生产最短的循环周期是 7 天，平均 14 天，最长 30 天。由于香波生产循环周期太长，需要在几天之内增加/减少产量时，工厂没有时间快速调整。

现在宝洁推行每日生产计划,从每周制订下周的生产计划变为每日制订第二日的生产计划。这样大大缩短了供应链反应时间,加快了产品对市场变化的反应。

(3) 用工艺对生产过程改进压缩时间。

宝洁香波产品制造车间有 8 个储缸,生产 16 种不同配方的香波。宝洁要求内部生产部门保证 85%以上的工艺可靠性。其中,香波配方和品种的区别如下:一个香波配方对应多个品种,品种之间不同的是一些添加剂(如香精、色素)及一些特殊的营养成分等。

通过对现状分析,制造部门进行了如下的改进:香波生产部门和技术部门合作,制订了储缸分配计划来减少转产并减少生产批量,分别生产 5 种 A 类配方产品,制造车间每次生产 12 吨,即一个储缸的量。包装车间可以根据每笔订单需求量的大小,选择不同的批量大小包装产品。即使 6~16 号配方每天都在车间生产一遍,转产的损失也只有 5%,远远低于 15%的上限。

(4) 缩减不增值过程以缩短包装时间。

包装部门的改进策略主要考虑以下 3 点:减少转产时间、减少非计划停机时间、提高人员技能。

包装部门提出"减少转产时间"的两点策略:配方之间的转换洗线;不同包装形式之间的转换洗线。生产部和工程部成立了转产改进小组,合作进行香波的管道改进项目,来减少洗线时间以及洗线过程香液的浪费。在香波输送管道中,增加一种类似活动活塞的器件,洗线时活塞可以快速地把香液从储缸送到包装线,这个过程非常迅速,相对于正常的输送时间可以忽略不计。这种洗线方式可以减少香液在洗线过程中的浪费(原来损耗 5%)。通过这些改进,洗线时间由 40 分钟下降到 25 分钟。对于一些不同包装尺寸转换时必须更换的零件,设计一个可以同时包容两到三个包装尺寸的零件,只是在转线时更换一下相位就可以了,其效果使转线时间从原来的 25 分钟降低到 15 分钟。

减少非计划停机时间。原来包装部门在 15%的生产可靠性损失中,有 9%是非计划停机时间,如机器故障、临时的机器维修等。而今非计划停机的时间损失由原来的 9%降低到 4%。

人员技能的提高。由于采用每日计划,生产部对人员安排的可预见性大大降低,这对生产人员管理是一个巨大的挑战。针对这一现状,宝洁实施"人员技能提高"策略,改变相应的人员管理和培训制度,使员工在任务紧的时候,可以在不同生产线随意调配;在生产任务不紧的时候,员工可以自主做一些自我培训或改进项目。

包装部门改进后的总体效果是:在每日计划模式下,转产频率比以前提高 3 倍,转线损失由原来的 5%上升到 8%,非计划停机时间由原来的 9%降低到 4%。人员技能更全面,对生产计划的改变更灵活,生产可靠性仍然保持超过 85%的水平。平均每天生产的品种从原来的 10 种增加到 30 种,反应能力大大提高,库存大大降低。

(5) 优化仓储管理缩减货物存取时间。

以黄埔工厂管理为例。黄埔工厂的仓储在开始实施每日计划时也同步进行了改进。原来的情况是有两种货架:一是叉车可以从提货通道提取任何一个地台板的选择式货架,适合产量不大的品种;另一种叉车开入式的 3 层货架集中设计,每次出货入货的最小单位都是 12 个地台板,大约相当于 6 吨香波产品,即一个最小的生产批量。

宝洁做了如下改进:增加一个货架设计,仍然是 3 层开入式提取和存放货物,但是通过改进,每一层是一个单独的产品品种,即每次出货入货的最小单位是 4 个地台板,相当于最小批量是 2 吨的香波成品,使得产品能够根据规模在合适的货架进行存放和提取。

3. 供应链下游优化

(1) 运输环节的优化与管理。采用第三方物流将产品从工厂运输到全国仓库,与物流供应商签订详细的运输协议,衡量运输商的可靠性和灵活性。每天跟踪运输业绩,考察由供应商造成的货物损坏率,以及由于运输不及时造成的客户订单损失。利用统计模型分析不同类型产品的运输调货频率,进行最优化设计,找到保留库存、卡车利用率和满载率的平衡点。

(2) 与客户之间的订单处理与信息共享。与大客户建立电子订单处理系统比传统的电话传真更快捷；与个别客户统一产品订货收货平台，及时了解客户的销售活动信息，如开店促销等，并反馈回工厂，保证客户有新的市场活动时，宝洁有充足的产品供应。

宝洁通过对供应链上下游伙伴的合作，不断挖掘自身生产过程中的时间压缩机会，以实现对客户需求的快速响应，不断提高作为公司竞争力的供应链的反应速度。

讨论题

(1) 宝洁是如何缩短提前期的？
(2) 宝洁是如何降低库存的？
(3) 宝洁的供应链优化后缩短了提前期内的哪些时间？

【拓展视频】

资料来源：林勇，2008. 供应链库存管理[M]. 北京：人民交通出版社.

第7章 供应链多级库存管理

【本章教学要点】

知识要点	掌握程度	相关知识	应用方向
供应链多级库存系统的基本结构及其存在的问题	了解	5种网络结构；多级库存控制应考虑的几个问题	在掌握供应链多级库存系统的基本知识的基础上才能根据实际情况做出正确的库存决策
多级供应链的需求放大效应	熟悉	产生原因和解决措施	
供应链多级库存系统的控制策略	掌握	两种控制方法：非中心化和中心化	
供应链多级库存模型	了解	从供应链的角度考虑产品的多级库存问题	
基于成本优化的多级库存控制	熟悉	供应链的库存成本结构	基于成本和时间优化两个方面建立相应的库存模型，可解决一般的库存控制问题
需求确定的多级库存系统的库存策略	掌握	不允许缺货和允许缺货两种模型的固定策略	
需求随机的多级库存系统的库存策略	掌握	基本库存策略和批量订货(R, Q)策略	
基于时间优化的多级库存控制	掌握	时间优化的多级库存控制模型及实施要点	

对振华重工亏本的思考

上海振华重工(集团)股份有限公司(以下简称振华重工)是重型装备制造行业的知名企业，为国有控股A、B股上市公司，控股方为"世界500强"企业之一的中国交通建设公司。2010年年底，《中国机械工业》发文提问，一个国资明星企业，连续十几年高速增长，从固定资产几百万元，发展到营业额276亿元(2009年)，成了国际市场的龙头老大，振华重工为什么在2010年会亏本呢？

振华重工以重型装备为核心业务，处于产业链的后端，是"牛鞭效应"的重灾区。例如，GDP回升，消费者的购买能力增强，带动厂家的产量和销量；产量和销量提升，带动运输业务，包括海运；海运增加，带动港口业务；现有港口装备不够用，于是就增加港口装备，带动振华重工的业务。这是条很长的供应链，振华重工在供应链的后端，受"牛鞭效应"的影响很大，生意起伏很大。例如，2008年东南亚国家金融危机后，振华重工的实际合同签约量下降50%，直接导致2010年出现首度亏损。

"牛鞭效应"是在供应链中，最终市场需求的微小变化沿着供应链逐级放大，越是在供应链后端，变动越大。相应地，产能和库存也大幅变动，因为在供应链里，变动是由额外库存和产能来缓冲。

归因于"牛鞭效应"，大型设备类行业，无论是农用机械、矿山、电信还是半导体制造设备、飞机制造，都难逃脱周期性的起伏。在短短的20年历史中，得益于中国经济的高速发展，以及"中国制造"的成本优势，振华重工并没有经受多少大起大落，但这并不是说行业的周期性不存在。另外，一路的高速发展，总会登峰造极，迎来拐点。这不，这一切都在2008年来了。金融危机下，全球基础建设投资锐减，新合同剧减，2010年营收相比2009年锐减38%，设备折旧等巨额固定成本如同石头露出水面，振华重工就亏本了。这亏本是由于成本刚性太大，没法与营收成相同比例降低造成的。那该如何解决呢？这个问题得从供应链和运作管理上找答案，总结成3个词，就是轻资产、重运营和控制复杂度。

1. 轻资产：化固定成本为变动成本

从2004年营业额71亿元，到2008年的274亿元，振华重工经历了爆炸式成长，固定资产也从25亿元激增到115亿元。在2010年，设备折旧约10亿元，几乎是3年前的两倍，其增加额占2010年净亏损的70%左右。人工成本、物料采购等属变动成本，能够随营业额的变动而成比例变动。而固定资产一旦投入，就得折旧，这就增加了成本的刚性。如果能化固定成本为变动成本，公司的成本结构就更灵活。这可以通过外包来实现，即由供应商来投资生产、仓储、物流等设施，以及从事其他一些非核心的业务。轻资产的概念就是从这里来的。

有人会说，振华重工本来就是靠制造起家，制造是其看家本领，把制造外包，这还做生意吗？这得分清核心与非核心竞争能力，以及相应的代价。例如，振华重工的一项能力是远程、大吨位的整机投放能力，有自己的船队，能把几千万吨重的钢结构投放到世界各地。这项能力的确能给振华一定的竞争优势，但养着那么大的船队，其有效利用率有多高呢？收益是否能抵消成本？再如，电焊，振华重工有7 500多名AWS认证的焊工，其中高难度的精密电焊属核心能力，或许应当保留，但很多初级加工、组装，有多少不能外包给供应商呢？本土这种竖向集成、大而全的公司，重资产，可以掌控供应链，但也是本土企业资产回报率普遍偏低的原因。

2. 重运营：把成本做下来，把绩效做上去

本土创业型公司的爆炸式增长，靠的往往是创业家敏锐的商业意识，再加上苦干、硬干。其成本低，

并不是因为管理和成本控制做得好，而是因为国内人工成本低。由于系统、流程的欠缺，这类公司很多运作低效，浪费惊人，从动辄数以十亿计的呆滞库存就能看出。经营粗放，生意好、利润高，一俊遮百丑；营收下降，这问题就如石头露出水面。对振华重工来说，要维持主打产品这么高的市场占有率，离不开高效低成本的运作。在卓越运营上展现自己的价值，把成本做下来，把绩效做上去，在此基础上开发新产品、开拓新市场，而不能走只拼价格、有了市场份额却没有盈利的路子。

3. 控制复杂度：与"成本败退"做斗争

小批量行业，品种多，批量小，客户定制多。结果是产品型号越来越多，批量越来越小，零件号泛滥，规模优势丧失。公司的市场占有率越高，为了进一步增加市场占有率，就越得进入更加细分的市场；市场越是细分，定制就越多，批量就越小，产品设计就越复杂；复杂度越高，相应的生产、采购、售后服务单位成本也就越高，公司在成本上的竞争力就越低。这时，低成本竞争对手就会乘虚而入。面临更低成本的竞争对手，振华重工只能选择两个战略中的一个：要么有效降低成本，迎头竞争；要么彻底退出相应的产品线，专注更高端的产品。而有效降低成本，离不开复杂度的控制，尤其是在小批量生产行业。

复杂度控制得从产品设计开始。大型设备行业以定制化为特点。就港口机械而言，每一个港口都不同，港机的尺寸都可能不同，这是需要定制的客观条件；但所有的港口都有一定的共性，注定港机也有共性，这是标准化的基础。定制化和标准化之间要有个平衡。问题是产品开发人员花多大的努力来平衡，或者说是否有意来平衡。一味地定制，最终会导致企业陷入复杂度大增的泥潭而不能自拔。

讨论题

(1) 何谓"牛鞭效应"？"牛鞭效应"产生的动因是什么？
(2) 哪些因素导致了振华重工的亏本？
(3) 振华重工怎样才能摆脱困境？

资料来源：刘宝红，2012. 采购与供应链管理：一个实践者的角度[M]. 北京：机械工业出版社.

现代竞争已不是企业与企业之间的竞争，而是供应链与供应链之间的竞争，单个节点的优化并不等同于整个供应链的全局优化，多级库存就要求从全局的角度考虑供应链效率的问题。若要实现对供应链库存的全局优化与控制，则必须采用多级库存优化与控制方法。在供应链多级库存环境下，由于各节点企业需求信息的不真实性会产生需求信息放大效应。采用传统的库存管理模式不可能解决诸如需求放大现象这样一些新的库存问题。因此，需要深入了解需求放大现象的本质特征，掌握供应链管理中库存波动的渊源和库存管理的新特点，并通过定量的分析深入讨论库存波动的原因，选择合理的库存控制策略，从成本和时间上对供应链多级库存进行全局优化，进而探讨适应供应链多级库存管理的新模式。

7.1 供应链多级库存控制概述

7.1.1 供应链多级库存控制的产生与发展

最早开始多级库存研究的学者是 Clark 和 Scarf。他们在 1960 年提出了"级库存"的概念：供应链的级库存等于某一库存节点现有的库存转移到或正在转移给后续节点的库存。

这样检查库存状态时不仅要检查本库存节点的库存数据，而且要检查下游需求方的库存数据。后面的学者在此基础上做了很多深入研究。多级库存系统与单级库存系统既有联系又有区别，单级库存系统是构成多级库存系统的基础，许多对单级库存系统的分析方法也可用于多级库存系统，然而多级库存系统还具有单级库存系统不具有的问题。

当多级库存系统中各成员只根据来自其相邻下级的信息进行决策时，供应链将产生需求波动放大现象，也就是"牛鞭效应"。Lee 等人在 1997 年发现不仅是在各成员非理性行为下会产生这种现象，即使他们的决策行为是理性的情况下也可能产生这种现象。他们从 4 个方面分析各成员决策行为是理性的情况下产生"牛鞭效应"的原因：需求信息分析、订货批量、价格波动和限额配给。为了消除和抑制这种现象，他们提出采取信息共享、缩短提前期、协调订货和简化促销行为等方法。

Baganha 等人在 1998 年从实际数据中发现，在多级库存系统中，各个环节订货量的方差总是大于面临的需求方差，但由于中间商的存在，生产商销售量的方差有可能小于中间商甚至零售商销售量的方差。为此，他们提出了一个三级模型。在模型最底层，n 个销售商面对的是独立同分布的随机需求过程，每周期期初检查库存，根据相应的库存控制策略进行订货，并假定固定提前期和缺货等待时间。所有销售商都由一个配送中心供货，配送中心每周期期初检查库存，根据自己的库存控制策略向厂商发出订单。由于销售商之间没有联系，因此可以将 n 个销售商的问题分解，得出每个销售商的订货过程都由一个自回归模型决定，在配送中心就是一个 ARMA(自回归移动平均)过程，求出短期控制策略下配送中心的订货量，并得出这种策略为最优时的充分条件，配送中心就能起到稳定方差的作用，即此时配送中心发出的订货量的方差要小于面临的需求方差。当然配送中心是否能起到稳定方差的作用，关键在于它采用什么样的库存控制策略。

7.1.2 供应链多级库存系统的基本思想

1. 多级库存的概念

理论上讲，供应链的层次可以是无限的，即从用户到原材料供应商整个供应链是 n 个层次的供应链网络模型，分一级供应商、二级供应商、三级供应商等，然后到核心企业(组装厂)；分销商也可以是多层次的，分一级分销商、二级分销商、三级分销商等，最后才到用户。但是，现实的供应链的层次并不是越多越好，而是越少越好。

因此，实际的供应链层次并不多，采用供应—生产—分销这样的典型三层模型足够说明供应链的运作问题。整个供应链在制造商、分销商、零售商三个地方存在三个库存，这就是三级库存。更多则为多级库存。

2. 多级库存优化控制的基本思想

(1) 供应链的全局优化。

联合库存管理是一种联邦式供应链库存管理策略，是对供应链的局部优化控制，若要进行供应链的全局性优化与控制，则必须采用多级库存优化与控制方法。因此，多级库存优化与控制是供应链资源的全局性优化。

供应链管理下的多级库存管理的目的是使整个供应链各个阶段的库存最小，而现行的企业库存管理模式是从单一企业内部的角度去考虑库存问题,因而并不能使供应链整体达到最优。

(2) 单级库存优化基础上的库存控制。

多级库存优化与控制是在单级库存控制的基础上形成的,各库存点通过各种不同的供需关系连接起来,可形成不同的配置方式。例如,一个大型的零售商会集中采购货物,将货物存放在某个中心仓库,并且从该仓库供应其他的几个商店;或者一个生产商可能需要原材料,将它们制成各种部件,然后由部件装配成最终产品。在这样的情况下,这些库存点和它们之间的相互关系形成一个网络,或者是一个有向图。如果用节点代表库存点,用指示线描绘供需关系,可以有以下几种基本网络结构。

① 串行系统(series system)。串行系统是最简单的结构,如图 7.1 所示,节点代表连续的生产阶段的输出或供应链的存货点。也就是说,每个节点的库存作为输入用来产生下一个节点的库存;或每个节点供应下一个节点。仅第一个节点接收系统外部的供应,仅最后一个节点满足外部的客户需求。

图 7.1　串行系统结构

② 装配系统(assembly system)。如图 7.2 所示,用指示线代表生产活动。与串行系统相同,它仅有一种最终产品。但是,有好几种原材料,且都是外部供应。这些原材料经过加工或组合(装配)成部件,而部件进一步经过装配,形成最终产品。网络中的有些指示线可能表示运输,即将原材料、部件或最终产品从一个节点转移到另一个节点。

③ 配送系统(distribution system)。配送系统看起来像是一个倒过来的装配系统,如图 7.3 所示。从生产角度看,有一种原材料、几种最终产品。当原材料通过生产阶段移动时,被连续地加工。从运输的角度看,第一个节点代表一个中心仓库,终点代表零售点。中间节点代表中转存货点,如地方仓库。可以说,串行系统是装配系统和配送系统的特例。

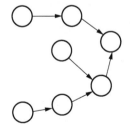　　　　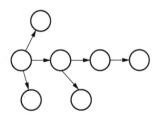

图 7.2　装配系统结构　　　　图 7.3　配送系统结构

④ 树形系统(tree system)。树形系统结合了装配系统和配送系统的特征,如图 7.4 所示。

⑤ 一般系统(general system)。一般系统代表更复杂的关系,如图 7.5 所示。比较图 7.4 和图 7.5 可知,一般系统包括类似配送的活动,其输出最终以装配形式结合,而树形系统并没有这样的特征。这就使得一般系统比树形系统更复杂。

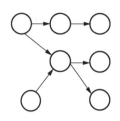

图 7.4 树形系统结构

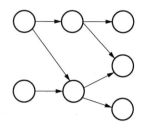

图 7.5 一般系统结构

7.1.3 供应链多级库存问题

供应链的多级库存控制应考虑以下几个问题。

1. 供应链多级库存系统的需求信息放大效应

当供应链的各节点企业只根据来自其相邻的下级企业的需求信息进行生产或供应决策时，需求信息的不真实性会沿着供应链逆流而上，产生逐级放大的现象，达到最源头的供应商时，其获得的需求信息和实际消费市场中的顾客需求信息已发生了很大的偏差，需求变异系数比分销商和零售商的需求变异系数大得多。为了应对这种需求的放大，上游供应商不得不维持比下游供应商更大的库存水平，尤其在供应链多级库存环境下，同级累加的需求信息同样在上级会产生放大效应，并且其中各级之间的提前期对于需求信息放大效应有着非常重要的影响。

2. 供应链多级库存基本控制策略

从理论上来讲，如果所有的相关信息都是可获得的，并把所有的管理策略都考虑到目标函数中去，中心化的多级库存优化要比基于单级库存优化的策略(非中心化策略)要好。但是，现实情况未必如此，当把组织与管理问题考虑进去时，管理控制的幅度常常是下放给各个供应链的部门独立进行，因此多级库存控制策略的好处也许会被下层组织与管理中产生的问题所抵消。简单的多级库存优化并不能真正产生优化的效果，需要对供应链的组织、管理进行优化，否则多级库存优化策略效率是低下的。此外，在库存优化中，一定要明确所优化的库存范围。在多级库存优化模型中，绝大多数的库存优化模型是下游供应链，即关于制造商(产品供应商)—分销中心(批发商)—零售商的三级库存优化。

3. 供应链多级库存优化的目标

传统的库存优化策略无一例外地是进行库存成本优化，在强调敏捷制造、基于时间竞争的条件下，这种成本优化策略是否适宜？在实施供应链库存优化时要明确库存优化的目标是什么？是成本还是时间？成本是库存控制中必须考虑的因素，但是，在现代市场竞争的环境下，仅优化成本这样一个参数显然是不够的，应该把时间(库存周转时间)的优化也作为库存优化的主要目标来考虑。

4. 供应链多级库存的协同管理

在市场竞争日益激烈的环境下，传统的库存管理方法已暴露出一定的缺陷，如"牛鞭效应"、库存积压、制造商与上下游企业的关系恶化、企业间的集成度较低、交货提前期长、服务水平低等。究其原因,归根到底是因为传统的供应链中各节点企业之间形成的是"敌对博弈"的关系,信息不能共享,目标相互冲突,整个供应链运作效率低下。在基于时间竞争的今天,对客户需求的快速响应能力日益得到重视。从整个供应链的角度来看,快速响应的实现已经不是单个企业所能做到的,而是必须依赖于供应链中各个企业之间的相互合作和协调。新的供应链管理策略不断出现,如快速响应、有效客户反应等,都集中体现了客户响应能力的基本要求,有效地解决了上述问题。

5. 供应链多级库存的推拉运作模式

在供应链多级库存环境下,传统的推动式和拉动式运作模式都有着各自的可取之处,又都面临着难以解决的问题。若能将两者有机地结合起来,把握好多级供应链中的推动式与拉动式分界点(客户订单分离点),取其所长,避其所短,就可能取得"1+1>2"的效果,从根本上缩短供应链上的多级响应周期,降低供应链运作成本,提高运作效率。

6. 基于提前期的供应链库存模型

在实施和运行供应链管理时,提前期是一个十分重要的基础数据,甚至可以说它是供应链管理中的一块基石。在基于时间竞争的环境下,提前期的压缩更是成为获取订单的主要成功因素,是获取竞争优势的主要源泉。在多级供应链环境下,强调从整体角度出发缩短供应链多级响应周期,提高产品在最终用户市场上的竞争力,提前期是其中最主要的制约因素。多级供应链上各级库存水平是相互影响的,尤其提前期的影响导致了多级供应链中库存的需求信息放大效应。建立基于多级提前期的多级库存模型进行库存水平的优化就有利于增强企业之间的信息透明度,避免了信息放大现象,也可以实现供应链库存的全局优化与控制。

7.1.4 供应链多级库存系统的需求信息放大效应

1. 供应链多级需求信息放大效应产生的原因

"需求变异加速原理"(也称牛鞭效应)是美国斯坦福大学的 Lee 教授对需求信息扭曲在供应链中传递的一种形象描述。其基本思想是:当供应链的各节点企业只根据来自其相邻的下级企业的需求信息进行生产或供应决策时,需求信息的不真实性会沿着供应链逆流而上,产生逐级放大现象,达到最源头的供应商时,其获得的需求信息和实际消费市场中的顾客需求信息发生了很大的偏差,需求变异系数比分销商品零售商的需求变异系统大得多。由于这种需求放大效应的影响,上游供应商往往维持比下游供应商更高的库存水平。这种现象反映出供应链上需求的不同步现象,它说明供应链库存管理中的普遍现象,"看到的是非实际的"。

Lee 教授把需求放大现象产生的原因归纳为 4 个方面:需求预测修正、订货批量决策、价格波动、短缺博弈。根据 7.1.3 节的分析,综合需求放大效应的产生机理,可得出产生需求放大效应的原因主要有需求预测修正、批量订货决策、提前期的变动、价格波动和理性短缺博弈。

(1) 需求预测修正。需求预测修正是指当供应链的成员采用其直接的下游订货数据作为市场需求信号时,产生需求放大。供应链中的每个企业都在做产品需求预测,以便在此基础上安排生产调度、协调生产能力、控制库存和生产资源,而预测往往是建立在直接顾客历史上购买产品的订单数据的基础上的。例如,一个业务经理常常用简单的方法决定向供应商订货的数量,如用指数平滑法进行需求预测。在指数平滑法中,根据新的来自下游企业的订单不断地调整未来库存补给量,安全库存也是这样。当产品准备时间很长时,这会造成订货量随时间波动,从而超出需求数额。对于上游企业的经理来说,如果他仍然采取指数平滑法调整需求预测和安全库存,那么,他向供应商订货的数量可能会发生更大的波动。

另外,在实践中供应链各阶段经常采用的库存控制策略为(R,S)库存策略,即无论何时,只要库存量低于某一给定的数值(订货点R),就进行补充订货,把库存水平提高到最高库存水平S。订货点通常按公式$R = L \times \bar{r} + \lambda \sigma_r \sqrt{L}$确定。由于平均需求和需求的方差是预测的,且具有波动性,而安全库存和最高库存水平都取决于这些估计值,使用者被迫变化订货数量,因此增大了需求的变动性。

(2) 批量订货决策。批量订货是指当企业向供应商订货时,不是来一个需求下一个订单,而是考虑库存的原因采用周期性分批订货,如一周或一月订一次,或是通过监控库存水平来向上游企业订货。当市场需求增加时,由于有安全库存,并不立即向供应商订货,而常常等需求累计增加到一定程度时才按批量订货。分批订货在企业普遍存在,MRP系统是分批订货,DRP也是如此。用MRP批量订货出现的需求放大现象,称为"MRP紧张"。批量订货有两种形式:推进式订货和分期订货。

在推进式订货中,把来自顾客的订单推向供应商,往往每季一次或每年一次,这导致季末或年终出现订货高峰。卖方为了完成配额,可预先签署订货合同,这很容易导致产生需求信息放大效应。如果顾客每周订货一次,那么放大效应会小一些。分期订货时需求量的变化对上游企业影响不大。然而,理想情况通常很少出现,分销商、零售商往往随机订货,甚至同一地区的多个零售商重复订货。这种现象越显著,需求信息放大效应就会越明显。

(3) 提前期的变动。在计算安全库存水平和订货点时,将平均需求和日顾客需求的标准差乘以一个提前期L。因此,提前期越长,需求变动性的微小变化越意味着安全库存和订货点的很大变化,订货量越会发生很大变化,从而导致需求变动性的增大。

(4) 价格波动。价格波动反映了一种商业行为——"预告购买"。价格波动,如价格折扣、数量折扣、赠票等,是由一些促销手段造成的。这种商业促销行为使许多推销人员预先采购的订货量大于实际的需求量。因为如果库存成本小于由于价格折扣所获得的利益,销售人员当然愿意预先多购买,这样订货没有真实反映需求的变化,从而产生需求放大现象。

据统计,约80%的公司提前向制造商和分销商订货,这主要是由市场中的价格波动引起的。不同时期、不同的销售量,出售的商品折价不同,赠货券、退款等也导致实际价格的变化,尽管这些不属于直接折扣而可以看作促销手段,但这时供应链中关于市场需求变化的信息流与实际不一致。各成员如何理解这些信息显得尤其重要。

上述情况导致当产品价格很低时客户可能买了未必需要的产品,一旦市场上价格恢复原来的水平,客户将不再订购这些产品,一直到库存降到合适的水平才思考补充订货问题。尽管这种决策从买方来看是合理的,但这仅当买方增加的持货成本小于市场价格波动时才有意义，否则得不偿失，这是企业各自为政导致的现象。各自独立进行市场预测的准确性下降之后，局部最优会导致更大的需求信息放大效应。

(5) 理性短缺博弈。当产品需求量增加时，制造商应该理性地评价需求的增加量，尤其当供给量远远小于需求量时。当需求量大于供应量时，理性的决策是按照客户的订货量比例分配现有的库存供应量。例如，总的供应量只有订货量的 50%，合理的配给办法是所有的客户获得其订货的 50%。但此时，如果客户仅能拿到 50%订单数量的产品，就会为了不致缺货，并获得最大份额的配给量，故意夸大其订货需求，很可能把订货量增大一倍，等后来取货时订单再取消一半。若市场供给增大，订单数量会突然大幅降低。其结果是客户订单只给制造商很少的信息，反映不出真实的市场需求信息，给制造商的生产带来极为严重的影响。这种理性短缺博弈极为普遍，但会由于个体参与组织的完全理性经济决策导致的需求信息的扭曲，最终导致需求放大。

2. 多级供应链需求信息放大效应的解决措施

常用的减小多级供应链需求信息放大效应的措施主要有以下几条。

(1) 集中顾客需求信息。

最常用的减小需求信息放大效应的方法是在供应链内部集中顾客的需求信息，即为供应链每一阶段提供有关顾客实际需求的全部信息。因为需求信息集中起来了，供应链的每一阶段都可使用顾客的实际需求数据来进行更加准确的预测，而不是依据前一阶段发出的订单来预测。为了实现需求信息的高度集中和避免信息失真的存在，可以采用如图 7.6 所示的信息强化的供应链。

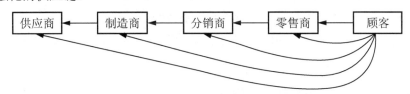

图 7.6 信息强化的供应链

通过需求信息的集中，可以构造出信息强化的供应链，从而实现对市场信息的加深理解，降低信息的不确定性，减少获得信息的时间延迟和保持信息的价值。

但是，必须指出，即使当需求信息完全集中并且供应链所有阶段都使用同样的预测技术和库存策略时，需求信息放大效应仍然存在。然而，相关分析表明如果信息没有集中，那么需求信息的放大效应是非常大的。因此，可以得出结论：集中需求信息能够显著地减小需求信息放大效应，但不能消除需求信息放大效应。

(2) 减少顾客需求过程的变动性。

通过减少顾客需求过程内在的变动性，可以缩小需求信息放大效应。如果能够减小零售商所观察到的顾客需求的变动性，那么即使需求信息放大效应出现，分销商所观察到的需求的变动性也会减小。

例如，可以通过利用"天天平价"等策略来减小顾客需求的变动性。当零售商使用"天天平价"时，它以单一的价格出售商品，而不是以带来周期性价格促销的常规价格出售商品。通过消除价格促销,零售商可以消除与这些促销一起产生的需求的急剧变化。因此,"天天低价"策略能够产生更稳定的、变动性更小的顾客需求模式。

(3) 缩短提前期。

前面给出的结果很清晰地表明,提前期的延长对供应链各阶段的需求变动性具有显著的影响。因此,缩短提前期能够显著减小整个供应链的需求信息放大效应。提前期通常包括两个组成部分:信息提前期和订货提前期。信息提前期是信息自形成时刻开始到传递到各需求成员所用的时间。信息一经形成,会随着时间的推移逐渐失去价值。所以,应通过提高供应链各成员之间的信任程度、使用 EDI 等,压缩信息传递的时间。订货提前期是生产和运输物品的时间,可通过使用直接转运缩短订货提前期。

(4) 建立战略伙伴关系。

建立战略伙伴关系改变了信息共享和库存控制的方式,可以消除库存放大效应的影响。例如,在供应商管理库存中,制造商管理其在零售店的库存,从而为其自身确定每一期维持多少库存和向零售商运输多少商品。因此,在供应商管理库存中,制造商并不依赖零售商发出的订单,因而彻底避免了需求信息放大效应。其他种类的伙伴关系也能用此来减少需求信息放大效应。

(5) 减少供应链系统的级数。

供应链中的级数越多,需求信息放大效应越显著。因此,减少供应链系统的级数将弱化需求信息放大效应。另外,如果供应链中有某些级不稳定,则可以考虑通过整个供应链的重构来消除这些不稳定的子系统,从而保证整个供应链系统的稳定。

(6) 供货方式由一次性大批量向多批次小批量转变。

当供应链中的各级子系统采用多批次小批量的供货方式时,将大大增强系统的稳定性,同时弱化需求信息放大效应。

7.1.5 供应链多级库存系统的控制方法

多级库存优化与控制是一种对供应链资源全局性优化的库存管理模式,主要有两种方法:一种是非中心化(分布式)策略;另一种是中心化(集中式)策略。这两种控制方法各有优缺点。非中心化策略是各个库存点独立地采取各自的库存策略。这种库存策略思想类似于传统的纵向一体化企业各下属企业的库存控制,在管理上比较简单,但是并不能保证产生整体的供应链优化,通常只有在信息完全共享的前提下才能充分利用供应链资源,在实际应用中多数情况产生的是次优的结果,往往达不到最理想的效果。而中心化库存策略是通过建立库存目标函数,同时确定所有库存点的控制参数,在降低库存总体成本的基础上通过协调的办法来实现库存的优化。中心化库存策略的缺点是只以库存总体成本作为唯一目标,忽略了供应链的客户服务水平以及对市场的快速反应能力;并且在库存总体成本最低时,考虑各个库存点的相互关系,对供应链各个节点库存进行协调和调整,在管理上协调的难度大,特别是供应链的层次比较多,即供应链的长度增加了协调控制的难度。

1. 非中心化库存控制策略

非中心化库存是把供应链的库存控制分为 3 个成本归结中心，即制造商成本中心、分销商成本中心和零售商成本中心，各自根据自己的库存成本优化做出优化的控制策略，如图 7.7 所示。非中心化的库存控制要取得整体的供应链优化效果，需要增加供应链的信息共享程度，使供应链的各个部门共享统一的市场信息。非中心化多级库存控制策略能够使企业根据自己的实际情况独立做出快速决策，有利于发挥企业的独立自主性和灵活机动性。

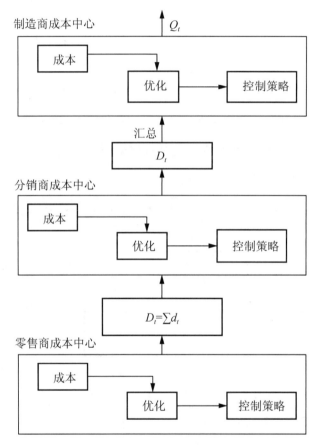

图 7.7　供应链非中心化库存控制模型

非中心化库存订货点的确定可完全按照单点库存的订货策略进行，即每个库存点根据库存的变化独立地决定库存控制策略。非中心化的多级库存优化策略需要企业之间的协调性比较好。如果协调性差，则有可能导致各自为政的局面。

2. 中心化库存控制策略

目前关于多级库存的中心化控制策略的探讨不多。采用中心控制的优势在于能够对整个供应链系统的运行有较全面的掌握，能够协调各个节点企业的库存活动。

中心化控制是将控制中心放在核心企业上，由核心企业对供应链系统的库存进行控制，协调上游与下游企业的库存活动。这样核心企业也就成了供应链上的数据中心(数据仓库)，担负着数据的集成、协调功能，如图 7.8 所示。

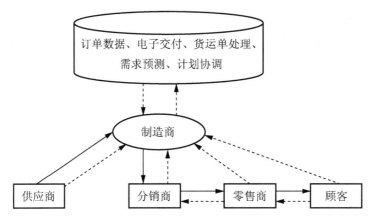

图 7.8 供应链中心化库存控制模型

说明：——→ 表示物流； ------→ 表示信息流。

中心化库存优化控制的目标是使供应链上总的库存成本最低，即

$$\min TC = \sum_{i=1}^{m} \{C_{hi} + C_{ti} + C_{st}\}$$

三级库存控制的供应链模型如图 7.9 所示。

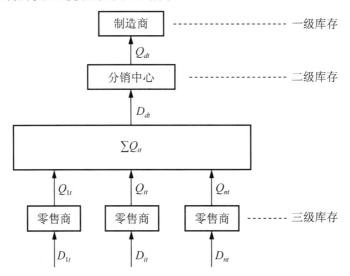

图 7.9 三级库存控制的供应链模型

各个零售商的需求 D_{it} 是独立的，根据需求的变化做出的订货量为 Q_{it}，各个零售商总的订货汇总到分销中心；分销中心产生一个订货量给制造商；制造商根据产品决定生产计划，同时对上游供应商产生物料需求。整个供应链在制造商、分销商、零售商 3 个地方存在 3 个库存，这就是三级库存。这里假设各零售商的需求为独立需求，需求率 d_i 与提前期 L_i 为同一分布的随机变量，同时系统销售同一产品，即为单产品供应链。对这样一个三级库存控制系统，这是一个串行与并行相结合的混合型供应链模型，建立的控制模型如下。

$$\min\{C_{mfg} + C_{cd} + C_{rd}\}$$

这里，第一项为制造商的库存成本，第二项为分销商的库存成本，第三项为零售商的

库存成本。

关于订货策略采用连续检查还是周期性检查的问题，原则上讲两者都是适用的，但各有特点。问题在于采用传统的订货策略使有关参数的确定和供应链环境下的库存参数应有所不同，否则不能反映多级库存控制的思想。所以，不能按照传统的单点库存控制策略进行库存优化，必须寻找新的方法。

按照传统的固定量订货系统，其经济订货批量为

$$Q_i^* = \sqrt{\frac{2D_i C_{s_i}}{h_i}}$$

如果按照这个算法作为多级库存的各个阶段的供应商或分销商的订货策略，那么就没有体现供应链的中心化控制的思想。因为这样计算实际的库存信息是单点库存信息，而没有考虑供应链的整体库存状态，因此采用这样的计算方法实际上是优化单一库存点的成本而不是整体供应链的成本。

那么，如何体现供应链这种集成的控制思想呢？可以采用级库存取代点库存解决这个问题。因为点库存控制没有考虑多级供应链中相邻的节点的库存信息，所以容易造成需求放大现象。采用级库存控制策略后，每个库存点不再仅检查本库存点的库存数据，而是检查处于供应链整体环境下的某一级库存状态。这个级库存和点库存不同，重新定义供应链上节点企业的库存数据，采用"级库存"这个概念，如图7.10所示。

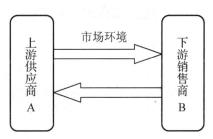

图 7.10　局部供应链系统

供应链的级库存=某一库存节点现有库存+转移到或正在转移给其后续点的库存

假设有相邻两个节点企业 A、B，A 是上游供应商，B 是下游销售商。A 节点处于供应链的 k 级水平，B 节点处于供应链的 $k+1$ 级水平，则该供应链 k 级库存为

供应链 k 级库存=A_1+A_2+A_3

式中，A_1——上游供应商 A 的手边现有库存量；A_2——供应商 A 发向销售商 B 的在途库存量；A_3——考察周期内销售商 B 已经接收到的来自供应商 A 的库存量。

这样检查库存状态时不但要检查本库存点的库存数据，还要检查其下游需求方的库存数据。级库存策略的库存决策是基于完全对其下游企业的库存状态掌握的基础上的，因此避免了信息扭曲现象。建立在 Internet 和 EDI 技术基础上的全球供应链信息系统为企业之间的快速信息传递提供了保证，因此，实现供应链的多级库存控制是有技术保证的。

7.2　基于成本优化的多级库存控制

基于成本优化的多级库存控制实际上就是确定库存控制的有关参数：库存检查期、订货点、订货量。在传统的多级库存优化方法中，主要考虑的供应链模式是生产分销模式，也就是供应链的下游部分。下面进一步把问题推广到整个供应链一般性情形，即如图 7.11 所示的供应链模型。

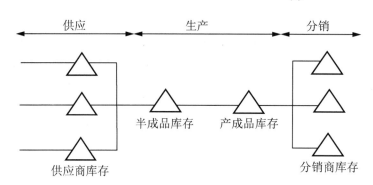

图 7.11　多级供应链库存模型

在库存控制中,考虑中心化(集中式)和非中心化(分布式)两种库存控制策略情形。在分析之前,首先要确定库存成本结构。

7.2.1　供应链库存成本结构

1. 库存维持费用

在供应链的每个阶段都维持一定的库存,以保证生产、供应的连续性。这些库存维持费用包括奖金成本、仓库及设备折旧费、税收、保险金等。库存维持费用与库存价值和库存量的大小有关。库存维持费用(C_h)沿着供应链从上游到下游有一个累积的过程,如图 7.12 所示。

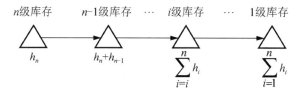

图 7.12　供应链库存维持费用的累积过程

h_i 为单位周期内单位产品(零件)的库存维持费用。如果 v_i 表示 i 级库存量,那么整个供应链的库存维持费用为

$$C_h = \sum_{i=1}^{n} h_i v_i$$

如果是上游供应链,则库存维持费用是一个汇合的过程;而在下游供应链,则是分散的过程。

2. 交易费用

交易费用以 C_t 表示,是在供应链企业之间的交易合作过程中产生的各种费用,包括谈判要价、准备订单、商品检验费用、佣金等。交易费用随交易量的增加而减少。

3. 缺货损失费用

缺货损失费用(C_s)是当供不应求时,即库存 v_i 小于零的时候,造成失去市场机会带来的损失以及信誉损失等。

缺货损失费用与库存大小有关。库存量大，缺货损失费用低，反之，缺货损失费用高。为了减少缺货损失，维持一定量的库存是必要的，但是库存过多将增加库存维持费用。

在多级供应链中，提高信息的共享程度，增加供需双方的协调与沟通，有利于减少缺货带来的损失。

总的库存费用为

$$C = C_h + C_t + C_s$$

对多级库存控制的目标就是优化总的库存费用 C，使其达到最小。

7.2.2 需求确定的多级库存系统的库存策略

1. 不允许缺货模型的固定策略

(1) 假设条件。

J 阶段的多级串行系统结构如图 7.13 所示。其中，圈(节点)代表库存点，指示线描绘了供需关系。需求仅在节点 1 发生，外部供应商供应节点为 J。所有其他联系是系统内部的：节点 J 供应节点 $J-1$，节点 $J-1$ 供应节点 $J-2$，依次类推。这里节点代表阶段，串行系统有时也称多阶段系统。

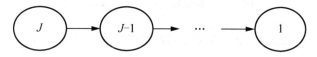

图 7.13 多级串行系统结构

假设外部供应商总有充足存货满足第 J 阶段的订货。

节点 $j(j=J, J-1, \cdots, 1)$ 订货存在固定备货期 L_j^*，为简单起见，假设 $L_j^*=0$。

与经济订货批量模型相同，存货以批量移动。订货决定移动一个批量到任何阶段，无论批量是来自供应商还是上一阶段。阶段并不是自己决定订货，因为信息和控制完全中心化。订货决策必须互相协调，如果前一阶段没有充足存货，对后一阶段批量订货就没有意义。

需求以固定的速度 λ(单位时间的需求数量)连续发生，当需求发生时必须全部满足，不允许缺货。所有订货发生固定订购费 k_j，因此订货存在规模经济。所以，与经济订货批量模型类似，需要解决的问题是找到订货费与存储费之间的平衡。

(2) 策略特征。

① 网状策略。对所有 j 订货，节点 $j-1$ 也订货；一个节点的订货引发所有下游点的订货，结果是节点 1 在所有阶段中订货最频繁，而节点 J 订货最少。

② 零库存策略。在零库存策略下，每个节点仅在其库存为零时订货。

③ 固定间隔策略。对每个节点，订货间隔是相同的。

具有上面 3 个性质的固定策略，定义：u_j 为节点 j 的订货间隔；u 为向量 (u_j)；k_j 为节点 j 的订购费用；h_j^* 为节点 j 的单位库存维持费用；h_j 为节点 j 的单位级库存维持费用；$I_j^*(t)$ 为时刻 t 节点 j 的库存；$I_j(t)$ 为时刻 t 节点 j 的级库存；$C(u)$ 为由 u 决定的固定策略的平均费用。各变量之间存在以下关系。

$$h_j = h_j^* - h_{j+1}^*, \quad I_j = \sum_{i \leq j} I_i^*(t), \quad g_j = h_j \lambda$$

图 7.14 描述了一个两点库存系统的固定策略模型,其中 $I_2^*(t)$ 是节点 2 的当地库存,呈楼梯状,$I_2(t)$ 包括节点 1 和节点 2 的当地库存。从图中可以看出,当地库存与级库存的区别。因为每个节点的级库存 $I_j(t)$ 描述与经济订货批量模型相似的周期性模式,所以每个节点运用经济订货批量模型相似的周期性模式,所以每个节点可以运用经济订货批量模型来计算库存。

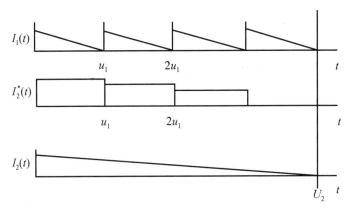

图 7.14 需求确定的不允许缺货模型

节点 j 的平均订购费为 k_j/u_j;节点 j 周期内平均库存量为 $\frac{1}{2}\lambda u_j$;节点 j 周期内存储费为 $\frac{1}{2}\lambda u_j h_j u_j = \frac{1}{2}g_j u_j^2$;节点 j 平均存储费为 $\frac{1}{2}g_j u_j$。

所以 $C(\boldsymbol{u}) = \sum_j \left[k_j/u_j + g_j u_j/2 \right]$,其中,每个 u_j 是 u_{j-1} 的正整数倍。该模型表示为

$$\text{Min} C(\boldsymbol{u}) \quad \text{s.t.} \quad u_j = \zeta_j u_{j-1}, (\zeta_j \text{ 为一个正整数}, j>1) \tag{7.1}$$

由于式(7.1)是非线性混合整数规划,很难直接求解。但已有文献描述了一种优化解法:首先解决一个较简单的问题,称为松弛的问题,其优化费用是实际最小费用的下界;其次利用松弛问题的解,构建一个可行解。已经证明,可行解是良好的解,下界是优化费用的较准确的期望值。

(3) 松弛问题。

显然,式(7.1)中任何可行 $\boldsymbol{u}$ 满足 $u_j \geq u_{j-1}$。定义下面的优化问题。

$$\underline{C} = \text{Min} C(\boldsymbol{u}) \quad \text{s.t.} \quad u_j \geq u_{j-1} \quad (j>1) \tag{7.2}$$

这就是松弛问题,因为它的约束条件较式(7.1)中的有所放松,因此其优化费用是式(7.1)最小费用的下界。解决式(7.2)的主要思想是区分哪些条件约束了优化解。令 $N = \{1, 2, \cdots, J\}$ 表示节点集,令 $A = (1, 2, \cdots, J-1)$ 表示约束条件。

对任意子集 $\underline{A} \subseteq A$,构建下面的优化问题。

$$\text{Min} C(\boldsymbol{u}) \quad \text{s.t.} \quad u_j = u_{j-1} \quad j \in \underline{A} \, (2[\underline{A}])$$

首先,解决子集 $\underline{A}$ 的优化问题。一些 $\underline{A}$ 将节点 N 分成几组或几圈,其中每个圈内的节点有相同的 u_j,令 N_m 表示 1 个独立的圈,设置下标 m 表示圈中最小的节点数 j。

图 7.15 显示了一个可行的划分,椭圆代表了圈。

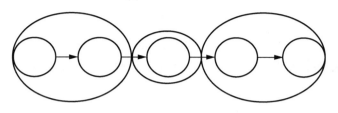

图 7.15　可行的划分

定义：prev(m)为紧跟在 m 所在的圈之前的圈的下标；next(m)为紧跟在 m 所在的圈之后的圈的下标。

其中，next(1)=0，对最大的下标 m，prev(m)=0，对所有 m，N_m={prev(m)−1,…,m}。

(2[$A_=$])将式(7.2)分成几个独立子问题，每个圈一个问题，圈的子问题为

$$\text{Min} \sum_{j \in N_m}[k_j/u_j + g_j u_j/2] \quad \text{s.t.} \quad u_j = u_{j-1}, \quad (j \in N_m, j > m)$$

或者使用一个变量 u

$$\text{Min} \sum_{j \in N_m}[k_j/u + g_j u/2] \quad \text{s.t.} \quad u_j = u, \quad (j \in N_m, j > m)$$

对任何子集 $M \subseteq N$，定义

$$K(M) = \sum_{j \in M} k_j, \quad G(M) = \sum_{j \in M} g_j, \quad X(M) = K(M)/G(M)$$

上面的目标函数可写成 $C_m(u) = K(N_m)/u + G(N_m)u/2$，这是经济订货批量模型的费用函数，其优化解 $u = u(m) = [2K(N_m)/G(N_m)]^{1/2} = [2X(N_m)]^{1/2}$，因此，(2[$A_=$])的解是

$$u(m) = [2X(N_m)]^{1/2}, u_j = u(m) \quad (j \in N_m)$$

该解还必须满足条件：$X(N_m) \geq X(N_{\text{next}(m)}), m > 1$。

此外，对任何 $A_=$，进行下面的工作：选择任何 j，prev(m)>j>m，从 $A_=$ 中划出 j，或将 N_m 分成两部分 (N_m^-, N_m^+)，其中 $N_m^- = \{\text{prev}(m)-1, \cdots, j\}$，$N_m^+ = \{j-1, \cdots, m\}$；根据优化要求，每个选择 j，$X(N_m^-) \leq X(N_m^+)$。

至此，可以归纳出下面的系列松弛算法。

① 令 $N_j = \{j\}$，$j = 1, 2, \cdots, J$，prev(j)=j+1，$X(N_j) = k_j/g_j$。

② 对 $j = 1, 2, \cdots, J$，如果 prev(j) ≠ 0，且 $X(N_{\text{prev}(j)}) \leq X(N_j)$，则重新设置。

$N_j = N_{\text{prev}(j)} \cup N_j$，计算 $K(N_j) = K(N_{\text{prev}(j)}) + k(N_j)$，$G(N_j) = G(N_{\text{prev}(j)}) + g(N_j)$，$X(N_j) = K(N_j)/G(N_j)$，prev($j$) = prev(prev($j$))。

【例 7.1】一个多级串行系统，$J=4$，$\lambda=1$，所有 $h_j=1$，$g_j=1 (j=1,2,\cdots,4)$。另外，$k_1=2$，$k_2=2$，$k_3=8$，$k_4=4$。求该系统的最佳订货策略。

运用松弛算法计算。

$N_4=\{1\}$，$N_3=\{2\}$，$N_2=\{3\}$，$N_1=\{4\}$

$X(N_4)=4$，$X(N_3)=8$，$X(N_2)=8$，$X(N_1)=2$

prev(4)=0，prev(3)=4，prev(2)=3，prev(1)=2

$J=4$：prev(4)=0

$J=3$：$X(N_4)=4<8=X(N_3)$，$N_3=\{4,3\}$；$K(N_3)=12$，$G(N_3)=2$，$X(N_3)=6$，prev(3)=0

$J=2$：$X(N_3)=6>2=X(N_2)$，prev(2)=3

$J=1$：$X(N_2)=2=X(N_1)$，$N_1=\{2,1\}$；$K(N_1)=4$，$G(N_1)=2$，$X(N_1)=2$，prev(1)=3

$X(N_3)=6>2=X(N_1)$

优化划分为 $N^*=\{N_3, N_1\}$，其中 $N_3=\{4,3\}$，$N_1=\{2,1\}$，优化解为 $u_1^* = u_2^* = u^*(1)=(2\times4/2)^{1/2}=2$，$u_3^* = u_4^* = u^*(3)=(2\times12/2)^{1/2}\approx3.464$，$C^*=10.928$

(4) 构建可行解

下面使用松弛问题的解，构建式(7.1)的可行解。

选择固定值 u_0，可以是任何方便的时间间隔，如1天或1周，在此构建1个解，其中 u_j 是 u_0 的 2 的整数幂倍数，即 $u_0, 2u_0, 4u_0$，或 $(1/2)u_0, (1/4)u_0$ 等，称为2的整数幂倍数解。给定 u_0，按下面的规则构建可行策略，用 u^+ 表示。

$n(m)$ 与 $\log_2(u^*(m)/u_0)$ 最接近的整数，$u^+(m)=2^{n(m)}u_0$，$u_j^+=u^+(m)(j\in N_m)$，$u^+=(u_j^+)_j$，$C^+=C(u^+)$。

【例 7.2】 继续例 7.1 的计算。取 $u_0=1$，则

$\log_2(u^*(1)/u_0)=1=n(1)$，$\log_2(u^*(3)/u_0)=1.79$，$n(3)=2$，

$u^+(1)=2$，$u^+(3)=4$，

$C^+=[4/2+(1/2)(2)(2)]+[12/4+(1/2)(2)(4)]=11$

可知2的整数幂倍数解的费用与下界非常接近。

2. 允许缺货模型的固定策略

(1) 假设条件。

考虑串行系统结构；各节点订货时发生固定订货费 k_j；需求在节点1连续发生，需求率为 λ，外部需求系统允许缺货，缺货损失费为每单位 b；补货是瞬时的，备货期是0；目标是最小化系统长期平均费用。

(2) 策略特征。

在固定策略下，节点 j 每间隔 u_j 从节点 $j+1$ 接收固定批量，$j=1,2,\cdots,J$。固定策略也是网状策略，即当1个节点接受存货，立即往下游运送1个批量。

因此，$u_j=m_j u_{j-1}, j=2,3,\cdots,J$，其中 m_j 是正整数。同样，优化策略一定具有零库存性质，即节点 j 在每次到货之前是零在库库存。

定义：h_j^* 为节点 j 的点存储费率

$$h_j^* = \sum_{i=j}^{J} h_i, \quad h_0^* = bh_1^*/(b+h_1^*)$$

库存变化情况如图7.16所示。与不允许缺货模型相似，该模型中系统缺货等于节点1的缺货。

① 节点 $j\geq 2$ 的点存储费。在补货周期开始时，节点 j 接收点 λu_j 的批量，在接收之前，节点 j 是零在库库存。因为存货是以 m_j 个相同的批量 λu_{j-1} 分批运往节点 $j-1$，节点 j 的在库库存变化有点类似楼梯的形状。因此，节点 j 在周期内的总存储费为

$C_{hj} = h_j^*\lambda[(u_j-u_{j-1})u_{j-1}+(u_j-2u_{j-1})u_{j-1}+\cdots+u_{j-1}u_{j-1}]$

$= h_j^*\lambda u_{j-1}^2(m_j-1+m_j-2+\cdots+1)$

$= h_j^*\lambda(1/2)u_j(u_j-u_{j-1})$（因为 $u_j=m_j u_{j-1}$）

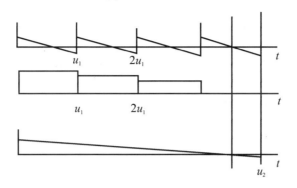

图 7.16 需求确定的允许缺货模型

周期内的平均值是 $h_j^*\lambda(1/2)u_j(u_j-u_{j-1}), j=2,3,\cdots,J$。

② 节点 1 的点存储和缺货损失费。节点 1 是存储费率为 h_1^*、缺货损失费率为 b 的单点库存。从允许缺货的经济订货批量模型可知，节点 1 的最小平均存储和缺货损失费是 $h_0^*\lambda(1/2)u_1$。

节点 j 的平均固定订购费是 $k_j/u_j, j=1,2,\cdots,J$。因此，系统的平均库存总费用的下界是

$$C(\boldsymbol{u}) = \sum_{j=1}^{J} k_j/u_j + \sum_{j=2}^{J} h_j^*\lambda(u_j-u_{j-1})/2 + h_0^*\lambda u_1/2$$

$$= \sum_{j=1}^{J} k_j/u_j + [(h_2^*-h_3^*)u_2 + (h_3^*-h_4^*)u_3 + \cdots + h_J^*u_J]\lambda/2 + (h_0^*-h_2^*)\lambda u_1/2$$

$$= \sum_{j=2}^{J}[k_j/u_j + h_j\lambda u_j/2] + [k_1/u_1 + (h_0^*-h_2^*)\lambda u_1/2], \boldsymbol{u}=(u_j)_j$$

该模型描述如下。

$$\text{Min}C(\boldsymbol{u}) \quad \text{s.t.} \quad u_j=m_j/u_{j-1}, m_j \text{为正整数} \tag{7.3}$$

(3) 优化问题。

因为式(7.3)的费用函数与前面的不允许缺货的费用函数有相同的形式，可以直接运用该解法。

【例 7.3】 仍以例 7.1 的数据为基础，设单位缺货费损失 $b=16$。求该串行系统的最佳订货策略。

$h_0^* = bh_1^*/(b+h_1^*) = 16\times 4/(16+4) = 3.2$，$h_2^*=3$，$h_0^*-h_2^*=0.2$，$g_1=0.2$

$N_4=\{1\}$，$N_3=\{2\}$，$N_2=\{3\}$，$N_1=\{4\}$

$X(N_4)=4$，$X(N_3)=8$，$X(N_2)=8$，$X(N_1)=2/0.2=10$

prev(4)=0，prev(3)=4，prev(2)=3，prev(1)=2

$J=4$：prev(4)=0

$J=3$：$X(N_4)=4<8=X(N_3)$，$N_3=\{4,3\}$；$K(N_3)=12$，$G(N_3)=2$，$X(N_3)=6$，prev(3)=0

$J=2$：$X(N_3)=6>2=X(N_2)$，prev(2)=3

$J=1$：$X(N_2)=2<10=X(N_1)$，$N_1=\{2,1\}$；$K(N_1)=4$，$G(N_1)=1.2$，$X(N_1)=20/11$，

prev(1)=3，$X(N_3)=6>20/11=X(N_1)$

优化划分为 $N^*=\{N_3, N_1\}$，其中 $N_3=\{4,3\}$，$N_1=\{2,1\}$，优化解为

$u_1^* = u_2^* = u^*(1) = (2 \times 4/1.2)^{1/2} = 2.582$, $u_3^* = u_4^* = u^*(3) = (2 \times 12/2)^{1/2} \approx 3.464$,
$C^* = 10.027$

取 $u_0 = 1$，则 $\log_2 (u^*(1)/u_0) = 1.37$，$n(1) = 1$，$\log_2 (u^*(3)/u_0) = 1.79$，$n(3) = 2$，$u^+(1) = 2$，$u^+(3) = 4$，
$C^+ = [4/2 + (1/2)(1.2)(2)] + [12/4 + (1/2)(2)(4)] = 10.2$，
$C^+ / C^* = 10.2/10.027 \approx 1.017$

7.2.3 需求随机的多级库存系统的库存策略

1. 基本库存策略

(1) 模型及符号说明。

考虑一个多级串行结构的库存系统，其中每个阶段代表一个存货点，如图 7.17 所示。

图 7.17 多级串行系统结构

假设如下。

① 点 J 从系统外部订货，点 $J-1$ 从节点 J 订货，称节点 J 是节点 $J-1$ 的前继点，而节点 $J-1$ 是节点 J 的后继点，这样依次下去，仅节点 1 发生客户需求。

② 供应中没有规模经济，即后继点向前继点订货，不计算订购费，$k_j = 0$，$j = 1, 2, \cdots, J$，因此无须批量订货或运输。

③ 未满足的需求发生缺货。

④ 需求是简单的泊松过程，时期 t 内的需求量服从期望值为 λt 的泊松分布。

⑤ 每个节点 j 的供应系统或前继点产生固定的备货期 L_j^* (非负数)。

⑥ 目标是最小化系统的长期平均总费用。

有关参数定义如下。

k_j——节点 j 的固定订购费。

h_j^*——节点 j 的(当地)单位库存维持费。

h_j——节点 j 的(级)单位库存维持费，$h_j = h_j^* - h_{j+1}^*$。

b——节点 1 的单位缺货损失费。

考虑基本库存策略，在单个库存点时，假设采用 $q = 1$ 的 (R, Q) 固定订货点策略，因为 $q = 1$，只有一个变量 r，即 $s = $ 基本库存水平 $= r + 1$，称为基本库存策略。该策略是将库存点保持在常数 s，每 1 个单位需求产生 1 次订货。

在多节点系统中，考虑级基本库存策略。级基本库存策略是中心化控制策略。监视各节点的级库存订货点，决定订货和各节点之间的运送以保持该级库存订货点为常数。也就是说，每个节点运用基本库存策略。其策略参数如下。

s_j——节点 j 的级基本库存策略水平，其全体以向量描述 $\mathbf{s} = (s_j)$。

t——级库存的状态变量 $(t \geq 0)$。

$B(t)$——时刻 t 系统缺货，它仅指节点 1 的当地缺货。

$I_j(t)$——时刻 t 节点 j 的级库存，$I_j(t) = I_j^*(t) + \sum_{i<j}[\text{IT}(t) + I_i^*(t)]$，即节点 j 现有库存加上转移到或正在转移给其后续节点的库存。

$\text{IN}_j(t)$——时刻 t 节点 j 的级净库存，$\text{IN}_j(t) = I_j(t) - B(t)$。

$\text{IO}_j(t)$——时刻 t 节点 j 的订货。

$\text{IOP}_j(t)$——时刻 t 节点 j 的订货的级库存订货点，$\text{IOP}_j(t) = \text{IN}_j(t) + \text{IO}_j(t)$。

$\text{IT}_j(t)$——时刻 t 运往节点 j 的存货。

$\text{ITP}_j(t)$——时刻 t 节点 j 的级库存运输点，$\text{ITP}_j(t) = \text{IN}_j(t) + \text{IT}_j(t)$。

需要注意 $\text{IO}_j(t)$ 的存货与 $\text{IT}_j(t)$ 的存货的区别：$\text{IO}_j(t)$ 包括所有节点 j 未完成的订货，但 $\text{IT}_j(t)$ 仅包括那些节点 $j+1$ 能满足的订货，其差值是节点 $j+1$ 的当地缺货。当然，$\text{IT}_j(t) = \text{IO}_j(t)$，因为外部资源充足能对节点 J 立即反应。

由于 $\text{IN}(t + L_j^*) = \text{IN}_j(t) + \text{IT}_j(t) - D(t, t + L_j^*)$，其中 $D(t, t + L_j^*)$ 表示从时刻 t 到 $t+L_j^*$ 的需求。

由状态变量的定义可知

$$\text{ITP}_j(t) = \min\{s_j, \text{IN}_{j+1}(t)\}$$

令 $L_j = \sum_{i \geq j} L_f^*$，这是节点 j 的级备货期。可以得到下面的循环。

$$\text{ITP}_j(t) = s_j$$

$$\text{IN}_j(t + L_j) = \text{ITP}_j(t + L_{j+1}) - D(t + L_{j+1}, t + L_j)$$

$$\text{ITP}_j(t + L_{j+1}) = \min\{s_j, \text{IN}_{j+1}(t + L_{j+1})\}$$

将时间忽略，得到各参数的期望值。

$$\text{ITP}_j = s_j$$

$$\text{IN}_j = \text{ITP}_j - D_j$$

$$\text{ITP}_j = \min\{s_j, \text{IN}_{j+1}\}$$

其中 D_f 表示节点 j 的备货期需求，它服从参数是 λL_f^* 的泊松分布。

库存总费用包括各节点的存储费和节点 1 的缺货损失费，因此库存总平均费用为

$$C(s) = E\left(\sum_{j=1}^{J} h_j I_j + bB\right)$$

(2) 优化问题。

定义下列函数。

① $\overline{C}_j(x|s) = E[\sum_{i \leq j} h_i \text{IN}_i + (b + h_1^*)B | \text{IN}_j = x]$

② $C_j(y|s) = E[\sum_{i \leq j} h_i \text{IN}_i + (b + h_1^*)B | \text{ITP}_j = y]$

③ $\underline{C}_j(x|s) = E[\sum_{i \leq j} h_i \text{IN}_i + (b + h_1^*)B | \text{IN}_{j+1} = x]$

上面函数的含义分别如下。

① 当节点 j 的级净库存为 x 时，从节点 j 到 1 的存储和缺货损失费。

② 当节点 j 的级库存运输点为 y 时，从节点 j 到 1 的存储和缺货损失费。

③ 当节点 $j+1$ 的级净库存为 x 时，从节点 j 到 1 的存储和缺货损失费。这些函数可循环决定。先计算 $\underline{C}_0(x|s) = (b+h_1^*)[x]^-$，其中 $[x]^- = \max\{-x,0\}$；对于 $j=J, J-1, \cdots, 1$，给定 $\underline{C}_{j-1}$，计算

$$\overline{C}_j(x|s) = h_j x + \underline{C}_{j-1}(x|s)$$

$$C_j(y|s) = E[\overline{C}_j(y-D_j|s)]$$

$$\underline{C}_j(x|s) = C_j(\min\{s_j, x\}|s)$$

通过计算这些函数，上式可写成 $C(s) = C_J(s_J|s)$。对上面的计算稍加改动可以决定最佳的级基本库存策略：令 $\underline{C}_0(x|s) = (b+h_1^*)[x]^-$。对 $j=J, J-1, \cdots, 1$，给定 $\underline{C}_{j-1}$，计算

$$\overline{C}_j(x) = h_j x + \underline{C}_{j-1}(x)$$

$$C_j(y) = E[\overline{C}_j(y-D_j)]$$

$$s_j^* = \arg\min\{C_j(y)\}$$

$$\underline{C}_j(x) = C_j(\min\{s_j^*, x\}) \tag{7.4}$$

其中 s_j^* 表示 $C_j(y)$ 函数的最小点，即令 $C_j(y)$ 函数值最小的 y 值。结束时，令向量 $s^* = (s_j^*)$ 为策略参数，$C^* = C_J(s_J^*)$ 为最小平均费用。

式(7.4)被称为供应链理论的基本公式。它抓住了多级系统的基本动态和经济特征。通过 $\underline{C}_j(x)$ 这个惩罚函数，使上游库存点在没有充足存货来满足下游库存点的需求时，下游库存点按上游库存点的库存情况订货，此时费用要比其采取最佳库存策略的费用高。

【例 7.4】 假设某大型销售商有 3 个库存点，如图 7.18 所示。假设需求为泊松过程，单位时间内需求量为 r 的概率服从泊松分布：$P(r) = e^{-\lambda} \lambda^r / r!$。系统采用中心化控制，订购费相对较小可以忽略，其有关参数(下标表示库存点)如下。

级单位存储费：$h_1=1$，$h_2=1$，$h_3=1$。
备货期：$L_1^*=1$，$L_2^*=2$，$L_3^*=0$。
单位缺货损失费：$b=9$。
单位时间内的需求：$\lambda=6$。
求该系统如何控制库存使系统的库存总费用最小？

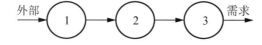

图 7.18 多级串行系统

由于订购费为零，采用基本库存策略，即保持各库存点的库存订货点在 s_j(基本库存水平)，当低于该值时就订货；若在期初库存高于该值，则不订货，一直等到库存下降到 s_j。

库存点 1、2 的备货期需求 D_1、D_2 分别服从均值为 6、12 的泊松分布。

根据供应链理论的基本公式，可得

$$\underline{C}_0(x) = (b+h_1^*)[x]^- = (9+3)[x]^- = 12[x]^- \qquad (h_1^* = 1+1+1 = 3)$$

$$\overline{C}(x) = h_1 x + \underline{C}_0(x) = x + 12[x]^-$$

$$C_1(y) = E[\overline{C_1}(y - D_1)] = E[y - D_1 + 12(y - D_1)^-]$$

根据单点基本库存策略算法可得

$$\sum_{r \leqslant y-1} P(r) < 11/(11+1) \approx 0.917 \leqslant \sum_{r \leqslant y} P(r)$$

$$P(r) = e^{-6} 6^r / r!, \quad \sum_{r \leqslant y} P(r) \text{ 记作 } F(y)$$

可查统计表得 $F(9)=0.916$，$F(10)=0.957$，因此，库存点 1 的基本库存水平 $s_1^* = 10$，其最小的平均库存费用 $C_1^* = 4.928$。

$$\underline{C_1}(x) = C_1(\min\{s_1^*, x\}) = C_1(\min\{10, x\})$$
$$\overline{C_2}(x) = h_2 x + \underline{C_1}(x) = x + \underline{C_1}(x)$$
$$C_2(y) = E[\overline{C_2}(y - D_2)] = E[y - D_2 + \underline{C_1}(\min\{10, y - D_2\})]$$

利用计算机模拟的计算结果如表 7-1 所示。

表 7-1 模拟计算结果

y_2	17	18	19	20	21	22	23	24	25	26	27
C_2	30.546	26.110	22.749	20.385	18.890	18.115	17.902	18.108	18.608	19.306	20.131

因此，库存点 1 与库存点 2 的平均总库存费用的最小值 $C_2^* = 17.902$，库存点 2 的级基本库存水平 $s_2^* = 23$。同样可以得到，库存点 3 的平均总库存费用的最小值为 $C_3^* = 39.890$，库存点 3 的级基本库存水平 $s_3^* = 21$。

2. 批量订货 (R,Q) 策略

(1) 模型及符号说明。

假设同前，这时考虑 $k_J > 0$，$k_j = 0$，$j = 1, 2, \cdots, J-1$ 的情况，即外部订货产生经济规模，而内部订货没有。优化策略是这样的：节点 $j < J$ 采用前面的基本库存策略，节点 J 监视其级库存订货点，并运用 (R,Q) 策略(对于节点 $j < J$，级基本库存水平 s_j 是按前面定义的；对于节点 J，级再订货点 $R_J = s_J - Q_J$ 或 $s_J = R_J + Q_J$)。

节点 J 的级库存订货节点 IOP_J 与单点系统相同，但它的长期平均值在 $R+1$ 到 $R+Q$ 之间均匀分布。库存总费用包括各点的存储费和节点 1 的缺货损失费，再加上节点 J 的订购费。平均订购费为 $\lambda k_J / Q$，平均存储和缺货损失费为 $\frac{1}{Q} \sum_{y=R+1}^{R+Q} C_j(y|s)$，该策略的平均费用为

$$C(R,Q,s) = \frac{1}{Q}\left[k_J + \sum_{y=R+1}^{R+Q} C_J(y|s) \right] \quad (7.5)$$

(2) 优化问题。

通过对式(7.5)稍加修改来决定最好的策略。计算函数 $C_j (j \leqslant J)$ 和 $s_j^* (j < J)$，这些 s_j^* 是优化的，此外，使用这些基本库存水平和节点 J 的任意的 (R,Q) 策略的系统总平均费用为

$$C_J(R,Q) = \frac{1}{Q}\left[k_J \lambda + \sum_{y=R+1}^{R+Q} C_J(y) \right] \quad (7.6)$$

式(7.6)与单点(R, Q)策略的费用函数相同，根据单点的优化公式，可以得到式(7.4)的优化解。

其平均总费用为 $C(R,Q) = \dfrac{1}{Q}\left[k_J \lambda + \sum_{y=R+1}^{R+Q} G(y)\right]$，其中 $G(y)$ 是系统平均存储和缺货损失费。

接着，令 y_1 为使 $G(y)$ 最小的整数，y_2 为使 $G(y)$ 次小的整数，相应地生成序列 $\{y_1, y_2, \cdots, y_q\}$，令 $L(Q) = \min\{y_1, y_2, \cdots, y_q\}$，$R(Q) = \max\{y_1, y_2, \cdots, y_q\}$。

结论优化解 (R^*, Q^*) 为：Q^* 是使 $C^*(Q) \leqslant G(y_{Q+1})$ 的最小整数 Q，其中

$$C^*(Q) = [k\lambda + \sum_{i=1}^{Q} G(y_i)]/Q$$

$$R^*(Q) = L(Q) - 1$$

【例7.5】 以例7.4的数据为基础，当库存点3的订购费为10，系统应如何控制库存使总费用最小？

库存点1、2仍采用前面的基本库存策略，库存点3采用级库存(R, Q)策略，平均总费用为

$$C_3(R,Q) = \dfrac{1}{Q}\left[k_3 \lambda + \sum_{y=R+1}^{R+Q} C_3(y)\right]$$

根据例7.4的计算结果，将 C_3 由小到大排列可得表7-2。从表中可以得出，库存点 J 的优化订货量 $Q^*=13$，库存点 J 的级订货点 $R^* = L(Q^*) - 1 = 16$，系统的平均库存费用最小值 $C_3^*(R,Q) = 47.778$。

表7-2 相关数据表

y_3	C_3	Q	$C_3^*(Q)$	$C_3(y_{Q+1})$	y_3	C_3	Q	$C_3^*(Q)$	$C_3(y_{Q+1})$
21	39.890	1	99.890	40.115	27	44.902	10	48.076	45.902
22	40.115	2	70.002	40.385	28	45.902	11	47.878	46.902
20	40.385	3	60.130	40.902	29	46.902	12	47.797	47.546
23	40.902	4	55.323	41.749	17	47.546	13	47.778	47.902
19	41.749	5	52.608	41.902	30	47.902	14	47.787	48.902
24	41.902	6	50.824	42.902	31	48.902	15	47.861	49.902
25	42.902	7	49.692	43.902	32	49.902	16	47.989	50.902
26	43.902	8	48.968	44.110	33	50.902			
18	44.110	+9	48.429	44.902					

7.3 基于时间优化的多级库存控制

前面探讨的基于成本优化的多级库存优化方法是传统的做法。随着市场变化，市场竞争已从传统的简单的成本优先的竞争转为时间优先的竞争模式，这就是敏捷制造的思想。

因此,供应链的库存优化不能只简单地优化成本。在供应链管理环境下,库存优化还应该考虑对时间的优化,如库存周转率的优化、供应提前期的优化、平均上市时间的优化等。库存时间过长对产品的竞争力不利。缩短库存时间,既有利于减少库存,又有利于控制库存。因此供应链系统应从提高用户响应速度的角度提高供应链的库存管理水平。

7.3.1 时间优化的多级库存控制模型

应用图 7.19 所示的供应链多级库存模型先确定供应链下的库存时间结构。根据库存管理理论,供应链运行过程中的库存总时间应该包括每一级产品的搬运入库时间、保管存放时间、分拣配货时间、搬运出库时间以及缺货退货补救时间等。实际上,每一级的库存都有所不同,应分别加以分析。对供应商而言,主要是原材料的库存;对制造商来说,包括原材料库存、半成品库存或零部件库存、产成品库存;对分销商来讲,主要是产成品库存。在此,分别给出供应商、制造商和分销商的库存时间的数学模型,具体如下所示。

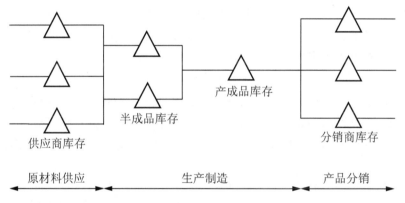

图 7.19 供应链多级库存模型

供应商库存时间为

$$T_g = t_{gr} + t_{gb} + t_{gf} + t_{gc} + t_{gqt}$$

制造商库存时间为

$$T_z = T_y + T_b + T_c$$
$$= (t_{yr} + t_{yb} + t_{yf} + t_{yc} + t_{yqt}) + (t_{br} + t_{bb} + t_{bf} + t_{bc} + t_{bqt}) + (t_{cr} + t_{cb} + t_{cf} + t_{cc} + t_{cqt})$$

分销商库存时间为

$$T_f = t_{fr} + t_{fb} + t_{ff} + t_{fc} + t_{fqt}$$

其中,第一个下标符号 g 代表供应商,z 代表制造商,f 代表分销商,y 代表原材料,b 代表半成品,c 代表产成品;第二个下标符号 r 代表入库搬运,b 代表保管存放,f 代表分拣配货,c 代表出库搬运,qt 代表缺货退货补救。例如,T_y 就表示制造商的原材料库存时间,t_{gr} 就表示供应商的产品入库搬运时间,以此类推,其他符号的意义就都可以明确了。

在进行优化之前,要从多个供应商中选择一个最优的合作伙伴,组成最合理有效的供应链,因此,根据上面的供应链多级模型,只有一个制造商,按照供应商和分销商的排列顺序,将多个供应商用 $i(i=1,2,\cdots,m)$,多个分销商用 $j(j=1,2,\cdots,n)$ 来表示其序号,则其供应链组合共有 $m \times n$ 个。

采用以制造商为中心的中心化策略进行研究，即以制造商为中心点，从上游选择合适的供应商，从下游选择合适的分销商。本选择问题可以归结为最短路径问题进行优化，只是在这里需要虚拟一个起点 A 和一个终点 B，如图 7.20 所示。

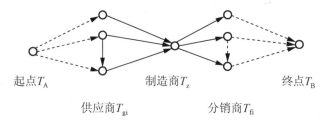

图 7.20 多级库存简化的虚拟路程

各级时间都与库存价值或库存量的大小有关，沿着供应链从上游到下游有一个延续累加的过程。由于制造商的库存时间随着选择供应商和分销商的不同而不同，所以需要计算每一条供应链总的库存时间来确定最终的决策变量。于是采用最短路径算法，可以很快选出最为合理而有效的一条供应链。根据上面分析的库存时间的构成，进行细化后在此给出供应链下总的库存时间的优化模型为

$$\min T_{ij} = T_A + T_{gi} + T_{zij} + T_{fj} + T_B$$

式中，T_{ij}——选择第 i 个供应商和第 j 个分销商时整个供应链的库存总时间；T_A——虚拟起点的库存时间，取值为 0；T_{gi}——第 i 个供应商的库存时间；T_{zij}——选择第 i 个供应商和第 j 个分销商时制造商的库存时间；T_{fj}——第 j 个分销商的库存时间；T_B——虚拟终点的库存时间，取值为 0。

在此就不给出具体的算法步骤了。这是从整个供应链产品的总运行时间角度进行的优化，选出了最合理有效的供应链，在时间和选择性上都体现了足够的敏捷性。

然而深入各个具体的节点企业，也要有一个时间优化的措施，就是在进行本级企业的库存时间优化，尽量减少本企业库存时间的同时，要完全融入整个供应链之中，保证整个供应链的协调运作，以提高整个供应链的总效益。通常，库存时间的缩短将导致库存费用的降低，但是应该指出的是，在考虑库存时间优化的同时，不能一味地追求时间的最短化而忽略了成本因素。

7.3.2 多级库存时间优化实施要点

1. 信息共享

供应链中企业信息不完全和不对称、分散决策和市场需求不确定性等原因造成了供应链反应迟钝、"牛鞭效应"、库存费用高等问题，而信息共享对于解决上述问题、提升整个供应链的绩效(如降低平均库存水平、缩短产品库存时间、减少库存和缺货损失费等)有显著作用。现在已有很多形式的信息共享模式，可依据供应链所在行业的特点进行适当的选择运用。对于以上介绍的多级库存模型，由于采用的是以制造商为中心的中心化策略，因此可采用以制造企业为中心建立共享数据库存系统平台的信息共享机制，由制造商与上级和下级企业共同组成合作小组进行该数据库系统的数据更新和维护。这样既可以实现信息的充分共享，也不失公平原则。

2. 建立战略合作伙伴关系

随着供应链管理思想的不断发展，越来越多的企业已经认识到，与上游供应商建立长期的战略合作伙伴关系对企业长期发展具有不可替代的作用。因此，合作双方着眼于长期的共同发展，建立一种以合作和信任为基础的战略合作伙伴关系，使得各种信息传递快速、有效，缩短了物流的传输时间，也使得整条供应链以最低的成本向顾客传递最优的顾客价值，进而提高整个供应链的价值增值能力，以增强所在供应链的竞争力。对于以上依据时间变量选出最为有效合理的供应链，采取制造商为中心的策略就应该以制造商为中心建立与上游供应商和下游经销商的长期合作关系，建立战略同盟，始终保持所在供应链的优越性。

3. 库存设备的合理选用

具体来讲，库存活动包括产品卸载入库、搬运、保管、分拣、配货、装载出库等，对于这一系列活动，应该设计一套合理的流程和设备组合，保证整个物流过程的顺利完成，采用先进的设备或合理的设备组合来协助完成，有助于该流程的快捷实现，节省人力和时间，降低费用。例如，采用自动分拣传运装置可以大大缩短活动的持续时间，也大大节省了人力，有效地提高实际操作效率。

4. 协作与监督机制

供应链的各成员是相互依赖、相互合作的关系，只有通过密切的协调与协作，才能获得最佳的供应链性能和有利的竞争优势，特别是要建立信息共享平台，建立合理的协作监督机制来约束各企业，这是非常必要的保证措施。采取的具体合作机制有很多种，如以签订合作协议或合约的形式，采取各级库存风险分担的协调策略等。监督惩罚等制度是有效合作的保证，因而，建立合理的收益分配机制和合同约束机制是相当必要的，也要根据供应链上各企业的具体特征来选择合适的机制形式。

随着企业之间依赖性的不断加深，企业必然要与所在供应链上的其他企业进行合作，通过信息共享实现优势互补，通过战略合作降低整个供应链的总成本和提高产品周转率来增强自身供应链与其他供应链的竞争力。

此外，具体应用到供应链的实际运作中，还要根据具体情况，再进行详细的分析，制订出较为系统、规范的实施细则。

【拓展视频】

本 章 小 结

多级供应链上各库存点通过各种不同的供需关系连接起来，可形成不同的网络结构。各种网络结构中不同层次的企业之间的库存存在相互影响的关系，必须采用多级库存优化与控制方法来实现对供应链库存的全局优化与控制。

多级库存优化与控制是在单级库存控制的基础上形成的，是一种对供应链资源全局性优化的库存管理模式，主要有两种库存控制方式，一种是非中心化策略，另一种是中心化策略。两种控制方法各有优缺点。本章分析了在多级供应链管理环境下供应链的库存成本结构，建立了多级库存控制成本函数，并提出了多级库存优化策略，还针对敏捷供应链提出了一种从时间角度进行优化的多级库存优化方法,并给出了简化的数学模型,从供应链的全局出发,讨论对各个节点企业的库存控制和多级库存时间优化的实施要点。

关键术语

多级库存	需求放大效应	网络结构	信息共享
中心化决策	非中心化策略	成本优化	时间优化

习 题

1. 选择题

(1) 供应链多级库存系统的基本网络结构不包括_____。
   A. 装配系统　　　　　　　　B. 配送系统
   C. 树形系统　　　　　　　　D. 并行系统

(2) "牛鞭效应"产生的本质原因可以概括为_____。
   A. 供应链中的库存和延期交货水平波动过大
   B. 企业之间的信息不对称导致信息扭曲逐级放大现象
   C. 订单的变动程度比零售数量的波动要大得多
   D. 零售商和分销商对于订单的扩大订购

(3) "牛鞭效应"产生的主要原因可以概括为_____。
   A. 预测修正、缺少协作和提前期问题
   B. 商品价格波动
   C. 库存失衡
   D. 环境的异常变动

(4) 消除"牛鞭效应"的方法包括_____。
   A. 加强预测　　B. 信息共享　　C. 业务集成
   D. 缩短提前期　　　　　　　E. 建立伙伴关系

(5) 为了管理库存以适应可预测的需求变动,企业可以采取的策略不包括_____。
   A. 采取多种产品通用零部件,共同的零部件会形成一个比较稳定的需求,可减少库存
   B. 采用多种产品通用零部件,此共同零部件需要较高的库存量
   C. 对高需求产品或可预测需求的产品建立库存
   D. 在淡季为可预测需求、高需求的产品建立库存

(6) 供应链管理对提前期概念、内涵的扩展不可表述为_____。
   A. 把提前期作为一个静态的固定值来对待
   B. 在供应链管理环境下,并不强调提前期的固定与否
   C. 重要的是交货期准时交货
   D. 提出了动态提前期的概念

(7) 供应链多级库存系统中需求信息放大的原因不包括_____。
　　A. 价格波动　　　　　　　　B. 短缺博弈
　　C. 信息共享　　　　　　　　D. 提前期变动
(8) 非中心化的库存控制策略把供应链的库存控制分为 3 个成本归结中心，不包括_____。
　　A. 制造商成本中心　　　　　B. 批发商成本中心
　　C. 分销商成本中心　　　　　D. 零售商成本中心

2. 简答题

(1) 供应链的多级库存控制应考虑哪些问题？
(2) 需求放大效应的产生可能由哪些原因引起？减少需求放大效应可采取哪些措施？
(3) 多级供应链系统的控制方法有哪几种？请简要说明。
(4) 供应链集成的控制思想体现在哪里？如何解决？
(5) 多级供应链库存成本结构有哪些？
(6) 什么是基于时间优化的库存控制策略？其需要注意的实施要点有哪些？

3. 判断题

(1) 如果所有的相关信息都是可获得的，并把所有的管理策略都考虑到目标函数中去，中心化的多级库存优化要比基于单级库存优化的策略(非中心化策略)要好。（　　）
(2) 单个企业可以做到快速响应的，没有必要依赖于供应链中各个企业之间的相互合作和协调。（　　）
(3) 即使当需求信息完全集中并且供应链所有阶段都使用同样的预测技术和库存策略时，需求信息放大效应仍然存在。（　　）
(4) 供应链中的级数越多，则需求信息放大效应越显著。（　　）
(5) 中心化策略需要更多信息共享。（　　）
(6) 多级库存优化与控制是对供应链的局部性优化。（　　）
(7) 多级库存考虑的是节点库存量，而不是级库存量。（　　）
(8) 基于成本的多级库存控制实际上就是确定库存控制的有关参数。（　　）
(9) 在考虑库存时间优化的同时，可以在追求时间的最短化时忽略成本因素。（　　）
(10) 供应链的各成员之间建立合理的收益分配机制和合同约束机制是相当必要的。
　　　　　　　　　　　　　　　　　　　　　　　　　　　　　　　　　（　　）

4. 思考题

(1) 在设计供应链关系以提高增进合作与信任的可能性时，必须考虑哪些问题？
(2) 如果供应链的每一阶段将其需求视为下游阶段发来的订单，会发生什么问题？供应链内的企业如何进行沟通以促进协调？
(3) 什么是需求放大效应？它与供应链失调的关系如何？

华为公司：快速成长中的全球化电信解决方案供应商

总部在深圳的华为技术有限公司(以下简称华为公司)，是全球领先的电信解决方案供应商，主要经营交换、传输、无线和数据通信类电信产品，在电信领域为世界各地的客户提供网络设备、服务和解决方案。华为公司实施全球化经营的战略，其产品和解决方案已经应用于全球100多个国家和地区，以及36个全球前50强的运营商，服务全球超过10亿用户。华为公司一直致力于建设适应自身的供应链，赢得快速、高质量、低成本供货保障的比较竞争优势。华为公司建设了扁平化的制造组织，高效率、柔性地保障市场需求并认真推行集成供应链(Integrated Supply Chain, ISC)变革，保证新流程和系统的落实。

ISC管理的原则是通过对供应链中的信息流、物流和资金流进行设计、规划和控制，保证实现供应链的两个关键目标：提高客户的满意度和降低供应链的总成本。ISC不仅是一种物质的供应链，而且是集财务、信息和管理模式于一体的供应链。

1. 华为公司供应链的协同管理

(1) 内部供应链的协同管理。

华为公司从1994年开始应用MRP系统进行企业资源调配，到1997年开始使用MRPⅡ，并从2000年开始进行ISC的建设，供应链内部运作结构不断升级支撑着华为公司的高速发展。同时，以高效的计划运作体系为主体，根据各产品的市场需求情况及物料库存情况召开销售与运营规划会议，根据市场的需求变化不断在及时供应和降低库存方面建立良好的平衡，通过计划体系整体地宏观调控保证供应链服务的协同。

2002年为了支持快速发展的生产活动高效、低成本的开展，提高物料输送和仓库管理操作的准确性和效率，华为公司委托西门子德马泰克在生产中心附近建造了一座新的具有世界先进水平的包含2万个托盘和4万多个料箱的高架库，配有13个托盘输送堆垛机和7个料箱输送堆垛机的自动化仓库。

从2005年开始，华为公司联合i2公司顾问进行全球供应链(Global Supply Chain, GSC)的建设，将已经遍布在美洲、欧洲、亚太、中东、北非、南非等地区的供应链进行功能及职能方面的升级，贴近客户的最后一公里交付能力得到提高，并且通过ERP、先行计划调度系统(Advanced Planning Scheduling, ASP)等先进的IT系统支撑供应链全球资源的调配，调动全球的最优履行条件满足客户需求。

(2) 外部供应链的协同管理。

华为公司与供应商和承运商建立良好的战略合作伙伴关系，对供应商实行分层分级的管理，在供应商管理方面有严格的认证标准和体系，通过技术、质量、响应、交付、成本、环保、社会责任7个方面对供应商进行严格认证。通过供应链协作(Supply Chain Collaboration, SCC)系统与供应商的供需状况做到实时交互，保证了供应的稳定和及时性。并且华为公司在2004年就加入了RosettaNet组织，与战略供应商实现B2B贸易方式，采购流程极大简化，提高了信息的准确性。通过不断的磨合和交流与合作伙伴形成双赢的关系，华为公司在自身不断发展的同时也与供应商共同进步。

在全球范围内，华为公司供应链通过认证当地物流服务提供者，了解当地清关派送情况等支撑最贴近客户的交付服务，全球将近500条的运输线路覆盖及先进物流伙伴的战略性合作使华为公司的产品能精确运送到世界的各个角落。华为公司在全球设置了128个备份中心，为客户提供经济型返修、加快型返修及预返修等服务，对于重要器件提供2~4小时的备件更换服务。华为人就在客户的身边，随时准备着为客户提供专业化、高质量的服务。

此外，华为公司在其供应链内部建立风险管理流程，每个执行环节都按照风险管理的识别、分析、评价、处理等步骤进行控制,特别是建立生产连续性体系,对可能影响生产连续性的危机点进行识别和规范,并根据应急措施制定演习方案,全面保证供应的连续性。

2. 华为公司重整供应链后的效果

据 IBM 顾问介绍,华为公司在重整供应链之前,其管理水平与业内其他公司相比存在较大的差距。华为公司的订单及时交货率只有50%,而国际上其他电信设备制造商的平均水平为94%;华为公司的库存周转率只有3.6次/年,而国际平均水平为9.4次/年;华为公司的订单履行周期长达20~25天,而国际平均水平为10天左右。经过重整供应链,华为公司的及时到货率逐年提高。

在建造新的自动化仓库之前,华为公司6万平方米的生产中心几乎一半的空间(26 000平方米)用于存储货物,而西门子德马泰克将仓库设在生产中心之外,使华为公司能够将生产中心中原来被占用的空间释放出来,满足新的生产要求。新的仓库仅用了13 000平方米的空间存储了与原来相同数量的货物,节省了一半的存储空间。在今后的发展中,华为公司将节约更多的经营性成本。

此外,供应链内部根据客户个性化的需求提供供应解决方案并进行生产,以最大的协同满足最多的客户需求,并通过IT系统对客户个性化需求进行记录和固化,保证客户的特殊需求信息准确传递到订单履行各环节,实现合同的端到端的完美交付。

讨论题

(1) 分析华为公司重构供应链的措施。
(2) 从此案例中你得到了哪些启示?
(3) 根据本案例,你认为企业在供应链变革过程中应注意些什么?

【拓展视频】

资料来源:易慧,苏宁,李月梅,2011. 企业跨国经营中的供应链协同管理初探:华为案例分析为例[J]. 商业经济,4:46-48.

第8章 供应链库存管理中的控制技术

【本章教学要点】

知识要点	掌握程度	相关知识	应用方向
传统的供应链库存控制技术	了解	传统的供应链库存控制技术中存在的问题	了解常用的供应链管理中的库存控制技术，为采用MRP、ERP及JIT等库存控制技术进行库存管理提供指导
供应链管理中的库存控制技术	熟悉	MRP、ERP及JIT库存控制技术的概念及背景	
MRP的演进与发展	掌握	MRP的概念、分类及工作过程；MRPⅡ的概念及特点	学习MRP、ERP以及JIT等库存控制技术的原理及实施步骤并能在实际的供应链库存控制中灵活选择并使用
MRP与库存原理	熟悉	MRP的基本构成及库存控制过程	
MRPⅡ中的库存控制技术	掌握	MRPⅡ的构成；MRPⅡ的原理及逻辑流程	
ERP与库存管理	掌握	ERP的概念；ERP的原理及应用；ERP系统的类型及特点；ERP系统中的库存控制技术	
JIT中的准时化采购	重点掌握	JIT的概念与特点；准时化采购与传统采购方法的不同；影响准时化采购的关键因素	
JIT中的库存管理	掌握	准时化生产模式的实施要点；准时化采购的实施条件及步骤	

华孚公司：一根纱线穿起的供应链管理创新

华孚时尚股份有限公司(以下简称华孚公司)是中国A股首家色纺行业上市公司，同时也是全球较大的新型纱线供应商和制造商，产能雄踞全球首位。"华孚牌"色纺纱已成为色纺行业国际品牌，全球市场占有率名列前茅，主导产品远销欧美、东南亚等地区的几十个国家。华孚公司通过并购和新建，已形成200万锭的产能，年产30万吨新型纱线，生产基地覆盖浙江、长江、黄淮、新疆等地，规模优势日益显现。同时，华孚公司还与一大批战略供应商结成了竞合共赢的伙伴关系。

在华孚公司创立之初企业的管理层就认识到，库存不足就难以快速响应消费者的个性化需求，库存过多则有可能由于消费预期不足而形成库存积压。在如今这个快时尚的年代，消费者的时尚偏好变化很快，如果不能紧盯市场需求，库存就难以合理安排。库存问题一直是纺织行业供应链管理的绊脚石，阻碍了供应链管理创新的步伐。为此，多年来华孚公司积极从内部出发，直面纺织行业的库存问题，用一根纱线穿起了供应链管理创新，通过对整个供应链的优化，促进了公司转型升级，提升应对困局的能力。

纺织行业的库存量大是普遍现象，也一直是该行业的痛点，导致许多企业最终难以维持下去。产生大量库存的原因主要是：(1)价格波动，库存大增；(2)时尚引领，库存积压；(3)"牛鞭效应"，库存放大，等等。为此，华孚公司采取了垂直整合、网链战略、柔性制造等策略，在降低库存、提高供应链效益等方面取得了成功。

1. 垂直整合

华孚公司通过整条供应链垂直整合，对内进行管理优化，对外形成自己的产业链，既有上游棉花原料相关产业，也建立起下游布衣产业。具体来说，垂直整合就是将棉花原料、纱线、布料、服装形成一个完整的产业体系。在这样的体系下，可以实现跟品牌建立直接的联系，跨过了布衣厂、制衣厂，避免了中间环节过多带来的信息延误。即使服装品牌商需要补货，或者市场趋势发生变化，也可以通过产业链进行快速的反应和调整。

2. 网链战略

2016年华孚公司启动网链战略，着力构建基于产业互联网的柔性供应链。在前端全面介入棉花产业链，建设将棉花原材料交易市场与物流公司融为一体的棉花前端网链体系。在后端与产业互联网相结合，布局布料与服装供应链公司。在前端和后端网链战略的支撑下，致力于主营纱线业务的生产。由此形成了华孚公司的三大主业，即原料、纱线和服装。

3. 柔性制造

随着移动消费时代热潮来袭，客户的消费需求变得更加个性化、多样化、碎片化。在这样的时代背景下，华孚公司作为纺织业的龙头，率先通过产业互联去实现柔性工业，全方位打造柔性化供应链，应对消费者的需求变化。华孚公司的柔性供应链战略不只是快速反应，而是从制造柔性、组织柔性和数字柔性3个阶段去实现。在柔性供应产业链中，上下游企业协同采购、制造与物流，并且专业化的分工协作使得新品上市的时间以及生产周期都得到一定程度的缩短，有效地解决了库存积压、供货不足的问题。

经过多年的布局与发展，华孚公司始终坚持做好一根纱线前后端产业链建设，并取得了较好的发展成果。如今，不断进步的科学技术使企业受益良多，云平台、物联网及"互联网+"都给企业的发展提供了良好的技术支撑，华孚公司在供应链管理上的创新也取得了显著的成果。在不断发展的新技术支持下，相信华孚公司在供应链管理、库存管理等方面的建设将会取得进一步的成功，我国的纺织企业也一定会持续发展，更加辉煌。

> **讨论题**
> 1. 具体说明导致华孚公司库存积压的主要因素有哪些。
> 2. 华孚公司柔性供应链的模式是否适合于其他同类的纺织服装企业?
>
> 资料来源:中国管理案例共享中心案例库,http://www.cmcc-dlut.cn/[2022-9-15]

库存控制是供应链管理中的重要环节,它对整个供应链的高效运行起到了关键作用。由于供应链管理是一种集成的管理方式,它从全局的角度对供应链上的物流、信息流以及资金流进行控制和调度。因此,随着市场竞争的日益加剧,传统的库存控制技术已经无法适应这种高效、灵活的新型管理模式。企业有必要改革传统的库存控制方法,寻求新的库存控制模式来降低库存成本,所以与现代信息技术相结合的许多现代库存控制技术应运而生。本章主要介绍在供应链库存管理中常用的 MRP、ERP、JIT 等现代库存控制技术的特点、工作原理及具体实施步骤。

8.1 供应链库存管理中的控制技术概述

8.1.1 传统的供应链库存控制技术中存在的问题

在供应链管理模式下,企业之间的竞争日益加剧,传统的库存控制技术的弊病更加突出:各节点企业为了应对需求的突发性变化并保护自己的利益,往往扩大库存水平以备不时之需,从而大大增加了供应链的总体库存成本,进而提高了供应链的运作成本,降低了企业的整体竞争优势。这在企业之间的竞争日益转变为供应链之间的竞争的大环境下,无疑不利于供应链上的企业在竞争中取得主导优势地位。具体来说,传统的供应链库存控制中主要存在下述问题。

1. 供应链节点企业间供应链的整体观念不强

通常供应商、制造商及销售商都持有各自的库存,即整条供应链的各个节点企业都独立持有自己的库存。虽然各个节点采用相应的独立需求模型可以使得单个节点本身的库存成本最小化,但是从供应链整体的角度来看,这种方式并不可取。因为它仅仅是各个节点的最优化,并不是整个供应链的最优化。在企业独立管理库存的模式下,供应商只能得到粗略的周期需求预测、紧急订货信息,双方没有就联合补货策略进行战略研究,为防止缺货损失,成品及部分关键零件库存量较大,占用了大量的资金,使得资金周转率较差。另外,由于企业出于自身利益的考虑,一些关键的信息不能实现共享,造成物流不畅,库存量过高、库存压力过大。

有的企业为了实现零库存,把库存压力全部转嫁给下游企业,表面上看这些做法似乎对制造企业来说是提高了效率,降低了成本。其实从长远来看,不符合供应链管理中系统最优的原则,损害了供应商的利益,不能达到"双赢"或"多赢"的目标。另外,上下游节点相互挤压,强势节点挤压弱势节点,最终将使合作关系恶化,致使成员之间产生信任危机。没有规范的信任机制来约束供应链上的企业按照标准去提供信息、协助相邻企业完成物流衔接。上述这些情况的出现都是因为缺乏供应链整体系统的观念,从而造成库存量的失控而形成恶性循环。

2. 供应链上存在较大的不确定性因素

供应链上的不确定性因素有两种表现形式。一种是衔接不确定性，即企业之间(或部门之间)的衔接不确定，主要表现在其合作性上。为了消除衔接的不确定性，需要加强企业或部门之间的合作机制。另一种是运作的不确定性。系统运行不稳定是因为组织内部缺乏有效的控制机制，这也是组织管理不稳定和不确定性的根源。为了消除系统运行中的不确定性需要增加组织的控制，提高系统的可靠性。

供应链中不确定性的来源主要有 3 个方面：生产者不确定性、供应商不确定性及顾客不确定性。生产者不确定性主要源于制造商本身的生产系统的可靠性、机器的故障、计划执行的偏差等。供应商的不确定性表现在提前期的不确定、订货量的不确定等。顾客不确定性的原因主要有需求预测的偏差、购买力的波动、从众心理和个性特征等。供应链中不确定性因素的解决是一个复杂的过程，需要供应链中合作各方的共同努力。

3. 供应链库存控制中的信息技术应用不足

由于供应链中各企业之间的信息化存在巨大的差异，在信息集成过程中信息标准不统一、系统兼容性不足等原因，供应链信息集成受阻，企业之间信息流通不畅，从而不能发挥出其应有的信息化优势。具体表现在以下几个方面：不准确的交货状态数据；信息传递不及时、不准确；由于供应商信息不对称而无法及时了解企业各种物料的需求状况，从而造成库存水平过高、缺货风险提高的状况，尤其是在企业的采购过程中，由于需求信息沟通不畅，可能造成需求信息失真，从而形成"牛鞭效应"，导致需求放大的现象。

8.1.2 供应链库存管理中常用的控制技术

为了解决传统的供应链库存控制技术中存在的各种问题，伴随着信息技术的发展和广泛应用，许多现代库存控制技术应运而生，库存管理开始向计算机化、网络化、系统化和零库存方向发展。常用的现代库存控制技术主要有 MRP、MRP II、ERP、JIT 等。下面将对上述几种库存控制技术进行简单介绍。

1. MRP 库存控制技术

MRP(Material Requirement Planning，物资需求计划)的基本思想是按物料的实际需求准时进行生产和采购。早在第二次世界大战前，MRP 的思想就在欧洲出现过，但由于受当时手工处理大量数据的限制而未能得到实际的应用。直到 20 世纪 60 年代才被正式提出，随后它借助于计算机的飞速发展而得到广泛应用，并取得显著成效。

在采用 MRP 技术之前，制造业编制企业内部的生产和采购计划通常都是采用订购点法，即对各种零部件和原材料的需求进行预测，各自确定一个生产和订货批量及再订货点，每当实际库存降至再订货点或以下，就按固定的批量进行生产和订购。

20 世纪 70 年代末，MRP 系统得到进一步发展，把能力需求计划车间作业管理和采购管理等功能包括进来，形成了新一代的管理系统——MRP II。MRP II 把企业的各个子系统有机地结合起来，形成一个面向整个企业的一体化系统。这些系统在统一的数据环境下工作，从而使企业能够进行迅速、准确、高效的管理。

MRP 以及 MRP II 解决的是单个企业的相关需求存货管理问题，其中的管理原理是一致的：首先，通过需求预测，在主生产计划中确定独立需求物料(最终产品)的生产计划；

其次，利用物料需求清单，结合存货记录，由独立需求物料的主生产计划计算出相关需求物料(原材料和零部件等)的净需求和需求时间；最后，根据相关需求物料的需求时间及订货(生产)周期、计划提前期等确定发出订单(或开始生产)的时间。因此，可以将它们统称为MRP模式。其优点有：在安排最终产品批量的投产时就能确定其所需的各种原材料或零部件的确切数量与时间，降低了在产品存货水平并提高了生产效率。同时也存在以下缺点：MRP仍属于存货管理的推式系统；其主生产计划的一个小幅度变化将导致发出订单和下级生产计划的大幅变化，计划一旦形成就难以修改，对计划的操作精度要求也很苛刻；安全库存和安全提前期设置较多，导致库存不断累积。

MRP控制技术适用于最终产品需求能够较为准确地预测、产品品种多且物料清单层次多、批量生产的离散型多级制造环境。另外，物料需求清单的标准越多，批量越大，越适合采用MRP技术。

2. ERP库存控制技术

ERP是针对物质资源管理(物流)、人力资源管理(人流)、财务资源管理(财流)、信息资源管理(信息流)集成一体化的企业管理软件。1990年，美国高德纳公司在当时流行的工业企业管理软件MRPⅡ的基础上，提出了评估MRPⅡ的内容和效果的软件包，这些软件包被称为ERP。最初ERP仅是一个为企业服务的管理软件。之后，全球最大的企业管理软件公司SAP在20多年为企业服务的基础上，针对ERP的定义提出了革命性的"管理+IT"的概念。

(1) ERP不只是一个软件系统，而且是一个集组织模型、企业规范和信息技术、实施方法为一体的综合管理应用体系。

(2) ERP使得企业的管理核心从"在正确的时间制造和销售正确的产品"转移到了"在最佳的时间和地点，获得企业的最大利润"，这种管理方法和手段的应用范围也从制造业扩展到了其他不同行业。

(3) ERP从满足动态监控发展到了商务智能的引入，使得以往简单的事务处理系统，变成了真正智能化的管理控制系统。

(4) 从软件结构而言，现在的ERP必须能够适应互联网，可以支持跨平台、多组织的应用，并和电子商务的应用具有广泛的数据、业务逻辑接口。因此，ERP系统是建立在信息技术基础上，以系统化的管理思想，为企业决策层及员工提供决策运行手段的管理平台。

在管理事务及信息集成处理的基础上，ERP为企业做计划和决策，并提供多种模拟功能和财务决策支持系统，使之能对每天将要发生的事情进行分析；同时将设计、计划、质量管理、销售、运输等通过集成来并行地进行各种相关的作业，并通过计划的及时滚动，保证这些作业的顺利执行；它的财务系统也将不断地收到来自所有业务流程、分析系统和交叉功能子系统发出的信息，以监控整个业务流程，快速做出决策。

3. JIT库存控制技术

准时制(Just In Time，JIT)是日本丰田汽车公司在20世纪60年代实行的一种生产方式。它的基本思想可概括为"在需要的时候，按需要的量生产所需的产品"，也就是通过生产的计划和控制及库存的管理，追求一种无库存或库存达到最小的生产系统。传统的库存概念往往认为库存是一种安全保障,是企业的资产,而 JIT 认为库存是一种浪费,对企业来说是负担,应尽量实现"零库存"。虽然 JIT 系统涉及面很广,但库存管理是它的核心,实际上与 MRP 推动系统正好相反,JIT 系统是一个拉动系统,即首先是由供应链最终端的需求拉动产品进入市场,然后由这些产品的需求决定零部件的需求和生产流程。这表现在生产制造系统中上一道工序加工的品种、数量、时间由下一道工序的需求来决定。

JIT 方式最早由日本丰田汽车公司以看板管理的名称开发出来,并应用于生产制造系统,其后 JIT 思想被广泛应用。JIT 模式认为存货是企业的一项负债,而不是一项资产,其首要目标是存货为零或最小化。无论自制或外购原材料、零部件以及在制产品的生产都只补充最低数量,仅满足即期需要;同时尽量缩短采购和生产提前期,全面降低存货水平。

尽管 JIT 模式有很多优点,但它的实施需要长时间周密的计划和准备。在推行过程中,企业也会遇到阻力。例如,作为缓冲储备的存货减少后,工作流程变得紧密,生产工人劳动强度大幅提高,容易产生抵触情绪。而应用 JIT 采购模式的企业也经常遭到供应商抱怨将存货的包袱转嫁给了它们。这是因为要求交货时间短而服务水平高,供应商必须保持很高的存货水平或过剩的生产能力,以保证其供给随时能与采购商的需求相匹配。

JIT 采购模式适用于供应商数量较少、距离较近、采购批量小而频繁的采购环境。需要特别说明的是,JIT 采购与 JIT 生产是两种不同的存货管理模式,它无须与 JIT 生产相结合、在一家企业同时推行;即使是推行 JIT 采购的企业,也并非对每一种外购存货都应用 JIT 采购模式。但由于两者同起源于丰田汽车公司,并且存货管理思想一致,故本书将它们统称为 JIT 模式。

在产品结构和流水线复杂程度低的企业,JIT 生产比 MRP 更适用。当变化度较高、产量低、控制水平高时,MRP 比 JIT 生产更适用。复杂生产的企业也可以将 JIT 生产与 MRP 结合使用,由 MRP 输入需求预测、存货状态和物料清单,输出生产计划,由 JIT 生产控制何时生产、何时采购、何时销售。

8.2 MRP 与供应链库存管理

8.2.1 MRP 的演进与发展

1. MRP 概述

MRP 是一种工业制造企业内的物资计划管理模式,根据产品结构各层次物品的从属和数量管理,以每个物品为计划对象,以定工日期为时间基准倒排计划,按提前期长短区别各个物品下达计划时间的先后顺序。在具体实施中,根据总生产进度计划中规定的最终产品的交货日期,规定必须完成各项作业的时间,编制所有较低层次零部件的生产进度计划,对外计划各种零部件的采购时间与数量,对内确定生产部门应进行加工生产的时间和数量。一旦作业不能按计划完成,MRP 系统可以对采购和生产进度的时间和数量加以调整,使各项作业的优先顺序符合实际情况。通过采用 MRP,企业可以通过计算物料需求量和需求时间来计划和控制生产过程,从而达到降低库存水平、节约库存成本的目的。

MRP 是的工作原理如图 8.1 所示。

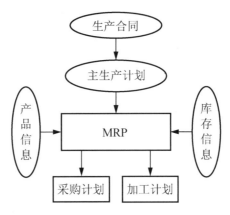

图 8.1 MRP 工作原理

值得注意的是，MRP 在形成、制订过程中，考虑了产品结构相关信息和库存相关信息。但实际生产过程中的条件是变化的，如企业的制造工艺、生产设备及生产规模是发展变化的，因此，基本的 MRP 制订的采购计划可能受供货能力或运输能力的限制而无法保证物料的及时供应。另外，如果制订的生产计划未能考虑生产能力，在执行时常常会出现偏差。因此利用基本的 MRP 制订的生产计划与采购计划往往不可行。

2. 闭环 MRP 概述

在传统的 MRP 中信息是单向的，与管理思想不一致，而企业中的信息通常是闭环的信息流，由输入至输出再循环至输入端，从而形成信息回路。因此在 20 世纪 80 年代初，基本的 MRP 发展形成了闭环 MRP。

(1) 闭环 MRP 的概念。

闭环 MRP 是在 MRP 的基础上，增加对投入与产出的控制，也就是对企业的能力进行校检、执行和控制。闭环 MRP 理论认为，只有在考虑能力的约束或者对能力提出需求计划，并满足能力需求的前提下，物料需求计划才能保证物料需求的执行和实现。在这种思想要求下，企业必须对投入与产出进行控制，也就是对企业的能力进行校检和执行控制。

(2) 闭环 MRP 的原理和结构。

MRP 系统的正常运行需要有一个现实可行的主生产计划。它除了要反映市场需求和合同订单，还必须满足企业的生产能力约束条件。因此，除了要编制资源需求计划，还要制订能力需求计划，同各个工作中心的能力进行平衡。只有在采取措施做到能力与资源均满足负荷需求时，才能开始执行计划。

而要保证实现计划就要控制计划，执行 MRP 时要用派工单来控制加工的优先级，用采购单来控制采购的优先级。这样，基本 MRP 系统进一步发展，把能力需求计划和执行及控制计划的功能也包括进来，形成一个环形回路，称为闭环 MRP，如图 8.2 所示。

(3) 闭环 MRP 的工作过程。

闭环 MRP 的工作过程为：企业根据发展的需要与市场需求来制订企业生产规划；根据生产规划制订主生产计划，同时进行生产能力与负荷的分析。该过程主要是针对关键资源的能力与负荷的分析过程。

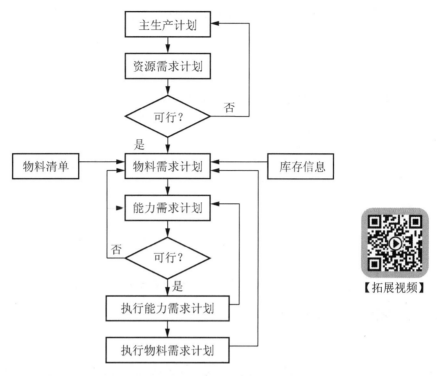

图 8.2 闭环 MRP 逻辑流程

只有通过对该过程的分析,才能达到主生产计划基本可靠的要求。再根据主生产计划、企业的物料库存信息、产品结构清单等信息来制订 MRP;由 MRP、产品生产工艺路线和车间各加工工序能力数据生成对能力的需求计划,通过对各加工工序的能力平衡,调整 MRP。如果这个阶段无法平衡能力,还有可能修改主生产计划;采购与车间作业按照平衡能力后的物料需求计划执行,并进行能力的控制,即输入/输出控制,并根据作业执行结果反馈到计划层。因此,闭环 MRP 能较好地解决计划与控制问题,是计划理论的一次大飞跃。

3. MRPⅡ概述

闭环 MRP 系统的出现,使生产活动方面的各种子系统得到了统一。但这还不够,因为在企业的管理中,生产管理只是一个方面,它所涉及的仅仅是物流,而与物流密切相关的还有资金流。这在许多企业中是由财会人员另行管理的,这就造成了数据的重复录入与存储,甚至造成数据的不一致。于是,在 20 世纪 80 年代,人们把生产、财务、销售、工程技术、采购等各个子系统集成为一个一体化的系统,并称为制造资源计划系统,为了区别 MRP 而记为 MRPⅡ。

MRPⅡ是一种先进的现代企业管理模式,目的是合理配置企业的制造资源,包括财、物、产、供、销等因素,使之充分发挥效能,使企业在激烈的市场竞争中赢得优势,从而取得最佳经济效益。另外,MRPⅡ是一种生产管理的计划与控制模式,因其效益显著而被当成标准管理工具并在制造业得到普遍应用。

MRPⅡ的特点可归纳为以下 6 点。

(1) 计划的一贯性与可行性。MRPⅡ是一种计划主导型的管理模式，计划层次从宏观到微观、从战略到战术、由粗到细逐层细化，但始终保持与企业经营战略目标一致。

(2) 管理系统性。MRPⅡ把企业所有与经营生产活动直接相关部门的工作连成一个整体，每个部门的工作都是整个系统的有机组成部分。

(3) 数据共享性。MRPⅡ是一种信息管理系统，企业各部门都依据同一数据库提供的信息、按照规范化的处理程序进行管理和决策，数据信息是共享的。

(4) 动态应变性。MRPⅡ是一种闭环系统，它要求不断跟踪、控制和反映瞬息万变的实际情况，使管理人员可随时根据企业内外环境条件的变化提高应变能力，迅速做出响应、满足市场不断变化着的需求，并保证生产计划正常进行。

【拓展视频】

(5) 模拟预见性。MRPⅡ是经营生产管理规律的反映，按照规律建立的信息逻辑很容易实现模拟功能。

(6) 物流和资金流的统一。MRPⅡ包括了产品成本和财务会计的功能，可以由生产活动直接生成财务数据，把实物形态的物料流动直接转化为价值形态的资金流动，保证生产和财务数据的一致性。

8.2.2 MRP 的基本原理

1. MRP 的基本构成

为了更好地理解 MRP 的基本工作原理，首先介绍 MRP 系统的基本构成。

(1) 主生产计划。

主生产计划(Master Production Schedule，MPS)是确定某最终产品在每一具体时间段内生产数量的计划。这里的最终产品是指对于企业来说最终完成、要出厂的完成品，它要具体到产品的品种和型号。这里的具体时间段，通常是以周为单位，在有些情况下，也可以是日、旬或月。主生产计划详细规定生产什么、什么时段产出，属于独立需求计划。主生产计划根据客户合同和市场预测把经营计划或生产大纲中的产品系列具体化，使之成为开展 MRP 的主要依据，起到了从综合计划向具体计划过渡的承上启下作用。

(2) 产品结构与物料清单。

MRP 系统要正确计算出物料需求的时间和数量，特别是相关需求物料的数量和时间，首先要使系统能够知道企业所制造的产品结构和所有要使用到的物料。产品结构列出构成成品或装配件的所有部件、组件、零件等的装配关系和数量要求。举例来说，图 8.3 是一个简化了的自行车产品结构图，它大体反映了自行车的构成。

图 8.3 自行车的产品结构图

为了便于计算机识别，必须把产品结构图转换成规范的数据格式，这种用规范的数据格式来描述产品结构的文件就是物料清单。它必须说明组件(部件)中各种物料需求的数量和相互之间的组成结构关系。表 8-1 就是一张简单的与自行车产品结构图相对应的物料清单。

表 8-1 自行车物料清单

层次	物料号	物料名称	单位	数量	类型	成品库	ABC 码	提前期
0	GB950	自行车	辆	1	M	1.0	A	2
1	GB120	车架	件	1	M	1.0	A	3
1	CL120	车轮	个	2	M	1.0	A	2
2	LG300	轮圈	件	1	B	1.0	A	5
2	GB890	轮胎	套	1	B	1.0	B	7
2	GBA30	辐条	根	42	B	0.9	B	4
1	113000	车把	套	1	B	1.0	A	4

(3) 库存信息。

库存信息是保存企业所有产品、零部件、在制品、原材料等存在状态的数据库。在 MRP 系统中，将产品、零部件、在制品、原材料甚至工装工具等统称为"物料"或"项目"。为便于计算机识别，必须对物料进行编码。物料编码是 MRP 系统识别物料的唯一标识，具体的库存信息如下。

① 现有库存量，是指在企业仓库中实际存放的物料的可用库存数量。

② 计划收到量(在途量)，是指根据正在执行中的采购订单或生产订单，在未来某个时段物料将要入库或将要完成的数量。

③ 已分配量，是指仍保存在仓库中但已被分配掉的物料数量。

④ 提前期，是指执行某项任务由开始到完成所消耗的时间。

⑤ 订购(生产)批量，是指在某个时段内向供应商订购或要求生产部门生产某种物料的数量。

⑥ 安全库存量，是指为了预防需求或供应方面的不可预测的波动，在仓库中经常应保持的最低库存数量。

2. MRP 系统的库存控制过程

MRP 系统的库存控制过程如下。

(1) 根据市场预测和客户订单，正确编制可靠的生产计划和生产作业计划，在计划中规定生产的品种、规格、数量和交货日期。同时，生产计划必须同现有生产能力相适应。

(2) 正确编制产品结构图和各种物料、零件的用料明细表。

(3) 正确掌握各种物料和零件的实际库存量。

(4) 正确规定各种物料和零件的采购交货日期，以及订货周期和订购批量。

(5) 通过 MRP 逻辑运算确定各种物料和零件的总需要量以及实际需要量。

(6) 向采购部门发出采购通知单或向本企业生产车间发出生产指令。

8.2.3 MRPⅡ中的库存管理技术

1. MRPⅡ的构成

MRPⅡ由5个计划层次构成,即经营计划、销售与运作计划(生产计划)、主生产计划、物料需求计划和车间作业计划。其中,经营计划、销售与运作计划带有宏观规划的性质;主生产计划是宏观向微观过渡的层次;物料需求计划是微观计划的开始,是具体的详细计划;车间作业计划是进入执行的阶段。下面对各层次做简单介绍。

(1) 经营计划。企业的经营计划是计划的最高层次,是企业总目标的具体体现。经营计划的目标常以货币或金额表达,是MRPⅡ系统其他各层计划的依据。所有层次的计划只是对经营计划的进一步具体细化,不允许偏离经营计划。经营计划的制订要考虑企业现有的资源情况及未来可以获得的资源情况。

(2) 销售与运作计划。销售与运作计划的目标是根据经营计划的目标,确定企业的每一类产品在未来的1~3年内,每年每月生产多少及需要哪些资源等。其作用是:把经营计划中用货币表达的目标转换为用产品系列的产量来表达;制订一个均衡的月产率,以便均衡地利用资源,保持稳定生产;控制拖欠量或库存量;作为编制主生产计划的依据。

(3) 主生产计划。主生产计划是以生产计划大纲为依据,按时间段计划企业应生产的最终产品的数量和交货期,并在生产需求与可用资源之间做出平衡。

(4) 物料需求计划。物料需求计划根据主生产计划对最终产品的需求数量和交货期,推导出构成产品的零部件及材料的需求数量和需求日期,直至导出自制零部件的制造订单下达日期和采购件的采购订单发放日期,并进行需求资源和可用能力之间的进一步平衡。

(5) 车间作业计划。车间作业计划是计划的最底层,它根据由MRP生产的零部件生产计划编制工序排产计划。

2. MRPⅡ的原理与逻辑

MRPⅡ的基本思想就是把企业作为一个有机整体,从整体最优的角度出发,通过运用科学方法对企业各种制造资源和产、供、销、财各个环节进行有效的计划、组织和控制,使它们得以协调发展,并充分地发挥作用。其逻辑流程如图8.4所示。

图8.4的右侧是计划与控制系统,它包括决策层、计划层和控制执行层,可以理解为经营计划管理的流程;中间是基础数据,要存储在计算机系统的数据库中,并且反复调用,这些数据信息的集成,把企业各个部门的业务沟通起来,可以理解为计算机数据库系统;左侧是主要的财务系统,这里只列出应收账、总账和应付账。各个连线表明信息的流向及相互之间的集成关系。

3. MRPⅡ系统中的库存管理

根据MRPⅡ的逻辑流程可以将MRPⅡ系统分为业务管理模块、技术管理模块、采购管理模块、生产管理模块、车间仓库管理模块、销售管理模块、财务管理模块等,各功能模块之间的关系如图8.5所示。

MRPⅡ中的库存管理贯穿于整个系统，通过各个部门之间的数据共享，消除了重复工作和不一致，提高了企业的整体运行效率。MRPⅡ中的采购管理和车间仓库管理是库存管理的核心内容，它能帮助企业的仓库管理人员对库存物品的入库、出库、移动、盘点、日常报表、期末报表、补充订货和生产补料等进行全面的控制管理，最大限度地降低库存占用、加速资金周转，避免物料积压或短缺现象，保证物流畅通，从而提高客户服务水平，达到生产经营活动顺利进行的目的。这里只给出这两个模块的流程图。

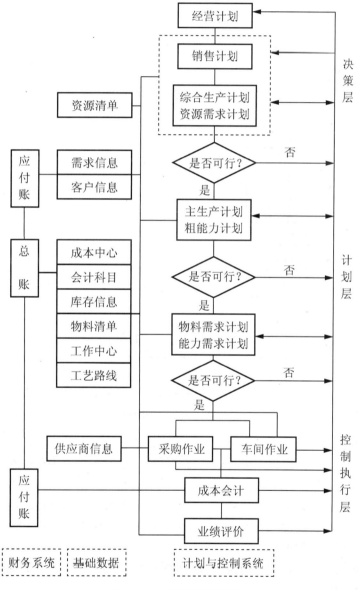

图 8.4　MRPⅡ逻辑流程

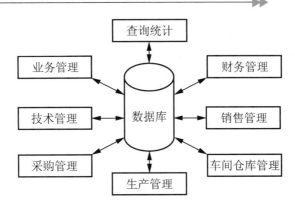

图 8.5 MRP Ⅱ 系统功能模块之间的关系

(1) 采购管理模块

根据系统自动产生的采购计划，系统自动完成采购的一系列流程，如图 8.6 所示。

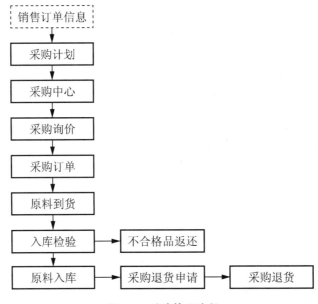

图 8.6 采购管理流程

采购管理子系统能帮助采购人员控制并完成采购物料从采购计划，采购下达直到原料到货接收检验入库的全部过程，可有效地监控采购计划的实施、采购成本的变动及供应商交货履约情况，从而帮助采购人员选择最佳的供应商和采购策略，确保采购工作高质量、高效率及低成本执行。其中，销售订单信息可由生产等其他部门直接下达，无须手工录入采购订单。采购物品收货检验后可按已分配的库存货位自动入库，并及时更新库存。

(2) 车间仓库管理模块

根据工令计划和委外计划，该模块自动提醒应生产的工令，并且实现根据工令进行领料，流程如图 8.7 所示。

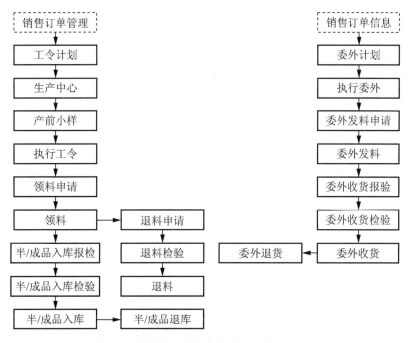

图 8.7 车间仓库管理流程

车间仓库管理的目标是按照物料需求计划的要求，按时、按质、按量并且低成本地完成加工制造任务。其管理过程主要是依据制造工艺路线与各工序的能力编排工序加工计划、下达车间指令，并控制计划进度，最终完成入库。其中，比较典型的业务流程为：生产指令的下达、领料、入库报验、入库以及委外工序采购订单下达、委外发料、委外收货报验、委外收货等。

8.3 ERP 与供应链库存管理

8.3.1 ERP 概述

1. ERP 的概念

ERP 是建立在信息技术基础上，利用现代企业的先进管理思想，全面地集成了企业的所有资源信息，并为企业提供决策、计划、控制与经营业绩评估的全方位和系统化的管理平台。ERP 系统不仅仅是信息系统，更是一种管理理论和管理思想。它利用企业的所有资源，为企业生产产品或提供服务创造最优的解决方案，最终实现企业的经营目标。

高德纳公司提出 ERP 具备的功能标准应包括 4 个方面。

(1) 超越 MRP II 范围的集成功能，包括质量管理、流程作业管理、配方管理、产品数据管理、维护管理、管制报告和仓库管理。

(2) 支持混合方式的制造环境，包括既可支持离散又可支持流程的制造环境，按照面向对象的业务模型组合业务过程的能力和国际范围内的应用。

(3) 支持能动的监控能力，提高业务绩效，包括在整个企业内采用控制和工程方法、模拟功能、决策支持和用于生产及分析的图形能力。

(4) 支持开放的客户机/服务器计算环境,包括客户机/服务器体系结构,图形客户界面(Graphical User Interface,GUI),计算机辅助软件工程(Computer Aided Software Engineering,CASE),面向对象技术使用结构化查询语言(Structured Query Language,SQL)对关系数据库查询、内部集成的工程系统、商业系统、数据采集和外部集成。

2. ERP 的原理与应用

ERP 系统是从 MRPⅡ发展而来的,除继承了 MRPⅡ的基本思想外,还大大扩展了管理模块,融合了离散型生产和流程型生产的特点,扩大了管理的范围,实时地响应市场需求。MRPⅡ的核心是物流,主线是计划,在物流的过程中存在资金流和信息流。虽然 ERP 的主线是计划,但 ERP 已将管理的重心转移到财务上,在企业整个经营运作过程中贯穿了财务控制的理念。ERP 的管理范围涉及企业所有的供需过程,是对整个供应链的全面管理。

ERP 与 MRPⅡ的区别主要表现在以下 4 个方面。

(1) 资源管理的差别。MRPⅡ主要侧重对企业内部人、财、物等资源的管理。ERP 系统则扩展了 MRPⅡ的管理范围,把客户需求和企业内部的制造活动以及供应商的资源整合在一起,形成一个完整的供应链,并对供应链上所有的环节进行有效的管理。

(2) 生产方式管理的差别。MRPⅡ系统主要对典型的单一生产方式进行管理,如重复制造、批量生产、订单生产、订单装配、库存生产等,且每一种类型都有一整套管理标准。随着市场的变化,企业的生产方式逐渐转变为多品种、小批量的混合型生产方式。ERP 系统能很好地支持和管理混合型制造环境,满足企业的多元化经营需求。

(3) 管理功能的差别。除 MRPⅡ系统的制造、分销、财务管理功能外,ERP 系统还增加了供应链上物料流通体系中供、产、需各个环节之间的运输管理和仓库管理,支持质量管理、实验室管理、设备维修、备件备品管理及工作流管理。

(4) 事务处理控制的差别。MRPⅡ通过计划的及时滚动来控制整个生产过程,它的实时性较差,一般只能实现事中控制。而 ERP 系统支持在线分析处理(On Line Analytical Processing,OLAP)和质量反馈,强调企业的事前控制能力。此外,可以将设计、制造、销售、运输等相关作业通过集成来进行并行处理,为企业提供各种问题的实时分析能力。

总之,ERP 系统的核心仍然是 MRPⅡ,其主要工作原理是首先制订主生产计划,然后根据主生产计划制订 MRP,并且通过能力需求计划的检验和核实得以实行。主生产计划、MRP、能力需求计划构成了企业的 ERP 顶层,起到指导整个企业生产的作用,其主要关注点是企业的物流和能力问题。ERP 管理的核心是财务管理,主要思想之一便是企业一切的物流都要伴随着资金流和信息流发生,在企业整个生产制造过程中贯穿了财务管理和成本控制的思想,其逻辑流程如图 8.8 所示。

ERP 系统所包含的管理思想是非常广泛和深刻的,这些先进的管理思想之所以能够成功应用,同信息技术的发展和应用分不开。ERP 系统不仅面向供应链,体现精益生产、敏捷制造、同步工程的精神,还与其他的管理思想结合,如结合全面质量管理思想以保证质量和客户满意度;结合 JIT 生产思想以消除一切无效劳动与浪费、降低库存和缩短交货期;结合约束理论来定义供需链上的瓶颈环节、消除制约因素来扩大企业供需链的有效产出。

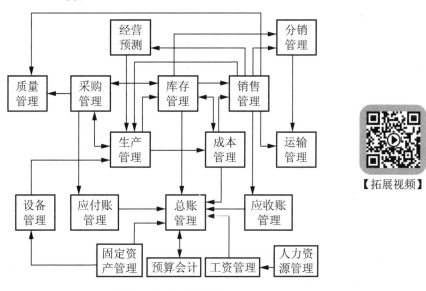

图 8.8　ERP 逻辑流程

8.3.2　ERP 系统的特征和组成

1. ERP 系统的特征

ERP 系统是信息时代的现代企业向国际化发展的更高层管理模式，也代表了当前集成化企业管理软件系统的最高水平。其特征概括起来主要体现为以下几个方面。

(1) ERP 系统更加面向市场、面向经营、面向销售，能够对市场快速响应；它将供应链管理功能包含了进来，强调供应商、制造商与分销商间新的合作伙伴关系，并且支持企业后勤管理。

(2) ERP 系统更强调企业流程与工作流，通过工作流实现企业的人员、财务、制造与分销间的集成，支持企业过程重组。

(3) ERP 系统更多地强调财务管理，具有较完善的企业财务管理体系；这使得价值管理概念得以实施，资金流与物流、信息流更加有机地结合。

(4) ERP 系统较多地考虑了人的因素作为资源在生产经营规划中的作用，也考虑了人的培训成本等。

(5) 在生产制造计划中，ERP 系统既支持 MRP II 与 JIT 的混合生产管理模式，也支持多种生产方式(离散制造、连续流程制造等)的管理模式。

(6) ERP 系统采用了最新的计算机技术，如客户机/服务器分布式结构、面向对象技术、EDI、多数据库集成、图形用户界面、第四代语言及辅助工具。

2. ERP 系统的组成模块

ERP 系统是将企业所有资源进行整合集成管理，简单地说，它是将企业的三大流——物流、资金流、信息流，进行全面一体化管理的管理信息系统。它不仅可用于生产企业的管理，而且在许多其他类型的企业，如一些非生产、公益事业的企业中也可导入 ERP 系统进行资源规划和管理。这里以典型的生产企业为例来介绍 ERP 系统的功能模块。

在企业中，一般的管理模块主要包括 3 个方面的内容：财务管理模块(会计核算、财务管理)、生产控制管理(计划、制造)模块和物流管理模块(分销、采购、库存管理)。这三大模块本身就是集成体，它们互相之间有相应的接口，能够很好地整合在一起对企业进行管理。另外，随着企业对人力资源管理的加强重视，越来越多的 ERP 厂商将人力资源管理也纳入了 ERP 系统，作为一个重要的组成部分。

(1) 财务管理模块。

在企业中，清晰分明的财务管理是极其重要的。因此，在 ERP 整个方案中，财务管理模块是最重要的组成部分。ERP 中的财务管理模块与一般的财务软件不同，作为 ERP 系统中的一部分，它和系统的其他模块有相应的接口，能够相互集成。它可将由生产活动、采购活动输入的信息自动计入财务管理模块生成总账、会计报表，取消了输入凭证烦琐的过程，几乎完全替代以往传统的手工操作。一般财务软件的财务部分会分为会计核算与财务管理两大模块。

(2) 生产控制管理模块。

生产控制管理模块是 ERP 系统的核心，它将企业的整个生产过程有机地结合在一起，使得企业能够有效地降低库存、提高效率。同时，各个原本分散的生产流程的自动连接，也使得生产流程能够前后连贯地进行，而不会出现生产脱节，耽误生产交货时间。

① 主生产计划模块。主生产计划模块是根据生产计划、预测和客户订单的输入，安排将来各周期中提供的产品种类和数量。它将生产计划转为产品计划，在平衡了物料和能力需要后，形成精确到时间、数量的详细的进度计划。主生产计划是企业在一段时期内总体活动的安排，是一个稳定的计划，是以生产计划、实际订单和对历史销售数据进行分析而产生的。

② 物料需求计划模块。在主生产计划决定生产多少最终产品后，再根据物料清单，把整个企业要生产的产品的数量转变为所需生产的零部件的数量；并对照现有的库存量，确定还需加工多少、采购多少等最终数量。这是整个部门真正依照的计划。

③ 能力需求计划模块。能力需求计划是在得出初步的 MRP 之后，将所有工作中心的总工作负荷，在与工作中心的能力平衡后产生的详细工作计划，用以确定生成的 MRP 是否企业生产能力上可行的需求计划。能力需求计划是一种短期的、当前实际应用的计划。

④ 车间控制模块。这是对时间变化的动态作业计划，是将作业分配到具体车间，再进行作业排序、作业管理、作业监控。

⑤ 制造标准模块。在编制计划中需要许多生产基本信息。这些基本信息就是制造标准，包括零件、产品结构、工序和工作重心，都用唯一的代码在计算机中识别。

(3) 物流管理模块。

① 分销管理。销售的管理是从产品的销售计划开始，对其销售产品、销售地区、客户等各种信息进行管理和统计，并可对销售数量、金额、利润、绩效、客户服务做出全面的分析。

② 库存控制。这是指控制存储物料的数量，以保证稳定的物流支持正常的生产，但又最低程度地占有资本。它能够结合、满足相关部门的需求，随时间变化动态地调整库存，精确地反映库存现状。

③ 采购管理。确定合理的订货量、优秀的供应商和保持最佳的安全储备；能够随时提供订购、验收的信息，跟踪和催促对外购或委托加工的物料，保证货物及时到达；建立供应商的档案，用最新的成本信息来调整库存成本。

【拓展视频】

(4) 人力资源管理模块。

① 人力资源规划的辅助决策。根据针对企业的人员、组织结构所编制的多种方案，进行模拟比较和运行分析，并辅之以图形的直观衡量，辅助管理者做出最终决策。

② 招聘管理。进行招聘过程的管理，优化招聘过程，减少业务工作量；对招聘的成本进行科学管理，从而降低招聘成本；为选择聘用人员的岗位提供辅助信息，并有效地帮助企业进行人才资源的挖掘。

③ 工资核算。根据工作跨地区、跨部门、跨工种的不同薪资结构及处理流程，制定与之相适应的薪资核算方法；与时间管理直接集成，及时更新，对员工的薪资核算动态化；具有回算功能；通过和其他模块的集成，自动根据要求调整薪资结构及数据。

④ 工时管理。根据本国的日历，安排企业的运作时间以及员工的作息时间表；运用远程考勤系统，可以将人员的实际出勤状况记录到主系统中，并把与员工薪资、奖金有关的时间数据导入薪资系统和成本核算系统中。

⑤ 差旅核算。系统能够自动控制从差旅申请、差旅批准到差旅报销的整个流程，并且通过集成环境将核算数据导入财务成本核算模块中。

8.3.3 ERP 系统中的库存控制技术

库存管理系统的研究一直是企业信息化研究的一个重要组成部分。通过利用网络技术和计算机技术实现库存的有效管理，同时把库存管理作为企业生产等经营活动中的一个环节，与其他管理模块(如设备管理系统、生产管理系统等)共同实施从而实现整个企业的信息管理。

从 ERP 的发展历程可以看出，库存管理很早就在企业信息管理中得到应用。企业怎样投资库存、何时投资和投资多少的问题是库存管理的最大难点和挑战。ERP 的发展为库存管理提供了一种新的更为科学合理的管理思想，同时提高了企业效率。为了在激烈的竞争中取胜，企业一方面提高销售额，另一方面积极地降低成本。在 ERP 中，方案物料清单确定之后，计划功能就立即展开，结合主生产计划做出 MRP、采购计划等，并进行综合协调，确定后下达给供应链管理部门，协调物流各个环节的时间计划和成本计划，确保整个供应链的整体优化管理。

当前的 ERP 管理软件的基本流程是企业生产计划—主生产计划—粗能力平衡—MRP 计划—能力需求计划—采购计划/车间作业计划。采购计划/车间作业计划是基于本期销售量和库存量制订的，而且下一周期的采购量也是基于本月的库存量制订的，从而大大降低了企业的库存水平并节省了企业的库存成本。ERP 系统中库存管理的逻辑流程如图 8.9 所示。

【拓展视频】

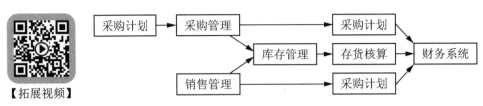

图 8.9 ERP 系统中库存管理的逻辑流程

8.4 JIT 与供应链库存管理

8.4.1 JIT 的概念与特点

1. JIT 的概念

JIT(Just In Time)为即时生产,又称零库存生产,指将必要的原材料、零部件以必要的数量在必要的时间送到特定的生产线生产必要的产品。JIT 的重点在于减少浪费、持续改进并保证物料在公司内部的流动与供应商和客户的协作保持同步。

供应链库存管理的目标就是要在成本、质量、客户服务处于最佳状况时,达到物料和客户需求的平衡。供应链库存管理还提倡互相培训、满足内部客户需求、产品在生产过程中快速流转、终端客户的需求分析、供应链范围的生产进度安排,从而实现整个供应链范围的最佳库存水平。JIT 对上述所有供应链库存管理的要素起到重要的支持作用,是保证供应链管理成功的主要技术手段。

2. JIT 库存的特点

JIT 库存是 JIT 系统的一部分,是一个将库存管理过程中的浪费和无效率剔除的管理理念和管理方法的集合。JIT 库存的特点体现在其管理理念和管理方法上。JIT 库存的特点首先体现在其管理理念上,如下所述。

(1) 追求零库存的目标。JIT 管理思想认为过高的库存不仅造成库存成本的增加,还掩盖了企业管理中存在的问题。所以,JIT 库存的目标是逐步降低库存量,直至库存为零。

(2) 提升时间的价值。从获取需求信息到产品适时适量到达目的地的物流过程中,JIT 强调的是一个准确的时间点,而不是时间段。JIT 库存与传统库存的本质区别就在于时间概念。从这个意义上说,把握了 JIT 时间的价值就把握了 JIT 库存控制的关键。

(3) 强调企业内外部的协同。供应链协同是 JIT 得以实现的重要保证。内部协同强调企业内部部门之间工作的相互配合和及时、准确地交流信息;外部协同强调供应商与采购商之间的相互信任、相互配合、信息开放和利益共享。

另外,JIT 库存的特点还体现在其管理方法上,如下所述。

(1) 目标的管理。JIT 的目标是追求零库存,其库存量将逐步降低,保持在安全库存水平;为了降低库存,原材料及产品零部件的供应采用小批量、高频率方式。

(2) 信息的管理。JIT 通过看板实现"准时"供应,是一种依赖需求信息运转的拉动式系统,其中任何环节的信息不畅都将导致供应瓶颈的发生,要么不能及时满足需求,要么产生库存积压。所以,JIT 库存需要实现信息在所有供应环节的无缝流动。

(3) 物料的管理。"准时"既包括时间概念(物料供应不能早，也不能晚)，也包括数量概念(物料供应不能多，也不能少)。为了实现"准时"供应，物料运送与采购商生产计划同步，实现由传统库存的供应商/生产—原料库存/成品库存—生产/市场的供应方式，转变为 JIT 库存的供应商/生产—生产/市场的供应方式，两种方式的逻辑流程分别如图 8.10 和图 8.11 所示。

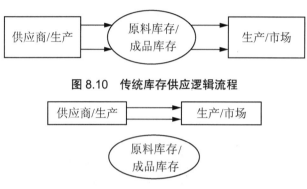

图 8.10　传统库存供应逻辑流程

图 8.11　JIT 库存供应逻辑流程

(4) 质量的管理。故障是影响"准时"供应的重要因素，为此，JIT 强调设备的"零故障"和产品的"零缺陷"，重视对设备和产品的质量管理，尽量消除供应过程的不确定性。

(5) 供应商的管理。供应商选择是库存管理的重要环节，JIT 库存的策略是选择较少甚至单一的供应商，强调与供应商保持长期合作的伙伴关系；物流路径对"准时"供应有很大影响，供应商的地址成为供应商选择的重要因素。

8.4.2　JIT 中的准时化采购

1. 准时化采购的基本思想

准时化采购也称 JIT 采购，是一种基于供应链管理思想的先进的采购模式。它的基本思想是，在恰当的时间、恰当的地点以恰当的数量、恰当的质量提供恰当的物品。它是从 JIT 生产发展而来的，是为了消除库存和不必要的浪费而进行的持续性改进。

准时化采购包括供应商的支持与合作以及制造过程、货物运输系统等一系列的内容。这种采购方式不但可以减少库存，还可以加快库存周转、缩短提前期、提高货物的质量、获得满意交货等效果。

2. 准时化采购与传统采购的不同

传统的采购模式是与供应商建立短期的买卖关系。采购人员以最低的采购价格选择供应商，然后将含有采购物品、价格、数量等信息的采购订单以正规的方式下达给供应商。供应商根据自身状况判断是否接单，少数供应商可能会拒绝接单，接单的供应商通常以较长的交货期、质量状况不稳定的产品交付。买方通过进料质检，将合格物料入原料库，不合格物料退回供应商。买方为防止供应风险往往会采用多货源。在多变的买方市场环境下，销售预测一般是很不准确的。在这种不准确的销售预测驱动下的按周期交货模式造成的直接后果就是高库存、低周转率。在整个采购过程中，制造商需要把握好采购物资的质量检验,保持自身的安全库存。而供应商则需要先存储自己的产成品,然后集中发货到制造商的库房。整个供应链上就出现物资库存较高、环节冗余、成本居高不下的现象。

而准时化采购与传统采购面向库存不同,准时化采购是一种直接面向需求的采购模式,供应商直接将采购送货到制造商需求点。既做到最大限度地满足需求,又使得库存量最小。制造商不再需要设立库存,只需保持少量临时的存放,生产停止这些临时存放也就消失,真正实现制造商的零库存。准时化采购模式由于大大精简了采购运作流程,极大地提高了工作效率。准时化采购模式示意如图 8.12 所示。

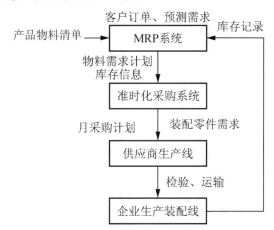

图 8.12 准时化采购模式示意

从图 8.12 可以看出,准时化采购可以通过不断减少原材料和外购件的库存来暴露生产中隐藏的问题,从解决深层次的问题来提高生产效率,即原材料和外购件的库存为零,缺陷为零。为了尽可能地实现这样的目标,准时化采购提供了一个不断改进的途径,即降低原材料和外购件的库存—暴露物资管理问题—采取措施解决问题—降低原材料和外购件的库存。准时化采购模式不仅对企业内部的科学管理提出了严格的要求,而且对供应商的管理水平提出了更严格的要求。准时化采购模式的运作将大大提高制造商和供应商的科学管理水平。由于准时化采购可使企业的原材料和外购件的库存降低到最低水平,因此最能适应市场需求的变化,使企业能够真正具有柔性。

3. 影响准时化采购的关键因素

美国加利福尼亚州立大学的研究生做了一次对汽车、电子、机械等企业的经营者准时化采购的效果问卷调查,共调查了 67 家美国公司,包括著名的 3COM 公司、惠普公司、苹果公司等。这些公司有的是制造商,有的是分销商,有的是服务提供商,调查的对象为公司的采购与物料管理经理。根据调查结论列出了影响准时化采购的关键因素。

(1) 准时化采购成功的关键是与供应商有密切的合作关系,而最困难的问题也是缺乏供应商的合作。供应链管理所倡导的战略伙伴关系为实施准时化采购提供了基础性条件,因此,在供应链环境下实施准时化采购比在传统管理模式下实施准时化采购更加有现实意义和可能性。

(2) 很难找到"好"的合作伙伴是影响准时化采购的第二个重要因素,如何选择合适的供应商、选择得是否合适就成了影响准时化采购的重要条件。在传统的采购模式下,企业之间的关系不稳定，具有风险性，影响了合作目标的实现。供应链管理模式下的企业是协作性战略伙伴，因此为准时化采购奠定了基础。

(3) 缺乏对供应商的激励是准时化采购的另外一个影响因素。要成功地实施准时化采购，必须建立一套有效的供应商激励机制，使供应商和用户一起分享准时化采购的好处。

(4) 准时化采购不单是采购部门的事情，企业的各部门都应为实施准时化采购创造有利的条件，为实施准时化采购共同努力。

8.4.3 JIT 生产方式在供应链库存控制中的应用

JIT 生产方式在库存控制中的应用主要体现在订货管理方面，即实施准时化采购。JIT 生产方式的采购模式不但可以减少库存，还可以使库存周转加快，缩短采购周期，提高进货效率，提高顾客对于交货效果的满意度。

1. JIT 生产模式的实施要点

(1) 看板管理。

"看板管理"来源于日本丰田公司，指为了达到 JIT 生产方式用于控制现场生产流程的工具。看板管理在 JIT 生产中起到非常重要的作用，也是实现 JIT 生产目标的主要手段。看板管理成功制止了过量生产，实现了"在必要的时刻生产必要数量的必要产品"，从而彻底消除生产过程中的浪费现象。看板可分为传送看板(工序间看板、外协看板)、生产看板(信号看板、工序内看板)、临时看板。企业在进行看板管理时，一定要分清不同类型的看板，正确实现看板的"生产及运送工作指令"作用。

在使用看板时也应注意以下几点：①不论是在使用传送看板还是生产看板，必须附在装有零件的容器上；②没有看板不能进行生产，也不能搬送；③要使用标准的容器，并按标准数量存放；④当从生产看板盒中取出一个生产看板时，只生产一个标准容器所容纳数量的零件；⑤不良品不能交给下一道工序，防止造成新的浪费；⑥看板只能来源于后道工序，前道工序只能生产取走的部分。JIT 生产的关键是消除浪费的同时管理价值流过程，包括快速响应、生产均衡化、同步化、追求零库存与柔性生产等。

(2) 流线化生产。

JIT 生产实现生产同步化，即工序间、部门间不设置仓库，前一道工序的加工结束后，立即转到下一道工序去，组装线与机械加工几乎同时进行，产品被一件一件连续地生产出来，实现"流线化生产"模式。传统的按设备功能划分车间的"水平式布局"，适合大批量、大规模生产，典型特点是集中生产、集中搬运。企业为提高生产同步化，注重整体效率，打造 JIT 生产制造单元，实行垂直布局(流线生产线)，将某类产品按生产工艺进行流线化布局，前后各工序紧密相连，搬运距离短、生产周期短、空间小、在制品数量降低，提高了整体生产线的同步化，按照生产节拍生产，提高了整体的生产效率。

(3) 柔性生产与生产均衡化。

柔性生产与生产均衡化在实施 JIT 生产中起到了至关重要的作用。所谓柔性生产，即通过系统结构、人员组织、运作方式和市场营销等方面的改革，使生产系统能对市场需求的变化做出快速地适应，同时消除冗余无用的损耗，力求企业获得更大的效益。要实现柔性生产，企业可以进行以下调整。

① 生产设备 U 型布局。传统的设备流程布局、产品布局及定位布局已经不能满足生

产柔性的需求。设备的 U 型布局又称单元布局，实现生产投入点与完成品取出点尽可能靠近，以避免作业返程造成的时间和体力浪费，同时能及时发现处理各设备问题，也可以节省一定的空间。

② 多工序操作。多工序操作为主的单件流动生产不仅可以将人员按多工序操作要求安排，实现少人化作业，也能提高员工多能化多工序操作的能力，优化人员配置，彻底将设备操作和作业方法标准化，使任一位作业者都能简单操作多台设备，消除特殊作业和例外作业，减少对作业者技能的过度依赖。

③ 设备小型化。大型设备适合处理大量工作，但容易积压在制品，使生产流动不畅。多品种、小批量的市场需求要求生产细流快速，以提高弹性应对变化。所以，设备小型化是必然趋势，只要质量稳定、故障率低、易于维护，不必单纯追求高速度。

④ 均衡生产化。所谓生产均衡化，是指企业采购、制造以及配送的整个过程都要与市场需求相符合。采用均衡化生产意味着最终供货与需求相适应，同时从需求开始进行拉动，总装配线在向前道工序领取零部件时应均衡地使用各种零部件，生产各种产品。由于市场竞争激烈，个性化要求越来越高，产品品种、样式越来越多，多品种、小批量的需求订单越来越多，要完全适应市场需要，同时最小化库存，必须实现均衡化混合生产方式。在具体实施时，JIT 方式是以天或更小的时间单位组织生产计划并安排混合生产，以此保证产品的稳定供给，同时协调企业内部资源。例如，将一周或一日的生产量按分秒时间进行平均，所有生产流程都按此来组织生产，这样一条流水线上每个作业环节上单位时间必须完成的作业类型就有了标准定额，所在环节都按标准定额组织生产，同时按此生产定额均衡地组织物质的供应及物品的流动。

2．企业实施准时化采购的条件

企业要想成功实施准时化采购，需要具备以下条件。

(1) 与供应商的距离近。在准时化采购中，与供应商的距离越近越好，如果与供应商的距离太远，采购的具体操作会有许多不便，其效果远不如两者距离近的好。

(2) 与供应商之间结成战略伙伴关系。准时化采购的推行有赖于与供应商建立起长期的、互利合作的新型关系，相互信任、相互支持，共同获益。

(3) 注重基础设施建设。良好的交通和运输条件是实施准时化采购的重要保证，运输条件不佳，会妨碍运输的顺利进行，不利于采购物资的按时抵达，使企业生产得不到保障。

(4) 强调供应商的参与。准时化采购离不开供应商的合作与支持。供应商的参与不仅体现在准时、按质、按量供应企业所需的物资，而且体现在积极参与企业的生产环节过程，在可能的情况下改进自己的产品，更好地为企业服务，达到二者的双赢。

(5) 建立准时化采购的组织。企业应当建立相应负责准时化采购的工作部门，负责协调供应商与组织本企业的采购，提出实施方案，具体组织实施，对实施效果进行评价并进行连续不断地改进。

(6) 供应商向企业提供综合的、稳定的生产计划和作业设计。这主要是要求企业掌握供应商的生产具体情况和供应能力，为企业进行准时化采购的相关决策起到支持作用，避免企业在不了解供应商的生产情况下的订货或造成供应商不得不求助于缓冲库存而增加其供货成本。

(7) 教育与培训。通过教育与培训，使企业和供应商充分认识到实施准时化采购的意义，并使它们掌握准时化采购的技术和标准，以便对准时化采购不断进行改进。

(8) 加强信息技术的应用。信息技术是准时化采购不可或缺的一个重要组成部分，通过信息技术的充分应用加强供应商与企业之间的联系，及时调整物料需求和生产进度。

3. 准时化采购的实施步骤

(1) 创建准时化采购班组。准时化采购班组的作用，就是全面处理 JIT 生产有关事宜。制定准时化采购的操作流程，协调企业内部各有关部门的运作，协调企业与供应商之间的运作。一般应成立两个班组：一个是专门处理供应商事务的班组，该班组的任务是培训和指导供应商的准时化采购操作，衔接供应商与本企业的操作流程，认定和评估供应商的信誉、能力，与供应商签订准时化订货合同、向供应商发放免检证书等；另一个班组是专门协调本企业各个部门的准时化采购操作、制定作业流程、指导和培训操作人员，并且进行操作检验、监督和评估。这些班组人员对准时化采购的方法应有充分的了解和认识，必要时要对其进行培训。

(2) 制订采购计划。要制订采购方案以及改进当前采购方式的措施，包括如何减少供应商的数量、供应商的评价、向供应商发放签证等内容。在此过程中要保证与供应商保持经常性的信息沟通。

(3) 精选少数几家供应商建立伙伴关系。准时化采购中，企业与供应商之间的关系不应再是以眼前的短期利益为主，双方应将利益放在长远，建立起战略合作伙伴的关系上。同时，供应商的数目应该不能太多，应将少数几个供应商作为合作对象。企业与供应商之间应当紧密合作、主动交流、相互信赖，共同承担长期协作的义务，发展共同的目标，分享共同的利益。

(4) 进行试点工作。应该先通过某些商品的采购进行试点，从中不断发现问题、改进问题。在企业各个部门的支持下，总结经验，为准时化采购的正式实施打下基础。

(5) 培训供应商，确定共同目标。只有企业实施准时化采购是不够的，必须要有供应商的参与，要让供应商对准时化采购的策略、方法和目的有所认识，才能充分调动供应商参与的积极性。因此，需要对供应商进行教育和培训，使大家取得一致的目标，相互之间才能很好地协调。

(6) 对供应商发放免检证书。准时化采购中，对采购物品不断进行质量检验是一种浪费，本着消除不必要劳动的原则，应该要求供应商所提供的物品有 100%的合格率。为此，要对供应商进行充分的考察，要求供应商提供最新的、正确的、完整的产品质量文件，包括设计蓝图、规格、检验程序以及其他必要的关键内容。在操作上可以对供应商只发放某种单件产品的合格证，在使用过程中对其进行考察，待其余产品逐步通过检验后，可以对供应商发放采购的全部商品的合格证。

(7) 实现配合节拍进度的交货方式。这是准时化采购中最为重要的一步，当企业正好需要某种物资时，该物资就运到企业，企业就不会因为缺乏物资而无法进行生产活动。因此，企业要和供应商就交货时间和交货具体细节进行详细交涉，确定具体的合同，保证生产的顺利进行。

(8) 总结、考察和改进。准时化采购本身就是一个不断完善和改进的过程，需要在实施中不断总结经验教训，从而不断改进，降低运输成本，提高交货的准确性，提高产品的质量，不断提高准时化采购的运作绩效。

本 章 小 结

随着全球化进程的加快,传统的库存控制技术已经无法适应快速、灵活的供应链管理模式。供应链中的成员企业为了在激烈的市场竞争中赢得优势,采用有效的现代库存控制技术已势在必行。MRP、ERP 及 JIT 等现代库存控制技术的引进和使用不仅可以降低库存水平,从而减少库存积压和库存维持费用,还可以提高客户的满意度,对企业的信息化建设及有效提高企业的库存管理效率具有重要意义。

MRP 的基本思想是按物料的实际需求准时进行生产和采购。ERP 是针对物质资源管理、人力资源管理、财务资源管理、信息资源管理集成一体化的企业管理软件。JIT 生产方式是在精确确定生产各工艺环节作业效率的前提下,按订单准确地计划,以消除一切无效作业与浪费为目标的一种生产模式。本章分别介绍了 MRP、ERP 与 JIT 3 种现代库存控制技术的概念及特点,并对其工作原理和实施步骤进行了详细的阐述。

| 库存控制技术 | 物料需求计划 | 制造资源计划 | 企业资源计划 |
| 准时化采购 | 产品物料清单 | 主生产计划 | 看板管理 |

习 题

1. 选择题

(1) MRP 的中文全称为_____。
　　A. 物料需求计划　　　　　　　B. 制造资源计划
　　C. 企业资源计划　　　　　　　D. 物料需求订单

(2) ERP 的中文全称为_____。
　　A. 物料需求计划　　　　　　　B. 制造资源计划
　　C. 企业资源计划　　　　　　　D. 物料需求订单

(3) 在采用 MRP 技术之前,制造业编制企业内部的生产和采购计划以及控制方法通常都是采用_____。
　　A. 制造资源计划　　　　　　　B. 定量预测法
　　C. 定性预测法　　　　　　　　D. 订购点法

(4) _____是在 MRP 的基础上,增加对投入与产出的控制,也就是对企业的能力进行校检、执行和控制。
　　A. MRPⅡ　　　B. 闭环 MRP　　　C. ERP　　　D. CRP

(5) _____是确定某最终产品在每一具体时间段内的生产数量的计划。
　　A. 主生产计划　　　　　　　　B. 生产作业计划

    C. 车间作业计划   D. 物料需求计划
(6) 准时化采购是从_____发展而来的,是为了消除库存和浪费而进行持续性改进的。
    A. MRP   B. JIT   C. ERP   D. MRPⅡ
(7) 下列_____不是 ERP 系统的组成模块。
    A. 产品计划管理模块和组织管理模块
    B. 财务管理模块和会计核算模块
    C. 生产控制管理模块和物流管理模块
    D. 物料需求计划和能力需求计划
(8) "看板管理"一词来源于_____。
    A. 日本的丰田公司   B. 日本的本田公司
    C. 美国的福特公司   D. 韩国的现代公司

2. 简答题

(1) 传统的供应链库存控制技术中存在哪些问题?
(2) MRP 库存管理模式有哪些优缺点?
(3) 简述准时化采购与准时化生产的不同。
(4) 简述闭环 MRP 的工作过程。
(5) 简述 MRPⅡ的特点。
(6) 在 ERP 系统中是如何进行库存控制的?
(7) 准时化采购模式与传统采购模式有何不同?
(8) 简述准时化采购的实施步骤。

3. 判断题

(1) 供应链上的不确定性因素表现形式有两种。   (   )
(2) MRP 直到 20 世纪 70 年代才被正式提出。   (   )
(3) JIT 生产方式最早由美国福特汽车公司的"看板管理"发展而来,并应用于生产制造系统。   (   )
(4) JIT 生产方式要求企业尽量实现"零库存"。   (   )
(5) ERP 只是一个软件系统。   (   )
(6) MRPⅡ是把生产、财务、销售、工程技术、采购等各个子系统集成为一个一体化的系统,并称为制造资源计划。   (   )
(7) MRPⅡ由 4 个计划层次构成,即经营计划、销售与运作计划(生产计划)、主生产计划、物料需求计划。   (   )
(8) ERP 系统的核心仍然是 MRPⅡ。   (   )

4. 思考题

(1) 采用本章介绍的几种现代库存控制技术会给供应链中的企业带来哪些好处?
(2) 作为企业的库存管理人员,应该掌握哪些现代库存管理的控制技术?

海尔推行的准时采购

海尔物流的特色是借助专业物流公司的力量,在自建基础上外包,总体实现采购JIT、原材料配送JIT和成品配送JIT的同步流程。同步模式的实现得益于海尔的现代集成化信息平台。海尔用客户关系管理系统与电子采购平台架起了与全球客户、全球供应链资源网沟通的桥梁,从而实现了与客户的零距离沟通,提高了海尔对订单的响应速度。

海尔的电子采购平台由网上订单管理平台、网上支付平台、网上招标竞价平台和网上信息交流平台有机组成。网上订单管理平台使海尔100%的采购订单由网上直接下达,同步的采购计划和订单提高了订单的准确性与可执行性,使海尔采购周期由原来的10天减少到3天,同时供应商可以在网上查询库存,根据订单和库存情况及时补货。网上支付平台有效提高了销售环节的工作效率,支付准确率和及时率达到100%,为海尔节约了近1 000万元的差旅费,同时降低了供应链管理成本,目前海尔网上支付已达到总支付额的20%。网上招标竞价平台通过网上招标,不仅使竞价、价格信息管理准确化,而且防止了暗箱操作,降低了供应商管理成本,实现了以时间消灭空间。网上信息交流平台使海尔与供应商在网上就可以进行信息互动交流,实现信息共享,强化合作伙伴关系。除此之外,海尔的ERP系统还建立了其内部的信息高速公路,实现了将客户信息同步转化为企业内部的信息,实现以信息替代库存,接近零资金占用。

在JIT采购环节,海尔实现了信息同步,采购、备料同步和距离同步,大大降低了采购环节的费用。信息同步保障了信息的准确性,实现了准时采购。采购、备料同步,使供应链上原材料的库存周期大大缩短。目前已有7家国际化供应商在海尔建立的两个国际工业园建厂,爱默生等12家国际化分工方正准备进驻工业园,与供应商、分供方的距离同步有力保障了海尔JIT采购与配送。

讨论题

(1) 简述从此案例中你得到了哪些启示。
(2) 海尔公司采用的JIT系统由哪几部分组成?
(3) 海尔采用JIT同步化采购、配送、生产有什么优势?

资料来源:https://www.renrendoc.com/paper/162291869.html[2022-9-15].

参 考 文 献

董千里，2009．供应链管理[M]．大连：东北财经大学出版社．
黄君麟，熊正平，马艳秋，2019．库存管理[M]．2版．北京：机械工业出版社．
蒋长兵，白丽君，2009．供应链理论、技术与建模[M]．北京：中国物资出版社．
李滢棠，2022．仓储管理与库存控制[M]．北京：机械工业出版社．
林玲玲，2008．供应链管理[M]．2版．北京：清华大学出版社．
林勇，2008．供应链通用件库存管理[M]．武汉：华中科技大学出版社．
刘永胜，2009．供应链管理基础[M]．北京：中国物资出版社．
柳荣，杨克亮，包立莉，2021．库存控制与供应链管理实务[M]．北京：人民邮电出版社．
马金麟，孟祥茹，2008．供应链管理[M]．南京：东南大学出版社．
曲立，2006．库存管理理论与应用[M]．北京：经济科学出版社．
吴志华，等，2009．供应链管理：战略、策略与实施[M]．重庆：重庆大学出版社．
张浩，2018．采购管理与库存控制[M]．2版．北京：北京大学出版社．
张旭凤，2022．仓储与库存管理[M]．北京：北京大学出版社．
赵晓波，黄四民，2018．库存管理[M]．2版．北京：清华大学出版社．
周永务，王圣东，2009．库存控制理论与方法[M]．北京：科学出版社．
邹辉霞，2009．供应链管理[M]．北京：清华大学出版社．